吴晗点评
历史人物

历史的群像

吴晗 著

国际文化出版公司
·北京·

图书在版编目（CIP）数据

历史的群像／吴晗著 . －北京：国际文化出版公司，2011.9
ISBN 978-7-5125-0249-9

I. ①历… II. ①吴… III. ①历史人物－人物评论－中国 IV. ① K820

中国版本图书馆 CIP 数据核字（2011）第 153384 号

历史的群像

作　　者	吴　晗
责任编辑	王逸明
统筹监制	葛宏峰　古　雪
策划编辑	古　雪　廉　勇
市场推广	张　蓉
出版发行	国际文化出版公司
经　　销	国文润华文化传媒（北京）有限责任公司
印　　刷	阳谷毕升印务有限公司
开　　本	710 毫米 ×1000 毫米　　　16 开 19 印张　　　　　　　300 千字
版　　次	2011 年 9 月第 1 版 2020 年 1 月第 3 次印刷
书　　号	ISBN 978-7-5125-0249-9
定　　价	49.80 元

国际文化出版公司
北京朝阳区东土城路乙9号　邮编：100013
总编室：（010）64270995　传真：（010）64271499
销售热线：（010）64271187　64279032
传真：（010）84257656
E-mail：icpc@95777.sina.net
http://www.sinoread.com

目 录

目录

《山海经》中的古代故事及其系统

中国古代传说中的人物，见于《山海经》中的有以下这些：

大皞，少昊，黄帝，帝喾，帝尧，帝俊，帝舜，帝丹朱，禹，夏后启（夏后开），共工，相柳，鲧，夸父，常羲，娥皇，叔均，重黎，祝融，王亥，登比，羲和，稷，颛顼，炎帝，老童，伯夷，后土，雷祖，昌意，奚仲，等等。

现在试把各人的故事，归纳起来，成为一个具体的系统。

一、黄　帝

a. 其中多白玉，是有玉膏，其原沸沸汤汤，黄帝是食是飨，是生玄玉，玉膏所出，以灌丹木，丹木五岁，五色乃清，五味乃馨，黄帝乃取峚山之玉荣，而投之钟山之阳。——《西山经》

b. 西北海之外，赤水之西，有先民之国，食谷使四鸟。有北狄之国，黄帝之孙曰始均，始均生北狄。——《大荒西经》

c. 大荒之中，有山名曰融父山，顺水人焉。有人名曰犬戎，黄帝生苗龙，苗龙生融吾，融吾生弄明，弄明生白犬，白犬有牝牡，是为犬戎，肉食，有赤兽。——《大荒北经》

d. 黄帝妻雷祖生昌意，昌意降处若水，生韩流。韩流擢首谨耳，人面豕喙，麟身渠股，豚止，取淖子曰阿女，生帝颛顼。——《海内经》

e. 东海之渚中有神人面鸟身，珥两黄蛇，践两黄蛇，名曰禺虢。黄帝生禺虢，禺虢生禺京[1]，禺京处北海，禺虢处东海，是惟海神。——《大荒东经》

f. 黄帝生骆明，骆明生白马，白马是为鲧。——《海内经》

g. 有人衣青衣名曰黄帝女魃，蚩尤作兵伐黄帝，黄帝乃令应龙攻之冀州之野，应龙畜水，蚩尤请风伯雨师纵大风雨，黄帝乃下天女曰魃，雨止，遂杀蚩尤，魃不得复上，所居不雨。叔均言之帝，后置之赤水之北，叔均乃为田祖，魃时亡之，所欲逐之者令曰神北行，先除水道，决通沟渎。——《大荒北经》

黄帝是一个神，他所飱所食的是玉膏丹木，他也有妻有子有孙。他的子孙有的是海神，有的是国王，有的是类似人的畜类，他曾与蚩尤战，部将是一条应龙和一位天上降下来的女神魃。

把黄帝的家系排列成表如下：

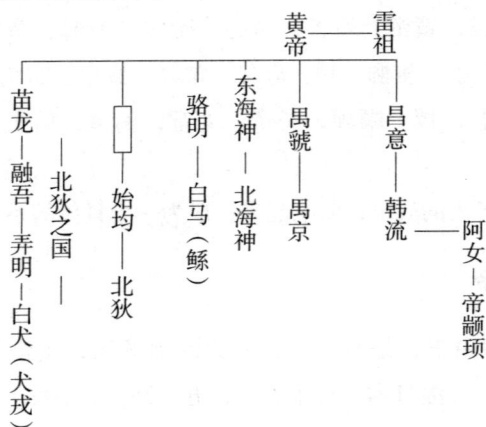

```
                        黄帝——雷祖
   ┌────┬────┬────┬────┬────┬────┐
  苗龙  北狄  始均  骆明 东海神 禺虢 昌意
  融吾  之国  │    │   北海神 禺京 韩流
  弄明       北狄  白马              阿女
  白犬            （鲧）            帝颛顼
 （犬戎）
```

二、颛 项

a. 有国曰颛顼生伯服，食黍，有鼬姓之国。——《大荒南经》

b. 有国名曰淑士，颛顼之子。——《大荒西经》

c. 有榣山。其上有人号曰太子长琴。颛顼生老童[2]，老童生祝融[3]，祝融生太子长琴，是处榣山，始作乐风。——《大荒西经》

d. 颛顼生老童，老童生重及黎，帝令重献上天，黎邛下地，下地是生噎，处于西极，以行日月星辰之行次。——《大荒西经》

e. 大荒之中，有山名大荒之山。日月所入，有人焉三面，是颛顼之子，三面一臂，三面之人不死，是谓大荒之野。——《大荒西经》

f. 有叔歜国，颛顼之子，黍食使四鸟。——《大荒北经》

g. 西北海外，流沙之东，有国名中䡣，颛顼之子，食黍。——《大荒北经》

h. 西北海外，黑水之北，有人有翼，名曰苗民。颛顼生䚢头，䚢头生苗民，苗民釐姓，食肉。——《大荒北经》

i. 又有成山，甘水穷焉。有季禺之国，颛顼之子，食黍。——《大荒南经》

j. 有鱼偏枯名曰鱼妇，颛顼死即复苏，风道北来，天乃大水泉，蛇乃化为鱼，是为鱼妇，颛顼死即复苏。——《大荒西经》

k. 有池名孟翼之攻颛顼之池。——《大荒西经》

l. 东北海之外，大荒之中，河水之间，附禺之山，帝颛顼与九嫔葬焉。丘西有沉渊，颛顼所浴。——《大荒北经》

m. 务隅之山，颛顼葬于阳，九嫔葬于阴。——《海外北经》

n. 汉水出鲋鱼之山，帝颛顼葬于阳，九嫔葬于阴，四蛇卫之。——《海内东经》

以上我们看不出颛顼有什么事迹，只是他的儿子很多。据 j 拿颛顼与鱼妇并列，"颛顼死即复苏"，似乎颛顼是一个水族动物。lmn 三条中之九嫔，处处与颛顼并列，当是颛顼的妻子，也许是九个妃嫔？也许是一人而名叫九嫔？葬地一会儿在东北海之外，一会儿在汉水，可见《山海经》的作者决不止一人，也决不是在同一时代内所完成的作品。三篇中"附禺"、"务隅"、"鲋鱼"，均同音，又皆以颛顼与九嫔，阴与阳对举，可见这三篇的作者虽不同，来源却是同一的。

把颛顼的家系列表如下：

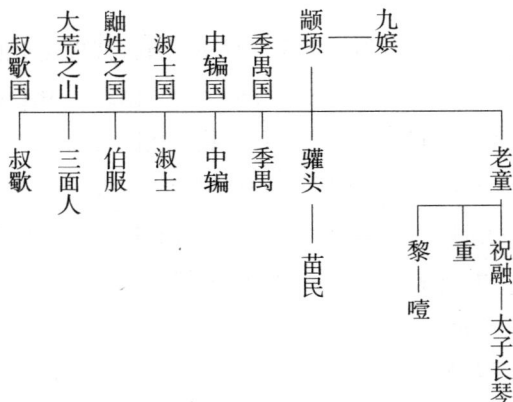

三、帝　俊

帝俊即帝舜，俊龟甲文作夋，《山海经》中帝舜与帝俊杂用，俊与舜同音，据

1. 《大荒南经》："大荒之中，有不庭之山，荣水穷焉。有人三身，帝俊妻娥皇生此三身之国，姚姓……南旁名曰从渊，舜之所浴也。"

上文称帝俊而下文称舜。

2. 《大荒南经》："有苍梧之野，舜与叔均所葬也。"

《大荒西经》："帝俊生后稷……后稷之弟曰台玺生叔均。"

可知帝俊之与帝舜之同为一人，毫无疑义。

帝俊的事迹可汇举如下：

A. 帝俊的妻女

a. 舜妻登比氏生宵明烛光，处河大泽，二女之灵，能照此所方百里，一曰登北氏。——《海内北经》

b. 大荒之中，有不庭之山，荣水穷焉。有人三身，帝俊妻娥皇生此三身之国，姚姓，黍食，使四鸟，有渊四方，四隅皆达，北属黑水，南属大荒，北旁名曰少和之渊，南旁名曰从渊，舜之所浴也。——《大荒南经》

c. 东南海之外，甘水之间，有羲和之国，有女子名曰羲和，方日浴于甘渊，羲和者帝俊之妻，生十日。——《大荒南经》

d. 有女子方浴月，帝俊妻常羲，生月十有二，此始浴之。——《大荒西经》

登比氏或登北氏，羲和，常羲，娥皇，看去似乎是不同的四个人，其实只是两个人。《大荒西经》中之常羲即《大荒南经》中之羲和，此观二篇所举"方浴日"情事相同，常羲与羲和之羲字相同可知，由常羲衍为羲和。由羲和复衍为《大荒南经》之娥皇。和娥同音，古人名原无定字，由故老传说及地方神话再间接成为文字的记载，每每容易将一名衍为数名，或数名合成一人。此地帝俊的妻子，在数量上实在只有登比氏和常羲二人。

B. 帝俊的子孙

a. 帝俊生禺号，禺号生淫梁，淫梁生番禺，是始为丹，番禺生奚仲，

奚仲生吉光，吉光是始以木为车。——《海内经》

b. 帝俊生晏龙，晏龙是为琴瑟。帝俊有子八人，是始为歌舞。帝俊生三身，三身生义均，义均是始为巧倕。[4]是始作下民百巧，后稷是播百谷，稷之孙曰叔均，是始作牛耕，大比赤阴，是始为国，禹鲧是始布土，均定九州。——《海内经》

c. 大荒之中有山名曰合虚，日月所出，有中容之国。帝俊生中容，中容人食兽木实，使四鸟，豹虎熊罴。——《大荒东经》

d. 东荒之中，有山名曰壑明俊疾，日月所出，有中容之国。——《大荒东经》

e. 有司幽之国，帝俊生晏龙，晏龙生司幽，司幽生思士，不妻，思女不夫，食黍食兽，是使四鸟。——《大荒东经》

f. 有白民之国，帝俊生帝鸿，帝鸿生白民，白民销姓，黍食，使四鸟，虎豹熊罴。——《大荒东经》

g. 有黑齿之国，帝俊生黑齿，姜姓，黍食，使四鸟。——《大荒东经》

h. 有困民国，勾姓，而食，有人曰王亥，两食操鸟，方食其头。王亥托于有易河伯仆牛，有易杀王亥取仆牛，河念有易，有易潜出，为国于兽方食之，名曰摇民；帝舜生戏，戏生摇民。——《大荒东经》

i. 有襄山，又有重阴之山，有人食兽曰季釐，帝俊生季釐，故曰季釐之国。——《大荒南经》

j. 有载民之国，帝舜生无淫，无淫降载处，是谓巫载民，巫载民盼姓，食谷，不绩不经服也，不稼不穑食也，爰有歌舞之鸟。鸾鸟自歌，凤鸟自舞，爰有百兽，相群爰处，百谷所聚。——《大荒南经》

k. 有西周之国，姬姓，食谷，有人方耕名曰叔均。帝俊生后稷，稷降以百谷，稷之弟曰台玺，生叔均，叔均是代其父及稷播百谷[5]，始作耕，有赤国，妻氏有双山。——《大荒西经》

C. 葬地及其他

a. 兕在舜葬东，湘水南，其状如牛，苍黑一角。——《海内南经》

b. 苍梧之山，帝舜葬于阳，帝丹朱葬于阴。——《海内南经》

c. 氾林三百里，在狌狌东。狌狌知人名，其为兽如豕而人面，在舜葬

西。——《海内南经》

d. 湘水出舜葬东南陬，西环之入洞庭下，一曰东南西泽。——《海内东经》

e. 有阿山者，南海之中，有氾天之山，赤水穷焉。赤水之东有苍梧之野，舜与叔均之所葬也。爰有文贝离俞鸿久鹰贾委维熊黑象虎豹狼视肉，有荣山，荣水出焉，黑水之南，有玄蛇食麈。——《大荒南经》

f. 南方苍梧之丘，苍梧之渊，其中有九嶷山，舜之所葬在长沙零陵界中。——《海内经》

g. 有五采之鸟，相乡弃沙，惟帝俊下友，帝下两坛，采鸟是司。——《大荒东经》

h. 有缗渊……有水四方，名曰俊坛。——《大荒南经》

i. 丘方圆三百里，丘南帝俊竹林在焉。——《大荒北经》

以上 be 两条是冲突的。b 说帝舜与帝丹朱同葬，e 说与叔均同葬，这可见这两篇的作者的各不相谋，而决不是出于同一人的手笔。f 条竟说到九嶷山、长沙、零陵这些周秦以后的地方名辞，使我们知道至少这一篇《海内经》是成于战国或竟至汉初人之手。g 条说帝俊下友五采之鸟，似乎帝俊的本身有羽族之可能。

以下把帝俊的家系列成一表：

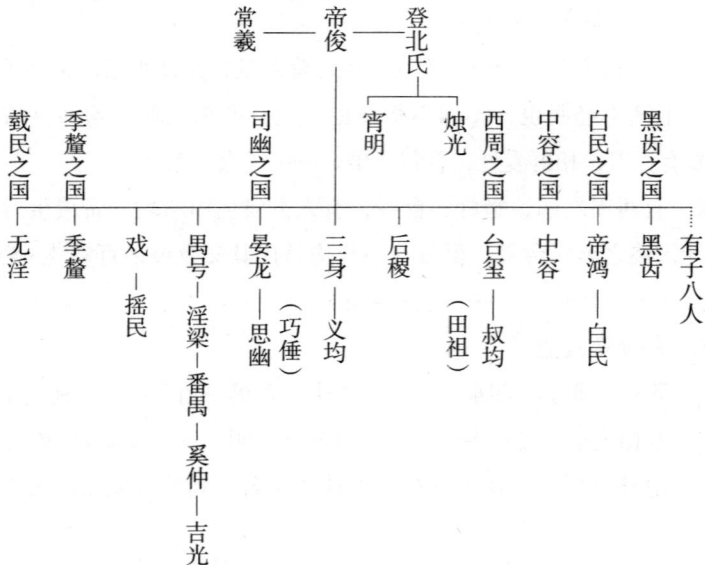

常羲 —— 帝俊 —— 登北氏

（登北氏）宵明、烛光

- 戴民之国 — 无淫
- 季釐之国 — 季釐
- 戏 — 摇民
- 司幽之国 — 晏龙 — 思幽
- 禹号 — 淫梁 — 番禺 — 奚仲 — 吉光
- 三身 — 义均（巧倕）
- 后稷
- 宵明
- 烛光
- 西周之国 — 台玺 — 叔均（田祖）
- 中容之国 — 中容
- 白民之国 — 帝鸿 — 白民
- 黑齿之国 — 黑齿
- 有子八人

四、大 皞

a. 有木青叶紫茎，玄华黄实，名曰建木，百仞无枝，有九欘，下有九枸，其实如麻，其叶如芒，大皞爰过，黄帝所为，有窫窳龙首食人。——《海内经》

b. 西南有巴国，大皞生咸鸟，咸鸟生乘釐，乘釐生后照，后照是始为巴人。——《海内经》

五、少 皞

a. 又西二百里曰长留之山，其神白帝少昊居之。其兽皆文尾，其鸟皆文首，是多文玉石，实惟员神魂氏之宫，是神也，主司反景。——《西山经》

b. 有缗渊，少昊生倍伐，倍伐降处缗渊。——《大荒南经》

c. 有人一目当面中生，一曰是威姓，少昊之子，食黍。——《大荒北经》

d. 东海之外大壑，少昊之国，少昊孺帝颛顼于此，弃此琴瑟。——《大荒东经》

e. 少昊生般，般是始为弓矢。——《海内经》

《西山经》说白帝少昊居长留之山，《大荒东经》又有少昊之国。所谓五方五行五气五帝等等谶纬之说，起自战国末期，到秦汉而大盛，我们很可以下一个假设，说《西山经》是这一个时期中的作品。

据 d 少昊对于颛顼有师保的关系。

少皞的家系，可作表如下：

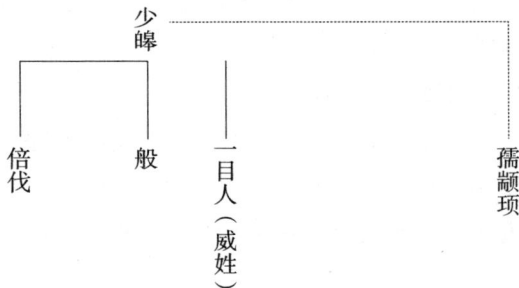

六、炎　帝

a．炎帝之孙伯陵，伯陵同吴权之妻阿女缘妇，缘妇孕三年，是生鼓、延、殳，始为侯。鼓、延是始为钟，为乐风。——《海内经》

b．炎帝之妻赤水之子听讹生炎居，炎居生节并，节并生戏器，戏器生祝融，祝融降处于江水，生共工，（一）共工生术器，术器首方颠……共工生后土，（二）后土生噎鸣，噎鸣生岁十有二。——《海内经》

c．有互人之国，炎帝之孙名曰灵恝，灵恝生互人，是能上下于天。——《大荒西经》

d．又北二百里曰发鸠之山，其上多拓木，有鸟焉，其状如乌，文首白喙赤足，名曰精卫，其名自詨。是炎帝之少女名曰女娃，女娃游于东海，溺而不返，故为精卫，常衔西山之木石，以堙于东海。——《北山经》

（一）共工之臣名曰相繇，九首蛇身自环，食于九土，其所歍所尼，即为源泽，不辛乃苦，百兽莫能处。禹堙洪水，杀相繇，其血腥臭，不可生谷，其地多水，不可居也，禹堙之，三仞三沮，乃以为池，群帝因是以为台，在昆仑之北。——《大荒北经》

有系昆之山者有共工之台，射者不敢北向。——同上

共工之臣曰相柳氏，九首以食于九山。相柳之所抵，厥为泽溪，禹杀相柳，其血腥不可以树五谷种，禹厥之，三仞三沮，乃以为众帝之台，在昆仑之北，柔利之东。相柳者九首人面蛇身而青，不敢北射，畏共工之台。——《海外北经》

（二）大荒之中，有山名曰成都载天。有人珥两黄蛇，把两黄蛇，名曰夸父。[6]后土生信，信生夸父，夸父不量力，欲追日景，逮之于禹谷，将饮河而不足也。将走大泽，未至死于此。——《大荒北经》

关于夸父，有下列这些传说：

a．夸父与日逐走入日，渴欲得饮，饮于河渭，河渭不足，北饮大泽，未至道渴而死，弃其杖化为邓林。——《海外北经》

b．又西九十里曰夸父之山……其北有林焉，名曰邓林。——《中山经》

c.　其兽焉其状如夸父而彘毛。——《东山经》

　　逐日同饮于河渭，这不过是古代人对于大自然的神秘所生出的一种幻想。c条有兽状如夸父而彘毛，不说夸父状如兽，而说兽状如夸父，这可见夸父不但是一位非人的畜类，而且是被用为兽类中的标准典型。

　　共工的臣子相繇是九首蛇身的，那共工的形状至少也不如普通人一样的圆颅方踵。后土的孙子夸父是一位高等畜类。炎帝的女儿死后变鸟。曾孙互人，能够上下于天。由这事实推上去，按照进化的公例，炎帝之为一种原始的低能动物，实为不可否认的事实。

　　炎帝的家系，可排列成表如下：

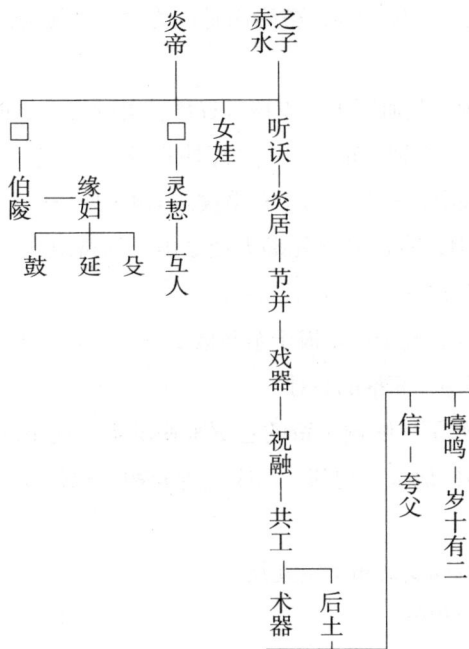

```
                    炎帝——赤水之子
      ┌───────────┬──────┬──────┐
      □           □      女娃    听訞
      伯陵        灵恝            │
      │—缘妇      │—互人          炎居
  ┌───┼───┐                      │
  鼓  延  殳                      节并
                                  │
                                  戏器
                                  │
                                  祝融
                                  │
                                  共工
                                  │
                              ┌───┴───┐
                              术器    后土
                                      │
                                      信——夸父
                                      噎鸣——岁十有二
```

七、鲧与禹

a.　禹鲧是始布土，均定九州。——《海内经》

b.　洪水滔天，鲧窃帝之息壤，以堙洪水，不待帝命，帝令祝融杀鲧于羽郊。鲧复生禹，帝乃命禹布土以定九州。——《海内经》

c.　有榆山，有鲧攻程州之山。——《大荒北经》

d. 又东十里曰青要之山，实纵帝之密都，是多驾鸟，南望墠堵，禹父之所化，是多仆垒蒲卢，魍武罗司之。——《中山经》

e. 大荒之中，有人名曰驩头。鲧妻士敬，士敬子曰炎融，生驩头，驩头人面鸟喙，有翼，食海中鱼，杖翼而行，维宜芑苣穋杨是食，有驩头之国。——《大荒南经》

f. 有毛民之国，依姓，食黍，使四鸟。禹生均国，均国生役采，役采生脩鞈，脩鞈杀绰人，帝念之潜为之国，是此毛民。——《大荒北经》

g. 禹所积石之山在其东，河水所入。——《海外北经》

h. 禹堙洪水，杀相繇。其血腥臭不可生谷，其地多水，不可居也。禹堙之，三仞三沮，乃以为池，群帝因是以为台，在昆仑之北。——《大荒北经》

i. 禹杀相柳，其血腥不可以树五谷种，禹厥之，三仞三沮乃以为众帝之台，在昆仑之北，柔利之东。——《海外北经》

j. 水西有湿山，东有幕山，有禹攻共工国山。——《大荒西经》

k. 大荒之中，有山名曰先槛大逢之山，河济所入，海北注焉。其西有山，名曰禹所积石。——《大荒北经》

l. 一曰禹令竖亥步自东极于至西极。——《海外东经》

把以上的事迹，简括的总计一下：

（1）禹为鲧子。鲧偷了帝的息壤来堙洪水，这举动事先没有得帝的许可，帝就差祝融把他杀于羽郊，后来化为异物，鲧死以后，帝才命禹布土，定九州。

（2）禹、鲧同受命布土定九州。

（3）鲧曾攻程州。

（4）禹曾攻共工。

（5）禹堙洪水，杀相繇（相柳）。

（6）禹令竖亥步东西极。

鲧、禹的家系，可列表如下：

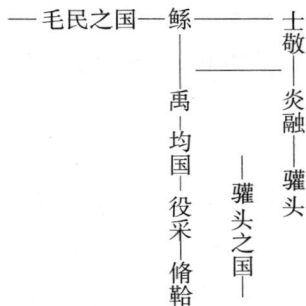

―毛民之国―鲧――
士敬
炎融―骓头
禹―均国―役采―脩鞈
骓头之国

八、夏后启

a. 西南海之外，赤水之南，流沙之西，有人珥两青蛇，乘两龙，名曰夏后开。开上三嫔于天，得九辩与九歌以下此天穆之野，高二千仞，开焉得始歌九招。——《大荒西经》

b. 大乐之野，夏后启于此舞九代，乘两龙，云盖三层，左手操翳，右手操环，佩玉璜，在大运山北，一曰大遗之野。——《海外西经》

c. 三身国在夏后启北，一首而三身。——同上

d. 夏后启之臣曰孟涂，是司神于巴人，请讼于孟涂之所，其衣有血者乃执之，是请生，居山上，在丹山西。——《海内南经》

夏后启的形状与动作的描写，已经很清楚地告诉我们他是一个神，这左手操环，左手操翳，珥两青蛇，乘两龙的叙述，很可以拿来形容佛教寺宇内第一道门所位置的四大金刚，或是四大天王，《封神榜》中的魔家四将。这四大天王中有拿伞（翳）的，有拿蛇的，有拿环的。这两者的关系，或是由夏后启而衍为四大天王，或由佛教而影响及夏后启或《海外西经》的作者，都是可能的。

夏后启既然是一个神，当然他的臣子孟涂，也可司神于巴人了。

九、伯夷及南岳

伯夷父生西岳，西岳生先龙，先龙是始生氐羌，氐羌乞姓。——《海内经》

有寿麻之国，南岳娶州山女名曰女虔。女虔生季格，季格生寿麻，寿麻

正立无景，疾呼无响，爰有大暑，不可以往。——《大荒西经》

伯夷父是西方民族氐羌的祖先，南岳是南方热带国家或民族的祖先。

十、羿的故事

a. 有人曰凿齿，羿杀之。——《大荒南经》

b. 昆仑虚在其东，虚四方，一曰在岐舌东，为虚四方，羿与凿齿战于寿华之野，羿射杀之，在昆仑虚东。羿持弓矢，凿齿持盾，一曰戈。——《海外南经》

c. 帝俊赐羿彤弓素矰，以扶下国，羿于是始去恤下地之百艰。——《海内经》

羿用矢射杀凿齿于寿华之野，帝俊赐他彤弓素矰，以扶下国。据c条看，羿的地位似乎和春秋时代的齐桓晋文相仿，或稍过之。

十一、稷

a. 帝俊生后稷，稷降以百谷。稷之弟曰台玺，生叔均。叔均是代其父及稷播百谷，始作耕。——《大荒西经》

b. 帝俊生晏龙……后稷是播百谷，稷之孙曰叔均，始作牛耕。——《海内经》

c. 南望昆仑，其光熊熊，其气魂魂。西望大泽，后稷所潜也；其中多玉，其阴多摇木之有若，北望𧎬，槐鬼离仑居之。鹰鹯之所宅也，东望恒山四成，有穷鬼居之，各在一搏。——《西山经》

d. 又西北四百二十里曰峚土，其上多丹木，员叶而赤茎，黄华而赤实，其味如饴，食之不饥，丹水出焉，西流注于稷泽。——《西山经》

e. 又西三百七十里曰乐游之山，桃水出焉，西流注于稷泽。——《西山经》

f. 后稷之葬，山水环之，在氐国西。——《海内西经》

g. 流黄酆氏之国中方三百里，有涂四方，中有山，在后稷葬西。——《海内西经》

h. 西南黑水之间，有都广之野，后稷葬焉。爰有膏菽膏稻膏黍膏稷，

百谷自生，冬夏播琴，鸾鸟自歌，凤鸟自舞，灵寿实华，草木所聚，爰有百兽，相群爰处，此草也，冬夏不死。——《海内经》

后稷台玺叔均父子叔侄三人，世为田祖，真可称为农家！据《大荒北经》，叔均上获事黄帝，下及方耕西周，这也是个滑稽的事情。

据 c 后稷潜于大泽，拿来和他对举的是槐鬼离仑，鹰鹯，穷鬼。则后稷之本身或为一巨大之水族动物，或近于鬼神的非生物？

十二、帝，女娲，尧与汤及其他

a. 帝又东二百里曰姑媱之山，帝女死焉，其名曰女尸，化为䔄草，其叶胥成，其华黄，其实如菟丘，服之媚于人。——《中山经》

又西北四百二十里曰钟山，其子曰鼓，其状如人面而龙身。是与钦䲹杀葆江于昆仑之阳，帝乃戮之钟山之东曰崟崖。钦䲹化为大鹗，其状如鹛而黑文白首，赤喙而虎爪，其音如晨鹄，见则有大兵。鼓亦化为鵕鸟，其状如鸱，赤足而直喙，黄文而白首，其音如鹄，见则其邑大旱。——《西山经》

帝令竖亥步，自东极至于西极，五亿十选九千八百步，竖亥右手把算，左手指青丘北。——《海外东经》

贰负之臣曰危，危与贰负杀窫窳，帝乃桔之疏属之山，桎其右足，反缚两手与发，系之山上木，在开题西北。——《海内西经》

刑天与帝至此争神，帝断其首，葬之常羊之山。乃以乳为目，以脐为口，操干戚以舞。——《海外西经》

以上五篇中所举的光杆儿的帝，很难知道这帝究竟是谁？据《西山经》和《海内西经》所载，这帝爱管闲事，并且尽有权力去处理他所爱管的闲事，合著《海外西经》刑天和他老人家争神的神话，很明显的使我们能够肯定这帝是上帝，是原始人所崇拜的万能的天帝。

b. 女娲　有神十人名曰女娲之肠，化为神，处栗广之野，横道而处。——《大荒西经》

c. 尧　帝尧台帝喾台帝丹朱台帝舜台，各二台，台四方，在昆仑东北。——《海内北经》

帝尧帝喾帝舜葬于岳山。爰有文贝离俞鸱久鹰延维视肉熊罴虎豹朱木赤

枝青华玄实。——《大荒南经》

狄山帝尧葬于阳，帝喾葬于阴，爰有熊罴文虎雌豹离朱视肉吁咽文王皆葬其所。一曰汤山，一曰爰有熊罴文虎雌豹离朱鸡久视肉虖交，其范林方三百里。——《海外南经》

嗟丘爰有遗玉，青马视肉杨柳甘柤甘华百果所生，在东海，两山夹丘，上有树木，一曰嗟丘，一曰百果所在，在尧葬东。——《海外东经》

帝舜在《大荒南经》中又多了一个葬的地方。此地帝尧帝丹朱帝喾三位古帝，除了葬地和纪念物以外，丝毫没有什么事迹告诉我们，可见这三位在《山海经》中的地位是无关重要的，也许还是东西汉间一班专门作假的学者如刘向辈所故意羼入，来证明尧的存在性？如就本文而论，《大荒南经》和《海外南经》所说同伴的或同葬的都是一些扁毛四足的飞禽走兽，物以类推，帝尧帝喾的本来形相是什么？我想也毋庸多事，把它说明了。

d. 汤有人无首操戈盾立，名曰夏耕之尸，故成汤伐夏桀于章山，克之，斩耕厥前，耕既立无首，走厥咎，乃降于巫山。——《大荒西经》

十三、蚩尤，昆吾，穷奇，夔，窦窳及其他

a. 蚩尤　蚩尤作兵伐黄帝，黄帝乃令应龙攻之冀州之野，应龙畜水，蚩尤请风伯雨师纵大风雨，黄帝乃下天女曰魃，雨止，遂杀蚩尤。——《大荒北经》

大荒东北隅中，有山名曰凶犁土丘，应龙处南极杀蚩尤与夸父，不得复上，故下数旱，旱而为应龙之状，乃得大雨。——《大荒东经》

b. 昆吾　大荒之中有龙山，日月所入，有三泽水名曰三淖，昆吾之所食也。——《大荒西经》

白水出焉，而生白渊，昆吾之师所浴也。——《大荒南经》

c. 穷奇　穷奇状如虎有翼，食人从首始，所食被发。——《海内北经》

又西二百六十里曰邽山，其上有兽焉，其状如牛猬毛，名曰穷奇，音如獆犬，是食人。——《西山经》

d. 夔　东海中有流波山，入海七千里。其上有兽状如牛，苍身而无角，一足出入水则必风雨，其光如日月，其声如雷，其名曰夔；黄帝得之，

以其皮为鼓，橛以雷兽之骨，声闻五百里，以威天下。——《大荒东经》

e．窫窳 又北二百里曰少咸之山，无草木，多青碧。有兽焉，其状如牛而赤身人面马足，名曰窫窳。其音如婴儿，是食人。——《北山经》

窫窳龙首，居弱水中，在狌知人名之西，其状如龙首，食人。——《海内南经》

窫窳者蛇身人面，贰负臣所杀也。——《海内西经》

贰负之臣曰危，危与贰负杀窫窳，帝乃梏之疏属之山，桎其右足，反缚两手与发，系之山上木，在开题西北。——《海内西经》

f．帝江 有神焉，其状如黄囊，赤如丹火，六足四翼，浑敦无面目，是识歌舞，实为帝江也。——《西山经》

g．九丘 有九丘，以水络之，名曰陶唐之丘，有叔得之丘，孟盈之丘，昆吾之丘，黑白之丘，赤望之丘，参卫之丘，武夫之丘，神民之丘。——《海内经》

根据以上所录，作《山海经中古代大事表》，《山海经中古史人物表》，《山海经中古史系统表》，《山海经中诸国表》如后：

表一 《山海经中古代大事表》

黄帝——令应龙魃杀蚩尤
　　得夔以其皮为鼓
　　叔均为田祖
颛顼——孟翼之攻颛顼
　　太子长琴始作乐风
帝俊——番禺始为舟
　　吉光始为车
　　晏龙始为琴瑟
　　有子八人始为歌舞
　　义均始为巧倕
　　后稷始播百谷
　　叔均始作牛耕
　　禹鲧是始播土，均定九州
少昊——孺帝颛顼于少昊之国
　　般始为弓矢

炎帝——鼓延是始为钟，为乐风

鲧——鲧攻程州

　窃帝之息壤以堙洪水，帝令祝融杀之于羽郊，化为异物

禹——禹攻共工

帝令禹布土定九州

令竖亥步东西极

杀相繇（相柳），堙洪水

夏后启——得九辩与九歌，始歌九招，舞九代

羿——杀凿齿于寿华之野

帝俊赐羿彤弓素矰，以扶下国

帝——帝令重献上天，黎邛下地

戮鼓与钦鴀于崐崖

断刑天首

令祝融杀鲧于羽郊

令禹布土定九州

令竖亥步东西极

桎窫窳于疏属之山

脩鞈杀绰人，帝念之潜为之国，是此毛民

危，贰负一杀窫窳

汤——伐桀

表二　《山海经中古史人物表》

人名	形状	事业	分国	其他
黄帝		杀蚩尤	北狄之国 犬戎 轩辕之国 司彘之国	
韩流	擢首谨耳，人面豕喙，麟身渠服，豚止。			黄帝孙
禺䝞	人面鸟身珥两黄蛇践两黄蛇	东海神		黄帝孙
禺京	人面鸟身珥两青蛇践两青蛇	北海神		禺䝞子

女魃	衣青衣	止雨，杀蚩尤	赤水之上	自天下
应龙		杀蚩尤，夸父		自天下
叔均		为田祖，始作耕		帝俊孙
颛顼		与孟翼战	鼬姓之国 淑士国 叔歇国 中编国 三面人 苗民 季禺之国	
太子长琴		始作乐风	榣山	颛顼孙
重		上天		颛顼孙
黎		下地		颛顼孙
噎		行日月星辰之行次	西极	黎子
老童（耆童）		音常如钟磬	騩山	颛顼孙
宵明烛光		二女之灵能照此方百里	处河大泽	登比氏女
娥皇	三身		三身之国	帝俊妻
羲和		方日浴于甘渊	羲和之国	帝俊妻
常羲				帝俊妻
登比氏				舜妻
帝俊		命羿彤弓素矰，命禹鲧是始播土定九州	中容之国 司幽之国 白民之国 黑齿之国 摇民国季釐之国 载民之国 西周之国	
番禺		始为舟		帝俊孙

吉光		始为车		帝俊孙
晏龙		始为琴瑟		帝俊子
八子		始为歌舞		帝俊子
义均		始为巧倕		帝俊孙
后稷		始播百谷		帝俊子
大皡			巴国	
少昊		主司反景，孺帝颛顼于少昊之国	长留之山　少昊之国一目人　缗渊	
般		始为弓矢		少昊子
炎帝			互人之国	
女娃	其状如鸟文首白喙赤足	化为精卫	发鸠之山	炎帝少女
鼓，延		始为钟，为乐风		炎帝孙
互人		能上下于天		炎帝孙
共工				炎帝孙
后土				炎帝孙
相繇（相柳）	九首蛇身自环，人面而青	被禹所杀	食于九土	共工臣
夸父	珥两黄蛇，把两黄蛇	逐日而死		后土孙
鲧	殛于羽郊，化为异物	攻程州　布土定九州，窃息壤堙洪水，帝命祝融杀之。	骓头之国　青要之山	黄帝孙
禹		令竖亥步东西极。布土定九州，攻共工，杀相繇，堙洪水。	毛民之国	鲧子
夏后启	珥两青蛇乘两龙左手操翳，右手操环。	上三嫔于天得九辩九歌，舞九代。	赤水之南大乐之野	

孟涂		司神于巴人	在丹山西	夏后启臣
羿		杀凿齿于寿华之野帝俊赐以彤弓矰矢，以扶下国		帝俊臣
台玺		田祖		叔均父
女尸		化为䔄草	姑媱之山	帝女
鼓	人面龙身	杀葆江，被帝戮，化为鵕鸟	钟山	钟山子
钦䴅		杀葆江，被帝戮化为大鹗		
贰负		与危杀窫窳	疏属之山	
危		与贰负杀窫窳	疏属之山	贰负臣
刑天		与帝争神，被杀，乃以乳为目，以脐为口，操干戚而舞。	常羊之山	
女娲		有神十人名曰女娲之肠。	栗广之野	
尧			葬岳山？狄山？	
帝喾			葬岳山	
帝丹朱			葬苍梧之山	
汤		伐夏桀		
夏耕之尸	无首操戈盾立		巫山	
蚩尤		作兵伐黄帝被杀		
昆吾			龙山	
穷奇	如虎有翼，食人，其状如牛，猬毛，音如獋犬。		邽山	

夔	状如牛苍身而无角，其光如日月，其声如雷，一足出入水，则必风雨。	黄帝得之以其皮为鼓，声闻五百里	流波山
窫窳	如牛赤身人面马足，声如婴儿，食人。	被贰负与危所杀	少阳之山弱水
帝江	龙首。状如黄囊，赤如丹火，六足四翼，浑敦无面目。	识歌舞	

表三 《山海经中古史系统表》

一、黄帝系

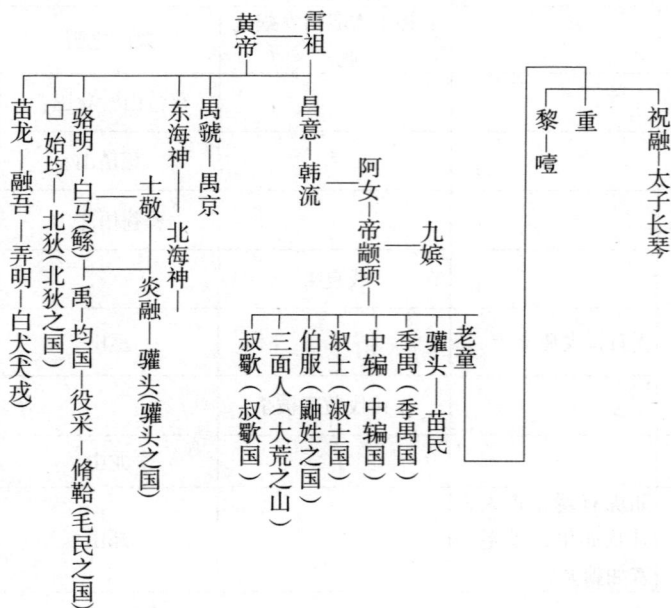

二、帝俊系

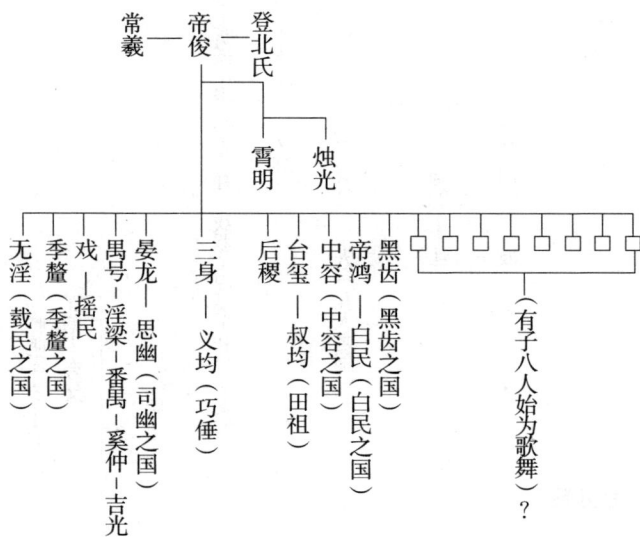

常羲—帝俊—登北氏

霄明　烛光

无淫（载民之国）
季釐（季釐之国）
戏—摇民
晏龙
禺号—淫梁—番禺—奚仲—吉光
思幽（司幽之国）
三身—义均（巧倕）
后稷
台玺—叔均（田祖）
中容（中容之国）
帝鸿（白民之国）
黑齿（黑齿之国）

（有子八人始为歌舞）？

三、大皞系

大皞—咸鸟—乘釐—后照—（巴人）

四、少皞系

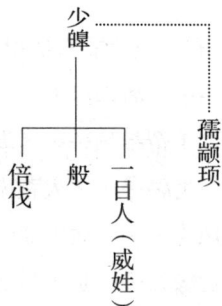

少皞

倍伐　般　一目人（威姓）

孺颛顼

五、炎帝系

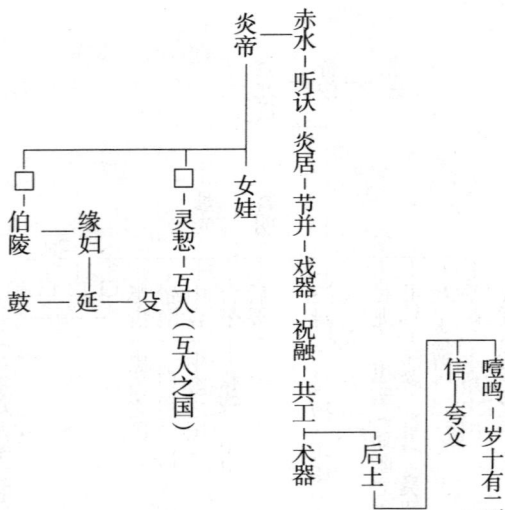

六、伯夷系

伯夷父—西岳—先龙—氐羌

七、南岳系

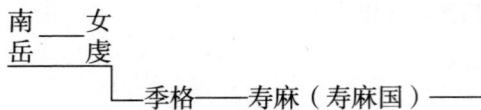

在以上的七个家系中，有一点是非常值得我们注意的，就是：

1. 黄帝妻雷祖生昌意……《海内经》

2. 韩流取淖子曰阿女，生帝颛顼……《海内经》

3. 鲧妻士敬，士敬子曰炎融……《大荒南经》

4. 舜妻登比氏生宵明烛光……《海内北经》

5. 伯陵同吴权之妻阿女缘妇……是生鼓延殳……《海内经》

6. 炎帝之妻赤水之子听訞生炎居……《海内经》

7. 南岳娶州山女，名曰女虔，女虔生季格……《大荒西经》

为什么不说鲧娶士敬生炎融？而说鲧妻士敬，士敬子曰炎融！为什么不说炎帝娶赤水生听讹？而说炎帝之妻赤水之子听讹！绕这么一个大弯呢？

从这一点上，我们可以知道以女性为本位的氏族组织，确曾存在于中国古代。所谓氏族的组织，就是有共通的祖先，以氏族名称相区分，以血缘之关系相结合而成的一个共同团体。太古时代之家系，通常以女性为本位，氏族之组织是由想象的一个女性祖先和她的子女及她的女系之子孙之子女所构成，其家系由女性而继续，降至家系以男性为本位的时代——私有财产出现以后——氏族之组织，便是由想象的一个男性的祖先和他的子女及他的男系子孙子女所构成，其家系由男性而继续。

我们知道《山海经》的作者决不是禹，也决不是益，甚至不是西周以前的作品。它的作者不止一人，它的完成也不能划然地说属于某一个制裁的时期。我们可以断然地说《山海经》是出于十个人以上或更多的手笔，有的是由传闻而来的，有的是就以前的记载而加以自己的想象，有的故意羼入些不相称的材料来作为某一事件的利用。它的时代是从战国开始以至东汉魏晋。

《山海经》所叙述的是史前时代的民间传说同故事，这一些已被后来人所记载的同未被记载的传说同故事，在事实上有被保存到较后的时代的可能，在这一种被保存被记载的传说同故事，虽然可以有几分或较多的真实性！它的来源是现实的反影同初民的信仰！不过总是虚构的成分居多。所谓被保存的故事中的可靠的几分真实性，就是那某一故事或传说所形成以及产生的时代的社会背景，不过到了经过若干年代以后，社会的组织由渐进或突进的演变，而发现了与前一时代的基础组织的根本差异，执笔记载这某一故事或传说的作者，就难免将自己的时代的社会背景，不知不觉地添了上去，不过那最初被保留的几分真实性，到这时期至少还被保留了一些，这是可以断言的。

现在我们可以来解释为什么《山海经》中所叙述的家系，一部分以女性为原始的祖先，而一部分又以男性为祖先，一部分又糅合男女二性，仅仅于文字的叙述中，显露出女性的地位较重要于男性的缘故了。

在以上所举的六个例子中，显示出史前时代以女性为本位的社会组织的存在的无可置疑，雷祖阿女士敬登比氏缘妇赤水都是这一时代的每一个氏族所拟想的原始的祖先，在这时期每一氏族都以女性为他们的共通祖先，普通男子的地位低于女子，这一想象的女性祖先，不一定是人类而是属于能生产的禽鸟，野兽，或虚拟的神鬼。到了后来，生产工具逐渐进步，由石器而铜器而铁器，社会生活方面，由渔猎而游牧而农耕，男性逐渐成为家族中主要的生产者，他方面由于掠夺婚的盛行，使女性的地位日渐低落，自然而然的男性变成一部落或一氏族中的供给者和支持者，这样，便形成了所谓以男性为本位的父系家族，当然这时期的氏族祖先，也采取了以男性为本位的传说中的英雄，或猛勇凶残的兽类了。

黄帝韩流鲧舜伯陵炎帝……这些便是这一时期所采用的想象的氏族的共通祖先。

最后人类完全进入文明时代，社会组织日趋繁复，生产工具日益精进，供给过于需求，形成了原始的生产过剩的事实，于是商业上以货易货的习惯，从而普遍，另一方面，以人口为货品的卖买婚也由此而起。这样，男性便成为部落中、社会上独裁的专制者，男女两阶级间形成了绝对的悬殊景象。

这时期的家族的祖先，也同样地为男性所独占，而女性则被安置于无足重轻的赘余地位。

《山海经》中的古代故事的记载，正在这一时期之后若干年，这样，以前所经历的三个不同的演进阶段，便被完全保存在这一记载中。

每一故事的记载者一方面掺入了自己的时代的社会背景，一方面又客观地保存着一些原来的景象，另一方面又主观地把前一时代加上后一时代的事实，使之调和。所以我们在《山海经》中所发现的是以上所举的既以女性为共通祖先，而又加上一位男性的传说中的英雄的混合家系。由于这一种无意的混合，那几分原始以来被保存的真实性，虽被减削，却仍有相当的成分被遗留着。这被遗留的一点，就使我们了解史前时代至有史时代所经历的三个不同的演进阶段，和女系本位的社会组织确曾存在于中国古代社会的这一事实的明证。

表四 《山海经中诸国表》

《大荒北经》

国名	位置	氏族	形貌	其他
牛黎之国			无骨	儋耳之子
犬戎国	赖丘		人面兽身	黄帝孙白犬，肉食。
中𪊨	西北海外流沙之东			颛顼子，食黍
继无民		任姓	无骨子	食气鱼
苗民	西北海外黑水之北		有翼	颛顼孙，食肉
一目人		威姓		少昊之子
深目民之国		盼姓		食鱼
无肠之国		任姓		
无继子				食鱼
儋耳之国		任姓		
毛民之国		依姓		禹孙脩鞈
始州之国				有丹山
北齐之国		姜姓		使虎豹熊罴
叔歜国				颛顼子，黍食使四鸟
大人之国		釐姓		黍食
肃慎氏之国	不咸山			
胡不与之国		烈姓		黍食

《大荒西经》

互人之国			能上下于天	炎帝孙
三面人	大荒之山			颛顼子
一臂民				
盖山之国				有朱木
寿麻之国			爱有大暑不可以往	南岳孙寿麻
寒荒之国				有二人女祭女薎
轩辕之国				
丈夫之国				
女子之国				
先民之国	西北海之外赤水之西			食谷，使四鸟
北狄之国	西北海之外赤水之西			黄帝孙
西周之国		姬姓		食谷
赤国				叔均之国
长胫之国	西北海之外赤水之东			
白氏之国				有大泽之长山
淑士国				颛顼之子
沃之国	沃之野			凤鸟之卵是食，甘露是饮

《大荒南经》

羲和之国	东南海之外甘水之间			
驩头之国	大荒之中		人面鸟喙，有翼，食海中鱼	鲧孙
张弘之国	海中			食鱼，使四鸟
鼬姓之国		鼬姓		颛顼孙
焦侥之国		几姓	小人	嘉谷是食
蜮民之国	蜮山	桑姓		食黍，射蜮是食
载民之国		盼姓		食谷，帝舜孙
季釐之国	重阴之山			食兽，帝俊子
不死之国		阿姓		甘木是食
盈民之国		于姓		黍麦，又有人方食木叶
卵民之国	咸山，甘水	其民皆生卵		
羽民之国	咸山，甘水	其民皆生羽		
季禺之国	咸山，甘水			食黍，颛顼子
三身之国	不庭之山甘水穷焉	姚姓		黍食，使四鸟

《大荒东经》

女和月母之国				
中容之国	东荒之中壑明山			
埙民之国	大荒之中猗天苏门			
困民国		勾姓		
摇民国				
玄股国	招摇山，融水			黍食，使四鸟
夏州之国				
盖余之国				
黑齿之国		姜姓		黍食，使四鸟，帝俊子
赢土之国			有柔仆民	
青丘之国				有狐九尾
白民之国		销姓		黍食，使四鸟，帝俊孙
司幽之国				食黍，兽，使四鸟，帝俊孙
君子之国	东曰之山		衣冠带剑	
中容之国	大荒之中合虚山			食兽，木食，使四鸟，帝俊子
芮国				黍食，使四鸟
小人国			名靖人	
大人之国	东海外大言山，波谷山			
少昊之国	东海外大壑			

《海外东经》

埻端国	昆仑虚东南流沙中			
玺唤国	昆仑虚东南流沙中			
大夏国	流沙外			
竖沙国	流沙外			
居繇国	流沙外			
月支之国	流沙外			

《海内经》

朝鲜国	东海之内北海之隅	其人水居	
夫毒国	东海之内北海之隅	其人水居	
壑市国	西海之内流沙之中		
氾叶国	西海之内流沙之西		
朝云之国	流沙之东黑水之西		
司彘之国	流沙之东黑水之西		黄帝后
禺中之国	若水		
列襄之国	若水		
盐长之国		鸟首名曰鸟氏	
巴国	西南		大皞之后
流黄辛氏			城中方三百里
朱卷之国			有黑蛇青首食象
赣巨人	南方		人面长臂黑身有毛反踵

黑人		虎首鸟足	两手持蛇方啗之
嬴民		鸟足	
苗民			有神曰延维
氐羌	乞姓		伯夷父后
玄丘之民	大玄之山		
赤胫之民			
大幽之国			
钉灵之国		其民从㬉以下 有毛马蹄善走	

《海外南经》

结匈国	西南	结匈	
羽民国	东南	长头身生羽长颊	
讙头国	在毕方东	人面有翼鸟喙方捕鱼	或曰讙朱国
厌火国	在讙朱东	身黑色，生火出其中	
三苗国	在赤水东	其为人相随	一曰三毛国
䟵国	在三毛东	其为人黄，能操弓射蛇	
贯匈国	在䟵国东	匈有窍	
交胫国	在穿匈东	交胫	
不死民	在穿匈东	黑色寿不死	
岐舌国	在不死民东		
三首国	在岐舌东	一身三首	
周饶国	在三首东	短小冠带	一曰焦侥国
长臂国	在焦侥东	捕鱼海中	两手各操一鱼

《海外西经》

三身国	在夏后启北		一首三身	
一臂国	在其北		一臂一目一鼻孔	有黄马虎文
奇肱之国	在其北		一臂三目有阴有阳	乘文马
丈夫国	在维鸟北		衣冠带剑	
巫咸国	在女丑北			
女子国	在巫咸北		两女子居水周之	
轩辕之国	在女子国北		人面蛇身交尾上	其不寿者八百岁
白民之国	在龙鱼北		白身被发	有乘黄
肃慎之国	在白民北			有树名曰雄常，先入伐帝于此取之
长股之国	在雄常北		披发	一曰长脚

《海外北经》

无臂之国	在长股东		无臂	
一目国	在其东		一目中其面而居	
柔利国	在一目东		为人一手一足反郄曲足居上	一云留利之国人足反折
深目国	在其东		为人举一手一目	
无肠之国	在深目东		长而无肠	
聂耳之国	在无肠东		两手聂其耳县居海水中	使两文虎
博父国	在聂耳东		其为人大	左手操青蛇，右手操黄蛇
拘缨之国	在其东		一手把缨	一曰利缨之国
跂踵国	在拘缨东		人大，两足亦大	一曰大踵

《海外东经》

大人国	在䃏丘		其为人大 坐而削船	
君子国	在其北		衣冠带剑好 让不争	衣兽，使二大虎在旁
青丘国	在其北			其狐四足九尾
黑齿国	在其北		为人黑	食稻，啖蛇
玄股之国	在雨师妾北		衣鸟食驱	
毛民之国	在玄股北		身生毛	
劳民国	在毛民北		黑	或曰教民

《海外南经》

伯虑国	在郁水南		
雕题国	在郁水南		
离耳国	在郁水南		
北胊国	在郁水南		
枭阳国	在北胊西	人面长唇黑身反 踵有毛见人笑亦笑	
氐人国	在建木西	人面鱼身无足	
匈奴	在西北		
开题之国	在西北		
列人之国	在西北		

《海内西经》

流黄酆氏之国	在后稷葬西			中方三百里，有涂四方
东胡	在大泽东			
夷人	在东胡东			
貊国	在汉水东			地近于燕

《海内北经》

犬封国	大行伯之东			即犬戎国
鬼国	大贰负之尸北		人面一目	
戎			人首三角	
林氏国				有巧兽曰驺吾
盖国	在巨燕			
朝鲜	在列阳东			
射姑国	在海中			属列姑射山环之
明组邑	居海中			

（原载《史学年报》第三期，1931年8月）

注 释

[1] 禺京即禺疆，古代京疆音同。《海外北经》："北方禺疆人面鸟身。珥两青蛇，践两青蛇。"正与禺虢形状丝毫无异。

[2] 老童即耆童，《西山经》："又西一百九十里曰骢山，其上多玉而无石，神耆童居之，其音常如钟磬，其下多积蛇。"

[3] 祝融有二，一为炎帝之后，另见《海外南经》："南方祝融兽身人面乘两龙。"

[4] 《海内经》："又有不距之山，巧倕葬其西。"

[5] 《大荒北经》："叔均乃为田祖。"

[6] 夸父有两，一为应龙所杀。《大荒北经》："应龙已杀蚩尤，又杀夸父，乃去南方处之。故南方多雨。"

战国诸子的历史哲学

一、庄子

庄子事迹——自化一元论——道与自然——齐物史观

二、孟子

孟子事迹——性与心——命定说与治乱循环论——上古史的三个时代与人治主义

三、荀子

荀子事迹——性恶说与胜天论——反进化论与法后王——礼与国家社会之起源

四、墨子

墨子事迹——非命与天志——兼爱与尚同——文化之创造

五、驺衍

驺衍事迹——超时代的世界地理观——五行说与宇宙论——五德转移说（机械史观）

六、韩非

韩非事迹——性恶与法治——进化的历史观——上古史的三个时代与其经济条件

一、庄　子

（一）庄子事迹　《史记》记庄子事迹仅云：

庄子者蒙人也。名周。周尝为蒙漆园吏。与梁惠王、齐宣王同时。其学无所不窥……其著书十余万言，大抵率寓言也……善属书离辞，指事类情，用剽剥儒墨，虽当世宿学，不能自解免也。其言洸洋自恣以适己，故自王公大人不能器之。楚威王闻庄周贤，使使厚币迎之，许以为相；庄周笑谓楚使者曰："千金重利，卿相尊位也。子独不见郊祭之牺牛乎？养食之数岁，衣以文绣，以入太庙，当是之时，虽欲为孤豚，岂可得乎？子亟去，无污我！我宁游戏污渎之中自快，无为有国者所羁。终身不仕，以快吾志焉。"（《老庄列传》）

事迹不详。据《庄子》书，我们知道他和惠施往来最密，其死在惠施后，死时约当西历纪元前275年左右。其所著书超旷恍惚。蒙为宋地，似庄子受楚人影响甚深。

（二）自化一元论　《天下篇》评庄子哲学云：

芴漠无形，变化无常，死与生与？天地并与？神明往欤？芒乎何之？忽乎何适？万物毕罗，莫足以归——古之道术有在于是者庄周闻其风而悦之。以谬悠之说，荒唐之言，无端崖之辞，时恣纵而不傥。不以觭见之也。以天下为沉浊不可与庄语，以卮言为曼衍，以重言为真，以寓言为广，独与天地精神往来，而不敖倪于万物。不谴是非，以与世俗处……上与造物者游，而下与外死生无终始者为友。其于本也，宏大而辟，深闳而肆。其于宗也，可谓稠适而上遂矣。虽然其应于化而解于物也，其理不竭，其来不蜕，芒乎昧乎，未之尽者。

庄子哲学的起点只是："芴漠无形，变化无常，死与生与？天地并与？神明往与？芒乎何之？忽乎何适？万物毕罗，莫足以归。"对于宇宙变化，生死问题，企图求出其"归"：从万物变迁的视角衍绎出生物进化论。他对于生物变迁的奥秘，解释为自化，《秋水篇》说：

物之生也，若骤若驰，无动而不变，无时而不移。何为乎？何不为乎？夫固将自化。

他以为万物本来同是一类，后来才渐渐变成各种"不同形"的物类。但又不是一起首就同时变成了各种物类。这些物类都是一代一代地进化出来的。所以《寓言篇》又说：

万物皆种也。以不同形相禅，始卒若环，莫得其伦，是谓天均。

如从相禅成不同形的万物看，则万物皆异，如从"种"看，则万物又未始非一：

> 自其异者视之，肝胆楚越也；自其同者视之，万物皆一也。（《德充符》）

（三）道与自然 "道"为天地万物所以生之原理，有物即有道，道无乎不在，而原于一。《大宗师》云：

> 夫道有情有信，无为无形；可传而不可受，可得而不可见；自本自根，未有天地，自古以固存；神鬼神帝，生天生地；在太极之先而不为高，在六极之下而不为深，先天地生而不为久，长于上古而不为老。

《天下篇》云：

> 道无乎不在……圣有所生，王有所成，皆原于一。

道之作用为自然，天地万物人卒虽大虽多虽众，而均可以"道"御之。《天地篇》云：

> 天地虽大，其化均也；万物虽多，其治一也，人卒虽众，其主君也；君原于德而成于天，故曰玄古之君天下无为也，天德而已矣。以道观言而天下之君正，以道观分而君臣之义明，以道观能而天下之官治，以道泛观而万物之应备。故通于天地者德也，行于万物者道也，上治人者事也。能有所艺者技也。技兼于事，事兼于义，义兼于德，德兼于道，道兼于天。

以此，凡适应自然者谓之"天"，违反自然者谓之"人"。《秋水篇》云：

> 牛马四足是谓天，落马首，穿牛鼻，是谓人。

戕贼自然者其结果必至于"灭命"。《应帝王篇》有一故事为此说之佐证：

> 南海之帝为儵，北海之帝为忽，中央之帝为浑沌。儵与忽时相与遇于浑沌之地，浑沌待之甚善。儵与忽谋报浑沌之德曰："人皆有七窍以视听食息，此独无有。"尝试凿之，日凿一窍，七日而浑沌死。

（四）齐物史观 万物皆由自化，其上并无主宰。宇宙中无所谓命定的事物，因此亦无绝对的是非。世上无不变的事物，因之亦无不变的是非：

> 是亦彼也，彼亦是也，彼亦一是非，此亦一是非。（《齐物论》）

欲见事理之全，"欲是其所非而非其所是，则莫若以明。"所谓

"明"，即以彼明此，以此明彼。

彼是莫得其偶，谓之道枢。枢始得其环中，以应无穷。是亦一无穷，非亦一无穷也，故曰莫若以明。（《齐物论》）

圣人对于物之互相是非，听其自尔，《齐物论》：

是以圣人和之以是非，而休乎天钧。

"休于钧"即听万物之自然也。以此，庄子对于社会与历史的解释，亦以为由"天"而降于"人"。由自然的无为而进于唯心的有为。《缮性篇》云：

古之人在混芒之中，与一世而得澹漠焉。当是时也，阴阳和静，鬼神不扰，四时得节，万物不伤，群生不夭，人虽有知，无所用之。此之谓至一。当是时也莫之为而常自然。逮德下衰，及燧人伏羲，始为天下，是故顺而不一。德又下衰，及神农皇帝，始为天下，是故安而不顺。德又下衰，及唐虞，始为天下，兴治化之流，澡淳散朴，离道以善，险德以行，然后去性而从于心。心与心识知，而不足以定天下；然后附之以文，益之以博；文灭质，博溺心，然后民始惑乱，无以反其性情而复其初。

"去性而从于心"，是从原始民族进到有史时期的一个划时代的衍进，和"莫之为而常自然"的时代衔接。

社会时时在变动，天下的是非也随时势为是非，也有进化，也有退化。凡事无"常"，要在能适应自然，方能生存。《秋水篇》用禅让征诛的传说来解释这一新观点说：

昔者尧舜让而帝，之哙让而绝，汤武争而王，白公争而灭，由此观之，争让之礼，尧桀之行，贵贱有时，未可以为常也……故曰"盖师是而无非，师治而无乱乎？"是未明天地之理万物之情者也……帝王殊禅，三代殊继，差其时，逆其俗者谓之篡夫，当其时顺其俗者谓之义之徒。

二、孟 子

（一）孟子事迹 《史记》：

孟轲，邹人也。受业于子思之门人；道既通，游事齐宣王，宣王不能用；适梁，梁惠王不果所言，则见以为迂远而阔于事情。当是之时，秦用商君富国强兵。楚魏用吴起，战胜弱敌。齐威王宣王用孙子田忌之徒，而诸侯东面朝齐。天下方务于合纵连衡，以攻伐为贤。而孟轲乃述唐虞三代之德。是以所如者不合。退而与万章之徒，序《诗》、《书》，述仲尼之意，作《孟子》七篇。（《孟子荀卿列传》）

孟子的生卒年不很清楚，大概生在周烈王四年，卒于赧王二十六年左右，年约八十四岁。（372—289B．C．）

（二）性与心　孟子道性善，言必称尧舜。以为："道一而已矣。"（《滕文公上》）人之本质含有"善"，因人同具官能，同具恻隐、羞恶、辞让、是非之心，同具良知良能。其所以不善者，正如水之遭阻障而搏跃，人性之善与水之就下无殊：

（人性之善也，犹水之就下也。人无有不善，水无有不下。今夫水搏而跃之，可使过颡，激而行之，可使在山。是岂水之性哉？其势则然也。人之可使为不善，其性亦犹是也。（《告子上》））

因此善端而培养之，发扬之，可以做成就为一种理想人物，为国家社会百姓谋福利。可以成为仁人，成为大丈夫．或则竟到了"万物皆备于我"的地步，与宇宙合一，走入一个神秘的境界。在孟子的心眼中，这种理想人物的典型是传说中的尧舜，因此他每每把尧舜的行事来教人。

但是人性固善，人心却不能一致。民之为道也：有恒产者有恒心，无恒产者无恒心。（《滕文公上》）

人之行事由心指使，而心则又须受经济环境之支配。因此社会上不能不分成治者与被治者两个阶级，前者是劳心者，是君子，是统治者，后者是劳力者，是野人，是被治者。这两阶级的关系便是：

无君子莫治野人，无野人莫养君子。

或劳心，或劳力，劳心者治人，劳力者治于人。治于人者食人，治人者食于人。（《滕文公上》）

为要使得民有恒心，就必须要施一种王政，这意思在《梁惠王上》说得极明白：

无恒产而有恒心者惟士为能。若民则无恒产，因无恒心，苟无恒心，放僻邪侈，无不为己。及陷于罪，然后从而刑之，是罔民也。焉有仁人在位，罔民而可为也！

是故明君制民之产，必使仰足以事父母，俯足以畜妻子，乐岁终身饱，凶年免于死亡。然后驱而之善，故民之从之也轻。

百姓生活无问题，再施以相当的教育，然后有文化可言，有历史可言。社会的重心和国家的命脉全在民众，所以他又说：

民为贵，社稷次之，君为轻。

（三）命定说与治乱循环论　世间万事，皆由命定。天为最高之主宰，凡事皆由其主持。性之所以善，正因性乃"天之所与我者"，人之所得于天者，人之一生，吉凶祸福，皆已命定，天与命之存在：

莫之为而为者天也，莫之致而至者命也。（《万章上》）

人惟顺受之而已：

莫非命也顺受其正。（《尽心上》）

顺受命定事物之来，其道在立命：

尽其心者知其性也，知其性则知天矣。存其心，养其性，所以事天也，殀寿不贰，修身以俟之，所以立命也。（《尽心上》）

不但人生是命定的，即历史和社会的进展，也有一定的法则。这公式是一治后必有一乱，互为循环。他以为：

天下之生久矣。一治一乱。当尧之时，水逆行，泛滥于中国，蛇龙居之。民无所定，下者为巢，上者为营窟……使禹治之。禹掘地而注之海，驱蛇龙而放之菹，水由地中行，江淮河汉是也。险阻既远，鸟兽之害人者消，然后人得平土而居之。

这是一治。

尧舜既没，圣人之道衰。暴君代作，坏宫室以为汙池，民无所安息。弃田以为园囿，使民不得衣食。邪说暴行又作。园囿汙池沛泽多而禽兽至。及纣之身，天下又大乱。

这是一乱。

周公相武王诛纣伐奄，三年讨其君，驱飞廉于海隅而戮之，灭国者五十，驱虎豹犀象而远之，天下大悦。

这又是一治。

世衰道微，邪说暴行有作，臣弑其君者有之，子弑其父者有之。（《滕文公下》）

这又是一乱。这样，治乱循环，就造成所谓历史。

（四）上古史的三个时代与人治主义

孟子把上古史分成三个时代，每个时代都有它的特色。他说：

五霸者三王之罪人也；今之诸侯五霸之罪人也。今之大夫今之诸侯之罪人也。（《告子下》）

最初有文化时，并且文化达到顶点时是三王时代，次之是五霸时代，再次就是孟子所处的现代——诸侯时代。这几个时代之所以区分是因为：

尧舜性之也，汤武身之也，五霸假之也，久假而不归，恶知其非有也。（《尽心上》）

所以一代不如一代的缘故，是因为后人不法尧舜：

尧舜之道，不以仁政不能平治天下……徒善不足以为政，徒法不能以自行。诗云："不愆不忘，率由旧章。"遵先王之法而过者未之有也……为高必因丘陵，为下必因川泽，为政不因先王之道，可谓智乎？（《离娄上》）

所谓尧舜或先王之道在修身：

天下国家；天下之本在国，国之本在家，家之本在身。（《离娄上》）

以个人作单位，推而至家，至国：

老吾老以及人之老，幼吾幼以及人之幼，天下可运于掌。诗云："刑于寡妻，至于兄弟，以御于家邦。"言举斯心加诸彼而已。故推恩足以保四海，不推恩无以保妻子。古之所以大过人者无他焉，善推其所为而已矣。（《梁惠王上》）

不但"推"的人治主义是社会国家和历史的继续和进展的因素，并且压根儿连一切的文化和国家也是由几个理想的人物所造成的。

当尧之时，天下犹未平。洪水横流，泛滥于天下，草木畅茂，禽兽繁殖，五谷不登，禽兽逼人，兽蹄鸟迹之道交于中国。

这是一个未曾开化的原始境界。于是：

尧独忧之。举舜而敷治焉。舜使益掌火，益烈山泽而焚之，禽兽逃匿。禹疏九河，瀹济漯而注诸海，决汝汉排淮泗而注之江，然后中国可得而食也。

开山治水这两件工作凭两个人的力量便办成了。于是突然产生农业:

后稷教民稼穑,树艺五谷,五谷熟而民人育。

人口繁殖之后,必须施以心灵方面的训练,于是乎又突然产生了教育:

饱食煖衣,逸居而无教,则近于禽兽,圣人有忧之,使契为司徒,教以人伦;父子有亲,君臣有义,夫妇有别,长幼有序,朋友有信。(《滕文公上》)

就是这样,尧、舜、禹、稷、益、契几个人在短时期中便开辟了土地,排除了洪水,发明了农业,产生了教育……建设起空前绝后成为中国史上黄金时代的文化和历史。

三、荀 子

(一)荀子事迹 荀子名况,字卿,《史记》曰:

荀卿,赵人。年五十,始来游学于齐。邹衍……田骈之属皆已死齐襄王时。而荀卿最为老师。齐尚修列大夫之缺,而荀卿三为祭酒焉。齐入或谗荀卿,荀卿乃适楚,而春申君以为兰陵令。春申君死而荀卿废,因家兰陵。李斯尝为弟子,已而相秦。荀卿嫉浊世之政,亡国乱君相属,不遂大道,而营于巫祝,信机祥。鄙儒小拘,如庄周等又滑稽乱俗。于是推儒墨道德之行事兴坏,序列著数万言而卒,因葬兰陵。(《孟子荀卿列传》)

其生卒年不甚详悉,据适之先生考证,荀卿约生于西元前315至310左右(周慎靓王末周赧王初年),卒于西元前230左右(秦始皇十七年),存年约八十余岁。

(二)性恶说与胜天论荀子主性恶,他说:

人之性恶,其善者伪也。(《性恶》)

人性本恶,而能成为善者则出于人为。他以为:

古者圣王以人之性恶,以为偏险而不正,悖乱而不治。是以为之起礼义,制法度,以矫饰人之情性而正之,以扰化人之情性而导之也。(《性恶》)

礼义法度都是人为的善的工具。性伪之分在于:

不可学不可事而在人者谓之性。可学而能可事而成之在人者谓之伪。（《性恶》）

又说：

生之所以然者谓之性。性之和所生，精合感应，不事而自然谓之性。性之好恶喜怒哀乐谓之情，情然而心为之择谓之虑。心虑而能为之动谓之伪。虑积焉，能习焉而后成，谓之伪。（《正名》）

积虑习能为学，学之功用正等于：

木直中绳，鞣以为轮，其曲中规，虽有槁暴不复挺者，鞣使之然也。故木受绳则直，金就砺则利。君子博学而日参省乎己则知明而行无过。（《劝学》）

性受之于天，而约束以礼义法度，陶融以学问，则可自恶而善，故与其顺天不若制天，与其恃天不若用天。

大天而思之，孰与物畜而制之？从天而颂之，孰与制天命而用之？望时而待之，孰与应时而使之？因物而多之，孰与骋能而化之？思物而物之，孰与理物而勿失之也！愿与物之所以生，孰与有物之所以成。故错人而思天，则失万物之情。（《天论》）

天只是自然地在运行者，绝不能为人祸福，也绝非最高之主宰。人只须伪，便能不为所支配，且可进一步而支配之：

天行有常，不为尧存，不为桀亡，立之以治则吉，应之以乱则凶。强本而节用，则天不能贫；养备而动时，则天不能病，循道而不贰，则天不能祸……不为而成，不求而得，是之谓天职……天有其时，地有其财，人有其治，夫是之谓能参。（《天论》）

（三）反进化论与法后王　荀子以为古今一致，无所谓进化。

古今一度也，类不悖，虽久同理。（《非相》）

种类不乖悖，虽久而理同，今之牛马与古不殊，何至于人而独异。以此：

欲观千岁，则数今日；欲知亿万则数一二；欲知上世则审周道。（《非相》）

今不与古异，故古之法即可沿用于今，古之法为圣王所制而天下治，则

用于今亦然:

千人万人之情,一人之情是也。天地始者今日是也。百王之道,后王是也。君子审后王之道,而论于百王之前,若端拜而议。推礼义之统,分是非之分,总天下之要,治海内之众,若使一人。故操弥约而事弥大。五寸之矩,尽天下之方也。故君子不下室堂,而海内之情举积此者,则操术然也。(《不苟》)

是故沿三代之法,则三代虽亡而实存:

夫天生蒸民,有所取之;志意致修,德行致厚,智虑致明,是天子之所以取天下也。政令法,举措时,听断公,上则能顺天子之命,下则能保百姓,是诸侯之所以取国家也。志行修,临官治,上则能顺上,下则能保其职,是士大夫之所以取田邑也。循法则度量刑辟图籍,不知其义,谨守其数,慎不敢损益也,父子相传,以持王公,是故三代虽亡,治法犹存。是官人百吏之所以取禄秩也。孝弟原悫,軿录疾力以敦比其事业而不敢怠傲,是庶人之所以取煖衣饱食,长生久视以免于刑戮也。(《荣辱》)

以是荀子斥一班主历史进化论者为小人:

君子道其常,而小人道其怪。(《荣辱》)

为妄人:

夫妄人曰:"古今异情,其所以治乱者异道。"而众人惑焉。彼众人者愚而无说,陋而无度者也。其所见焉,犹可欺也。而况于千世之传也?妄人者门庭之间犹可诬欺也!而况于千世之上乎?(《非相》)

无法度之害,荀子云:

上以无法使,下以无度行,知者不得虑,能者不得治。贤者不得使。若是,则上失天性,下失地利,中失人和。故百事废,财物诎而祸乱起。(《正论》)

若有法度,则圣王虽殁,继者能守其法,则:

天下不离,朝不易位,国不更制,天下厌然,与乡无以异也。(《正论》)

而制此法度者必为圣王,天与地皆不能为力:

天地合而万物生,阴阳接而变化起,性伪合而天下治,天能生物,不

能辨物也，地能载人，不能治人也。宇中万物生人之属，待圣人然后分也。（《礼论》）

圣王之责职，在穷物理，制法度，而学者之责职与历史之所以能继续进展，则在于师圣王，法其制度：

圣也者尽伦者也，王也者尽制者也。两尽者足以为天下极矣。故学者以圣王为师，案以圣王之制为法，法其法以求其统类，以务象效其人。向是而务，士也，类是而几，君子也，知之，圣人也。（《解蔽》）

（四）礼与国家社会之起源　人之所以能超出万物者以其能群：

水火有气而无生，草木有生而无知，禽兽有知而无义；人有气有生有知亦且有义，故最为天下贵也。力不若牛，走不若马，而牛马为用，何也？曰："人能群，彼不能群也。"（《王制》）

人何以能群？又何以能克服天然？

人何以能群？曰"分"，分何以能行？曰"义"，故义以分则和，和则一，一则多力，多力则强，强则胜物，故宫室可得而居也。故序四时，裁万物，兼利天下。无它故焉，得之分义也。故人生不能无群，群而无分则争，争则乱，乱则离，离则弱，弱则不能胜物，故宫室不可得而居也。不可少顷舍礼义之谓也。（《王制》）

人之所以为人者以其有辨，以其有礼为之制裁：

人之所为人者，何已也？曰："以其有辨也。"饥而欲食，寒而欲煖，劳而欲息，好利而恶害，是人之所生而有也，是无待而然者也。是禹桀之所同也，然则人之所以为人者，非特以二足而无毛也，以其有辨也。今夫狌狌形笑，亦二足而无毛也，然君子啜其羹，食其胾。故人之所以为人者，非特以其二足而无毛也，以其有辨也。夫禽兽有父子而无父子之亲，有牝牡而无男女之别，故人道莫不有辨，辨莫大于分，分莫大于礼，礼莫大于圣王。（《非相》）

明分制群，则不能不有君子以参理之：

天地生君子，君子理天地，君子者天地之参也，万物之总也，民之父母也。无君子则天地不理，礼义无统，上无君师，下无父子，夫是之谓至乱。君臣父子兄弟夫妇，始则终，终则始，与天地同理，与万世同久，夫是之谓

大本。（《王制》）

不能不有君臣上下之别以综理之：

万物同字而异体，无宜而有用为人，数也。人伦并处，同求而异道，同欲而异知，生也。皆有可也，知愚同。所可异也，知愚分。势同而知异，行私而无祸，纵欲而不穷，则民心奋而不可说也……无君以制臣，无上以制下，天下害生纵欲，欲恶同物，欲多而物寡，寡则必争矣。故百技所成，所以养一人也。而能不能兼技，人不能兼官。离居不相待则穷。群而无分则争。穷者患也，争者祸也。救患除祸，则莫若明分使群矣。强胁弱也，知惧愚也，民下违上，少陵长，不以德为政，如是则老弱有失养之忧，而壮者有分争之祸矣。事业，所恶也，功利，所好也。职业无分，如是则人有树事之患，而有争功之祸矣。男女之合，夫妇之分，婚姻聘内，送逆无礼，如是则人有失合之忧，而有争色之祸矣。故知者为之分也。（《富国》）

人有辨，能群，而又被制以礼，因以序四时，裁万物，而成社会，成国家，始有历史。

四、墨　子

（一）墨子事迹　墨子姓墨，名翟，鲁人。《史记》云：

盖墨翟宋之大夫，善守御，为节用。或曰并孔子时，或曰在其后。（《孟子荀卿列传》）

其生年大约在周敬王二十年与三十年之间，死在威烈王元年与十年之间。（500；490—425；416B. C. ）

《庄子·天下篇》评其学术云：

（后世之学者，不幸不见天地之纯，古人之大体，道术将为天下裂）不侈于后世，不靡于万物，不晖于数度，以绳墨自矫，而备世之急，古之道术，有在于是者，墨翟禽滑厘闻其风而说之。为之大过，已之大循，作为非乐，命之曰节用；生不歌，死无服。墨子泛爱兼利而非斗，其道不怒，又好学而博不异。不与先王同，毁古之礼乐……其生也勤，其死也薄，其道大觳……墨子称道大禹……使后世之墨者，多以裘褐为衣，以跂𫏋为服，日夜不休，以自苦为极。曰不能如此，非禹之道也，不足谓墨。相里勤之弟子，五侯之徒，南方之墨者，苦获已齿邓陵子之属，俱诵墨经，而倍谲不同，相谓别墨。以坚白异同之辩相訾，以觭偶不仵之辞相应，以巨子为圣人，皆愿为之尸，冀得为其后世。至今不决。墨翟禽滑厘之意则是，其行则非也。将使后世之墨者必自苦，以腓无胈，胫无毛，相进而已矣。乱之上也，治之下也。虽然，墨子真天下之好也，将求之不得也，虽枯槁不舍也，才士也夫！

（二）非命与天志　墨子是一个社会改革者，一个救世主，同时是他自己的主义的实行者。

他以为要改革社会，必须先打倒这混浊社会之思想背景——命定主义，过去时代的人以为一切都由命定，人不过是被命定的一份子，虽然挣扎，也决不能改革。墨子看清了这个病根，首先就提倡非命论，他说，

执有命者不仁，故当执有命者之言，不可不明辩……言必有三表……本之于古者圣王之事：

然而今天下之士君子，或以命为有，盖尝尚观于圣王之事？古者桀之所乱，汤受而治之。纣之所乱，武王受而治之。此世未易，民未渝，在于桀纣则天下乱，在于汤武则天下治，岂可谓有命哉？（《非命上》）

原察百姓耳目之实：

我所以知命之有与亡者，以众人耳目之情知有与亡。有闻之，有见之，谓之有。莫之闻，莫之见，谓之亡……自古以及今……亦尝有见命之物闻命之声者乎？则未尝有也……（《非命中》）

发以为刑政，观其中国家百姓人民之利：

执有命者之言曰："上之所赏，命固且赏，非贤故赏也。上之所罚，命固且罚，非暴故罚也。"……是故治官府则盗窃，守城则崩叛；君有难则不死，出亡则不送……昔上世之穷民，贪于饮食，惰于从事，是以衣食之财不足，而饥寒冻馁之忧至。不知曰"我罢不肖，从事不疾"，必曰"我命固且贫"。昔上世暴王……亡失国家，倾覆社稷，不知曰"我罢不肖，为政不善"，必曰"吾命固失之"。……今用执有命者之言，则上不听治，下不从事。上不听治，则刑政乱；下不从事，则财用不足……此特凶言之所自生而暴人之道也。（《非命上》）

所以：

教人学而执有命，是犹命人葆而去其冠也。（《公孟》）

命定说既被推翻，人就可凭自由的意志与能力去发展，但各个人的心性环境不同，其发展如顺其自然，必致有危害大众福利的趋向，不能不有一个主宰去评判它。这一主宰就是天。墨子深信天能赏善而罚暴，使人向善的方面去发展；他以为天有天志：

我有天志，譬若轮人之有规，匠人之有矩。轮匠执其规矩以度天下之方圆，曰中者是也，不中者非也。今天下之士君子之书不可胜载，言语不可尽计；上说诸侯，下说列士，其于仁义，则大相远也。何以知之？曰我得天下之明法以度之。（《天志上》）

所谓天志：

天欲人之相爱相利，而不欲人之相恶相贼也。（《法仪》）

自由发展而合于天志者则天佑之，反之则天祸之。历史上的例证是：

昔之圣王禹汤文武兼爱天下之百姓，率以尊天事鬼，其利人多，故天福之，使立为天子，天下诸侯皆宾事之。暴王桀纣幽厉兼恶天下之百姓，率以诟天侮鬼，其贼人多，故天祸之，使遂失其国家，身死为僇于天下，后世子孙毁之，至今不息。（《法仪》）

（三）兼爱与尚同　社会国家之所以不循正轨发展，是由不相爱：

凡天下祸篡怨恨，其所以起者以不相爱生也，是以仁者非之……以兼相爱交相利之法易之。（《兼爱中》）

反之则天下治：圣人以治天下为事者也。不可不察乱之所自起，当察乱何自起？起不相爱……盗爱其室，不爱其异室，故窃异室以利其室。贼爱其身，不爱人，故贼人以利其身……大夫各爱其家，不爱异家，故乱异家以利其家。诸侯各爱其国，不爱异国，故攻异国以利其国……察此何自起？皆起不相爱。若使天下……视人之室若其室，谁窃？视人之身若其身，谁贼？……视人之家若其家，谁乱？视人之国若其国，谁攻？……故天下兼相爱则治，交相恶则乱。（《兼爱上》）

以兼相爱故，视人如己，一切盗贼祸乱征战……足以危害社会国家之发展者均归消灭。

兼爱主义只是消极地用以消弭一切纷乱，在积极的意义上，它只是把各个个人用爱来联系在一起，成为一集团。在建设方面，墨子又提出尚同主义，以历史的根据说明社会国家的起源：

古者民始生未有刑政之时，盖其语人异义；是以一人则一义，二人则二义，十人则十义；其人兹众，其所谓义者亦兹众。是以人是其义，以非人之义，故交相非是也，是以内者父子兄弟作怨恶，离散不能相和合。天下之百姓，皆以水火毒药相亏害，至有余力不能以相劳；腐朽余财，不以相分；隐匿良道，不以相教。天下之乱，如禽兽然。（《尚同上》）

这是原始时代的情况，在所谓"天然状态"之中，人人相仇，互相争夺，终日战争。积久此种情况不为人所满意，故不得已而设统治者以约束之，于是有所谓政府，有所谓国家：

夫明乎天下之所以乱者，生于无政长，是故选天下之贤可者立以为天子，天子立以其力为未足；又选择天下之贤可者置立之以为三公……画分万国，立诸侯国君……立……正长……上之所是，必皆是之，上之所非，必皆非之，上有过则规谏之，下有善，则傍荐之，上同而不下比。（《尚同上》）

百姓上同里长，里长上同乡长，乡长上同国君，国君上同天子，皆以仁人任之，这样，天下一义，天下乃治。

（四）文化之创造　墨家自承为学禹，在禹的时代未有繁文缛礼的文化，只是简简单单地在过着初民生活，因此，墨子不但率自己的门徒菲衣恶食为天下倡，他并且极力反对儒家的一切：

儒之道足以丧天下者四政焉；儒以天为不明，以鬼为不神，天鬼不悦，此足以丧天下。又厚葬久丧，重为棺椁，多为衣衾，送死若徒，三年哭泣，扶后起，杖后行，耳无闻，目无见，此足以丧天下。又弦歌鼓舞，习为声乐，此足以丧天下。又以命为有，贫富寿夭，治乱安危有极矣，不可损益也；为上者行之必不听治矣，为下者行之，必不从事矣，此足以丧天下。（《公孟》）

以冀矫正当时君主贵族士夫之极度豪侈，耽于游乐。因此，他注重功利观念，以为凡事物必中国家人民之利，方有价值，否则皆为无益或有害，均应废弃。以此他解释历史的进化制于节用，过此限度，则为浪费：

是故古者圣王制为节用之法，曰："凡天下群百工，轮车鞻匏，陶冶梓匠，使各从事其所能。"曰："凡足以奉给民用则止；诸加费不加于民利者，圣王勿为。"……古者圣王制为衣服之法，曰：冬服绀缂之衣，轻且暖，夏服绨绤之衣轻且清，则止。诸加费不加于民利者，圣王勿为。古者圣人为猛禽狡兽，暴人害民，于是教民以兵行。日带剑，为刺则入，击则断，旁击而不折，此剑之利也。甲为衣则轻且利，动则兵且从，此甲之利也。车为服重致远，乘之则安，引之则利；安以不伤人，利以速至，此车之利也。古者圣王为大川广谷之不可济，于是利为舟楫，足以将之，则止。虽上者三公诸侯至，舟楫不易，津人不饰，此舟之利也。古者圣王制为节葬之法，曰衣三领足以朽肉，棺三寸足以朽骸，掘穴深不通于泉，流不发泄，则止。死者即葬，生者毋久丧用哀。古者人之始生，未有宫室之时，因陵丘掘穴而处焉。圣王虑之，以为掘穴，曰：冬可避风寒，逮夏，下润湿，上熏蒸，恐伤民之气。于是作为宫室而利。然则为宫室之法将奈何哉？子墨子言曰，其旁可以圉风寒，上可以圉雪霜雨露，其中蠲洁，可以祭祀，宫墙足以为男女之别，则止。诸加费不加民利者，圣王弗为。（《节用中》）

以此标准，墨子以后王之治为退化：

周成王之治天下也，不若武王，武王之治天下也，不若成汤；成汤之治天下也，不若尧舜。故其乐逾繁者其治逾寡。（《三辩》）

以其文化逾进步，超过实际所需要也。因此，墨子主张应法先王：

天下之所以生者，以先王之道教也。（《耕柱》）

又云：

古之圣王欲传其道于后世，是故书之竹帛，镂之金石，传遗后世子孙，欲后世子孙法之也，今闻先王之遗而不为，是废先王之传也。（《贵义》）

五、驺衍

（一）驺衍事迹《史记·孟子荀卿列传》：

驺衍后孟子。驺衍睹有国者益淫侈，不能尚德，若大雅整之于身，施及黎庶矣。乃深观阴阳消息而作怪迂之变，终始大圣之篇，十余万言……然要其归，必止乎仁义节俭，君臣上下六亲之施。始也滥耳。王公大人初见其术，惧然顾化，其后不能行之。是以驺子重于齐。适梁，惠王郊迎，执宾主之礼。适赵，平原君侧行撇席。如燕，昭王拥彗先驱，请列弟子之座而受业，筑碣石宫，身亲往师之。作主运。其游诸侯，见尊礼如此！

《平原君虞卿列传》：

平原君厚待公孙龙，公孙龙善为坚白之辩。及驺衍过赵，言至道，乃绌公孙龙。

驺衍之时代，颇不清晰。据适之师考证，大约与公孙龙同时，当在西元前320至250左右。

（二）超过时代的世界地理观　驺衍之学为齐学。齐地滨海，与国外交通独早，齐人较多新异见闻。稷下谈风独盛，展转传衍遂流于荒诞。驺衍承受此风气，益以自己之类推，由近及远，由已知推未知，对于世界的观念，超时代地将其扩大百倍，《史记》言其所用方法云：

其语闳大不经，必先验小物，推而大之，至于无垠。先序今以上至黄帝，学者所共术，大并世盛衰，因载其机祥度制，推而远之，至天地未生，窈冥不可考而原也。（《孟子荀卿列传》）

由是以所知中国地理，推而及于世界，创大九洲说：

先列中国名山大川，通谷禽兽，水土所殖，物类所珍；因而推之，及海外人之所不能睹。

以为儒者所谓中国者，于天下乃八十一分居其一分耳。中国名曰赤县神州。赤县神州内自有九州，禹之序九州是也，不得为州数，中国外如赤县神州者九，乃所谓九州也。于是有裨海环之，人民禽兽莫能相通者；如一区中者，乃为一州。如此者九，乃有大瀛海环其外，天地之际焉。（《孟子荀卿列传》）

极想象之能事，打破古代人——或至十九世纪——以中国为天下的隘狭自封的地理观念。

（三）五行说与宇宙论　在同一出发点，驺衍企图求出历史进展的定律，对于宇宙系统下一新解释。

在驺衍以前，也曾有人用几个元素来肯定宇宙的组成。我们所知道的有秦国的白黄青赤四帝祠，《左传》所载水火金木土谷的六府，驺衍根据这些思想，综合成五行说；《荀子·非十二子篇》介绍五行说之由来云：

略法先王而不知其统，犹然而材剧志大，闻见杂博，案往旧造说，谓之五行。

所谓五行，《洪范》曰：

一曰水，二曰火，三曰木，四曰金，五曰土。水曰润下，火曰炎上，木曰曲直，金曰从革，土爰稼穑。润下作咸，炎上作苦，曲直作酸，从革作辛，稼穑作甘。

由五行的五种物质原素，各有特殊的个性，生出五味，更由此而生五事，五官，五德：

一曰貌，二曰言，三曰视，四曰听，五曰思。貌曰恭，言曰从，视曰明，听曰聪，思曰睿。恭作肃，从作乂，明作哲，聪作谋，睿作圣。（《洪范》）

五庶征，五休征，五咎征：

曰雨，曰旸，曰燠，曰寒，曰风。曰时五者来备，各以其叙，庶草繁芜。一极备凶，一极无凶，曰休征曰肃时雨若，曰乂时旸若，曰哲时燠若，曰谋时寒若，曰圣时风若。曰咎征，曰狂恒雨若，曰僭恒旸若，曰豫恒燠若，曰急恒寒若，曰蒙恒风若。（《洪范》）

《礼记·月令》更以五行分配于四季，在一年之四季中，各有其盛，以此规定每月天子所居定处，所衣定色，所食定味，所行政事，每月之帝，每月之神……而宇宙以成，国家以立。

《洪范》、《月令》俱为战国时书，与驺衍多少有关系。前此人但用五行说以解释宇宙，解释自然界，到了驺衍则更进一步，用以解释历史的进展，这在阴阳家的系统上，不能不说是一个大进步。

（四）五德转移说——机械史观　驺衍始创为五德转移说，《史记》云：

驺衍……称引天地剖判以来，五德转移，治各有宜，而符应若兹……作主运。（《孟子荀卿列传》）

《主运》书之内容，《史记集解》引如淳注：

今其书有主运，五行相次转用事，随方面为服。

所著又有《五德终始》，《集解》又引如淳注：

今其书有五德终始，五德各以所胜为行。

又《文选·魏都赋》注引《七略》曰：

邹子终始五德，从所不胜；土德后木德继之，金德次之，火德次之，水德次之。

所谓五德转移的意义是五行以次循环，以次用事，终而复始，每一新朝必须据有一行之德，随五行循环，随其用事，随其服色每易一行，必易一朝，每易一朝，必易一行，终而复始。其次序为土、木、金、火、水，相次转移。其相次的次序，以五行相胜的原理为定。因为木克土，故木继土后，金克木，故金继木后，火克金故金继火后，水又克火，故水又继火后，土克水，于是又一循环，无有止息。因此，新朝之起必因前朝之德衰，新朝所据之德必为前朝所不胜之德。且新朝之兴，其先必有祥瑞为之预示，《吕氏春秋·应同篇》云：

凡帝王者之将兴也，天必先见祥乎下民。黄帝之时，天先见大螾大蝼。黄帝曰："土气胜！"土气胜，故其色尚黄，其事则土。及禹之时，天先见草木秋冬不杀。禹曰："木气胜！"木气胜，故其色尚青，其事则木。及汤之时，天先见金刃生于水，汤曰："金气胜！"金气胜，故其色尚白，其事则金。及文王时，天先见火，赤乌衔丹书集于周社。文王曰："火气胜！"火气胜，故其色尚赤，其事则火。

《文选》李善注引《邹子》云：

五德从所不胜，虞土，夏木，殷金，周火。（沈休文《故安陆昭王碑文》注引）

由此，我们知道驺衍所持的历史解释，第一种是从黄帝推上去的，推到"天地未至，窈冥不可考而原也"。第二种是从黄帝推下来的，据上引二种史料，第二种分代又有两种分法，第一种是：

黄帝——夏——殷——周

第二种是：

虞——夏——殷——周

他用五德转移之说，说明各代的符应及其为治之宜，他的目的是在用此说以警惧当世王公，不幸不但没有效果，并且为后世种了恶因，他的影响可以说一直到现代。《史记·封禅书》云：

> 自齐威宣之时，驺子之徒论著终始五德之运。及秦帝而齐人奏之，故始皇采用之……驺衍以阴阳主运显于诸侯，而燕齐海上之方士传其术不能通。然则怪迂阿谀苟合之徒自此兴，不可胜数也。

六、韩 非

（一）韩非事迹 《史记》曰：

> 韩非者，韩之诸公子也。喜刑名法术之学，而其归本于黄老。非为人口吃，不能道说，而善著书。与李斯俱事荀卿，斯自以为不如非。非见韩之削弱，数以书谏韩王，韩王不能用。于是韩非疾治国不务修明其法制，执势以御其臣下，富国强兵，而以求人任贤。反举浮淫之蠹而加之于功实之上……悲廉直不容于邪枉之臣，观往者得失之变，故作《孤愤》、《五蠹》、《内外储》、《说林》、《说难》十余万言……人或传其书至秦，秦王见《孤愤》、《五蠹》之书曰："嗟乎！寡人得见此人与之游，死不恨矣！"李斯曰："此韩非之所著书也。"秦因急攻韩。韩王始不用非，及急，乃遣非使秦；秦王悦之，未信用。李斯、姚贾害之毁之曰："韩非，韩之诸公子也。今王欲并诸侯，非终为韩不为秦，此人之情也。今王不用，久留而归之，此自遗患也！不如以过法诛之。"秦王以为然，下吏治非。李斯使人遗非药，使自杀。韩非欲自陈，不得见。秦王后悔之，使人赦之，非已死矣。（《老子韩非列传》）

韩非自杀在秦始皇帝十四年，为西历纪元前之233年。

（二）性恶与法治 韩非为荀卿弟子，继承其性恶之说。以为天下之人，皆自私自利，即父子犹然：

> 且父母之于子也，产男则相贺，产女则杀之。此俱出于父母之怀袵，然男子受贺，女子杀之者，虑其后便，计之长利也。故父母之于子也，犹用计算之心以相待也，而况无父子之泽乎？（《六反》）

人只有利害观念，故治国者即应以利害之心理治之。

> 凡治天下，必因人情。人情者有好恶，故赏罚可用。赏罚可用，则禁令可立，而治道具矣。（《八经》）

"一民之轨莫如法"。社会进化，人口繁殖，以前的人治主义已不适用于现代：

　　古者世治之民，奉公法，废私术，专意一行，具以待任。夫为人主而身察百官，则日不足，力不给；且上用目则下饰观，上用耳则下饰声，上用虑则下繁辞。先王以三者为不足，故舍己能而因法数，审赏罚。先王之所守要，故法省而不侵。（《有度》）

　　法是行为的标准，治国的典要。使明主而用法自治，即庸主而能守法，亦治，反之，则虽尧舜亦不能为治：

　　释法术而任心治，尧不能正一国。去规矩而妄意度，奚仲不能成一轮。废尺寸而差短长，王尔不能半中。使中主守法术，拙匠执规矩尺寸，则万不失矣。君人者能去贤巧之所不能，守中拙之所万不失，则人力尽而功名立。（《用人》）

　　儒家所主张的礼义，只能行之于地广人稀的部族时代，不适用于生活繁复的进步社会；只能施行于少数的君子，不能遍行全国，儒家的要义是积极地要人为善；而法家则只是消极地不使人为非：

　　夫圣人之治国，不恃人之为吾善也，而用其不得为非也。恃人之为吾善也，境内不什数。用人不得（为）非，一国可使齐。为治者用众而舍寡，故不务德而务法。夫必恃自直之箭，百世无矢；恃自圜之木，千世无轮矣。自直之箭，自圜之木，百世无有一，然而世皆乘车射禽者何也，隐栝之道用也。虽有不恃隐栝而有自直之箭，自圜之木，良工弗贵也。何则？乘者非一人，射者非一发也。不恃赏罚而恃自善之民，明主弗贵也。何则？国法不可失，而所治非一人也。（《显学》）

　　（三）进化的历史观　韩非虽是荀卿的弟子，但他却主"无常"，主"宜"，正和荀卿相反。儒家以礼以义以仁为社会国家形成之要素，其倾向趋于复古，以为社会是永远如此，故古先王之行事仍可沿用于后日。韩非则以"法"为社会国家形成之要素，其倾向趋于合时，以为古代的社会非即今之社会，为治要在与时"转"与世"宜"。他说：

　　治民无常，唯治为法，法与时转则治，治与世宜则有功。故民朴而禁之以名则治，世知维之以刑则从。时移而治不易者乱，能治众而禁不变者削。

故圣人之治民也，法与时移，而禁与能变。（《心度》）

社会是活的，是变的，是继续地在进展着的，所谓法则是死的，不变的，停滞着的，法和社会取同一步骤跟着环境变迁而变迁，这法才有用，有力。如在今之社会，经济环境根本与古不同，而仍守古法，这正如守株待兔的故事：

宋人有耕田者，田中有株，兔走触株，折颈而死。因释其耒而守株，冀复得兔……今欲以先王之政治当世之民，皆守株之类也。（《五蠹》）

世异则事异，事异则备变：

文王行仁义而王天下，偃王行仁义而丧其国，是仁义用于古而不用于今也。故曰世异则事异。

舜……执干戚舞，有苗乃服，共工之战，铁铦矩者及乎敌，铠甲不坚者伤乎体，是干戚用于古不用于今也。故曰事异则备变。（《五蠹》）

惟变古，惟易常，法与现代相适应，始足为治：

不知治者，必曰无变古，毋易常。变与不变，圣人不听，正治而已。然则古之无变，常之毋易，在常古之可与不可。伊尹毋变殷，太公毋变周，则汤武不王矣。管仲毋易齐，郭偃毋更晋，则桓文不霸矣，凡人难变古者惮易民之安也。夫不变古者袭乱之迹；适民心者恣奸之行也。民愚而不知乱，上懦而不能更，是治之失也。（《南面》）

世人多惑于命定与不变之说，以为历史之进展与环境不发生关系，以为"今犹古也"，故往往以现在所享受者以推度往古，以为现在如此，往古亦必如此，例如禅让的故事，儒家忽略了它的经济环境，从而颂扬之，其实在原始时代，生活极俭朴，即使做了天子，其享受亦不能超过现代的庶人，让作天子并无何等意义：

尧之王天下也，茅茨不翦，采椽不斫，粝粢之食，藜藿之羹，冬日麑裘，夏日葛衣，虽监门之服养，不亏于此矣。禹之王天下也，身执耒臿，以为民先，股无胈，胫不生毛，虽臣虏之劳，不苦于此矣。

以是言之，夫古……传天下而不足多也。（《五蠹》）

到了后代，则：

今之县令，一日身死，子孙累世絜驾，故人重之。是以人之于让也，轻

辞古之天子，难去今之县令者，薄厚之实异也。（《五蠹》）

一县令且不能轻让。环境不同，所以情势因之而异。

（四）上古史的三个时代与其经济条件

古今之所以不同，古法之所以不能沿用于今，是因为古今的经济条件不同。在古代：

古者丈夫不耕，草木之实足食也。妇人不织，禽兽之皮足衣也。不事力而养足，人民少而财有余，故民不争。是以厚赏不行，重罚不用。而民自治。（《五蠹》）

自然富源充裕，人口稀少，养足财余，无所用赏罚。可是到了后世：

今人有五子不为多，子又有五子，大父未死而有二十五孙，是以人民众而货财寡，事力劳而供养薄，故民争，虽倍赏累罚而不免于乱。（《五蠹》）

人口加殖而生产品则不因之加多，生存竞争一起，即使用了法律去制裁也还免不了紊乱。

以此条件，韩非区分古代为三世：上古，中古，近古。每一时期都有它的特色：

古人亟于德，中世逐于智，当今争于力。

古者寡事而备简，朴陋而不尽，故有珧铫而推车者。古者人寡而相亲，物多而轻利易让，故有揖让而传天下者。然则行揖让，高慈惠而道仁厚，皆推政也。处多事之时，用寡事之器，非智者之备也。当大争之世，而循揖让之轨，非圣人之治也。故智者不乘推车，圣人不行推政也。法所以制事，事所以名功也。法立而有难，权其难而事成则立之。事成而有害，权其害而功多则为之。无难之法，无害之功，天下无有也。（《八说》）

每一时期都有它的需要：

上古之世，人民少而禽兽众，人民不胜禽兽虫蛇。有圣人作，构木为巢，以避群害，而民悦之，使王天下，号之曰有巢氏。民食果蓏蚌蛤，腥臊恶臭，而伤害腹胃，民多病疾。有圣人作，钻燧取火，以化腥臊，而民说之，使王天下，号之曰燧人氏。

中古之世，天下大水，而鲧禹决渎。

近古之世，桀纣暴乱，而汤武征伐。（《五蠹》）

古代所需要的，因环境不同，决不能同样适用于现在。以是：

今有构木钻燧于夏后氏之世者，必为鲧禹笑矣。有决渎于殷周之世者，必为汤武笑矣。然则今有美尧舜汤武禹之道于当今之世者，必为新圣笑矣。

是以圣人不期修古，不法常可，论世之事，因为之备。（《五蠹》）

（原载《清华周刊》，第三十九卷第八期，1933年5月8日）

伟大的历史学家司马迁

公元前126年的春天，一辆马车，载着一个二十岁的青年，驭者不断挥动丝鞭，四匹雪白的骏马撒开着腿飞跑，走遍了祖国大江南北的著名城市。

这个青年生得眉清目秀，长身玉立，衣着朴素整洁。随身带着许多竹简、木板，准备把所看到听到的事情，随时记录下来。他这次旅行的目的是访求古代史书，向老人们访问古代遗事，调查了解各地情况，是一次学术旅行。

他叫司马迁（公元前145—前86？），字子长，左冯翊夏阳（今陕西韩城县南）人。父亲司马谈，做汉朝太史令的官。太史令在政府中是专管天文历法的官员，司马一家从很古时代就专管天文历法，到周宣王时代（公元前827—前782）还兼管周朝历史资料的保管和编写。到了司马谈，除了继承世代相传的天文历法和历史的家学以外，又跟著名天文学家唐都学天文，有名的学者杨何学《易经》，黄子学道论。精通各家学说，学问很好。他很钟爱这个儿子，一心一意要教育司马迁继承世代相传的家学，亲自讲授指点，在闲暇时，还和儿子讲论诸子百家流派，所见所闻的史事。司马迁读书非常用功，儿童对从师就学会了当时所通行的文字，十岁就念古文——《左传》、《国语》、《世本》等书，到二十岁时已经博通群书，有了广泛的知识，很扎实的基础了。

这一年，司马谈为他儿子安排了一次学术旅行，接触实际，扩大眼界，增长知识，结交朋友。

根据司马迁所著《史记》里有关这次旅行的记载，大致情况是这样的：他到过长沙，在《屈原贾生列传》里说：我读了《离骚》、《天问》、《招魂》、《哀郢》，很为他的志向所感动。到了长沙，又亲眼看了屈原投水自杀的地方，想象中有这么一个形容憔悴、满腔抑郁的爱国诗人，在这儿行吟、踟蹰，他忠于君主，热爱人民，热爱祖国，却落得这样下场，徘徊沉思，不禁伤心落泪。顺便看了九疑山，传说中舜安葬的地方。到江西庐山，考察了夏禹疏浚九江的情况。在山顶独坐，恍惚看到平原上浊流滚滚，洪水滔天，老妇幼儿，随波呼号，牲畜家具，互相挤撞的惨象。一会儿又看到一群短衣赤脚的汉子，其中有一个身材特别高大的在指手划脚，他摩顶放踵，治水十三年，三过家门而不入，采用疏浚的办法，导水入河，终于战胜了洪水，这是何等的勤劳、智慧和毅力啊！接着到浙江会稽（今浙江绍兴），参观传说中的禹穴。到江苏姑苏（今江苏苏州），游览了五湖，领略了烟波浩渺、一望无际的内湖景色。参观了楚国春申君黄歇的故城，发出"宫室盛矣哉"的感慨。到淮阴，当地人民说：淮阴侯韩信在当老百姓的时候，志向就和众人不同，母亲死了，虽然很穷，备不起棺椁，却找了一个高敞空旷的地方葬下，准备日后在墓旁可以安置万数人家。司马迁听了，就跑去看，果然是这样情况。

北上到山东，沿途考察了许多河流的水利情况。在过去齐国、鲁国的都城，和一些戴着高高的帽子，宽大的衣袖的学者们，商讨学问，反复辩论，观察孔子的遗风余韵。到曲阜时，还看了孔子的庙堂和保存着的车服礼器，看到学生们在那里按时学习礼节，仪容端正，队伍整齐，看了又看，竟舍不得走。在薛，看到地方上的青年人，大多数有点粗野，和邹、鲁地方文绉绉的风气不一样，便打听缘故，说是从前孟尝君在的时候，招致了各地方任侠的有各种本领的人到薛来，有六万多家。从这件事证明，孟尝君以好客自喜，确是名不虚传啊！在汉高祖发迹的丰、沛地区，访问了许多老人，谈了旧事。还看了汉初功臣萧何、曹参、樊哙、滕公等人的故居，他和樊哙的孙子他广是朋友，他广也告诉了他汉初功臣许多轶事。西向经梁、楚，这是战国时代战争频繁的地区。在大梁之墟，访问信陵君时代的夷门，原来就是城的东门。徘徊门下，仿佛想见当年信陵君亲自执辔，车骑簇拥，夷门监者侯生，一个七十岁白须白发的穷老头子，在车上高坐，信陵君执礼愈恭，路人聚观，从骑窃骂的情景。当地人都说，秦国攻魏国的都城，引河水灌城，城墙坏了，守不住了，魏王只好投降，秦就灭掉魏国。人们的意见，认为因为魏国不用信陵君，所以国家削弱，以至于亡。司马迁研究了当时历史情况，不同意这种意见，他认为秦灭魏是当时人民要求统一的必然结果，魏王即使有伊尹那样的贤臣辅佐，也还是抗拒不了的。

在《史记·龟策列传》里，司马迁说：我到江南，了解南方人的生活习惯，访问了许多年纪大的长老。他们说沿江一带人们有养龟的习惯。很有意思，我也是南方人，四十年前在一个朋友的家里，看到院子的水池里就养着许多大大小小的龟。隔了两千多年了，江南人民还保持着这种习惯，可见司马迁观察事物是很细心的。

在山东地区游历的时候，他从泰山一直到琅邪，东到海边，看到这一带两千里之间肥沃的土壤，和当地人民接触，发现他们很有气概，不大暴露聪明，他认为这是和当地的地理环境有关系的。

在这次旅行以后，不久他就做了郎中的官，有机会跟从汉武帝到各地游历。公元前112年，他跟皇帝西到空同（今甘肃岷县西）。公元前110年又奉使到四川南部，看了秦时蜀郡守李冰所凿的离碓（今成都都江堰）。回来复命后，又跟皇帝东封泰山，从碣石一直到辽西一带，经过北边九原（今内蒙古乌喇特、茂明安二旗之地），回到甘泉（今陕西淳化县）。在这次旅行中，他观察了秦朝将军蒙恬所修的长城，和秦朝所修从九原到甘泉的直道（公路），在《史记·蒙恬列传》里说：我到北边，从直道回来，看到蒙恬所修筑的秦长城，和亭、障，他们把山凿开了，把谷填平了，工程非常浩大，所用的人力可真是不少啊！第二年又跟皇帝到河南、山东，上泰山。这一年黄河决口泛滥，水灾严重，汉武帝亲自在河北濮阳县黄河决口处主持堵口工程，随从人员从将军以下都参加劳动，背着柴木堵口，司马迁也参加了。决口堵塞以后，汉武帝很高兴，就在堵口处建造一所宫殿作纪念，叫作宣房宫。通过这次实践，司马迁认识了水的利和害两个方面，后来就特别在《史记》里写了《河渠书》的专门记载。公元前107年，又跟皇帝到河北涿鹿，和当地父老们谈论古代黄帝、尧、舜的传说。

司马迁一生所游历的地方很多，他不是为了游山玩水，而是有一定的目的——作历史的调查研究工作。他注意地理环境，人民生活习惯，历史传说，和著名人物的遗闻轶事，他到处访问地方长老，随时记录，很用功，也很细心，观察力又很敏锐，就这样，通过长期的多次的游历，不但丰富了文章的辞藻，壮大了文章的气势，展开了自己的眼界，开阔了自己的心胸，也积累了无数的宝贵的历史资料。

为了求得历史的真实性，司马迁还通过和史事有关人物的谈话，来核对史实。例如赵王迁的情况，在《史记·赵世家》里，司马迁说：我听冯王孙说，赵王迁的母亲原来是妓女，赵悼襄王很宠爱她，把嫡子嘉废了，立迁为王。赵王迁品德很不好，又喜欢听一些没有根据的话，把最好的将军李牧杀了，用无能的郭开作将军，结果，赵国为秦所灭。这段故事指出了赵国宫廷的情况，和赵王迁的家庭教育影响。又如荆轲刺秦始皇的真实情形，当时目击者有秦始皇的侍医夏无且，司马迁父亲的朋友公孙季功、董生都曾和夏无且交游，《史记》这部分记载看来就是司马迁从父亲那儿听来的，所以写得非常生动，精彩。又如《史记·郦生陆贾传赞》说：平原君（朱建）的儿子和我是好朋友，所以我才能谈论这件事。《田叔列传赞》说：田叔的小儿子田仁是我的好朋友，我所以一并谈论他。《卫将军骠骑列传赞》说：苏建对我说，他曾批评大将军（卫青）地位那样高，可是国内的贤士大夫没有称道大将军的。希望大将军能够像古代名将那样注意选择贤人，结交朋友才是。通过卫青部下将领苏建的话，指出卫青的短处。有些历史人物的特征，则是听朋友说的，如《项羽本纪赞》说：我听周生（周霸）说，舜的眼睛重瞳，项羽也如此。留侯（张良）的相貌，则是看了他的画像，《留侯世家》说：我以为这个人的相貌一定是魁梧奇伟的，谁知道看了画像，样子却像个漂亮的妇女。孔子说过，用相貌来衡量人的品德，对子羽（澹台灭明字子羽，是孔子的学生，长得很丑，品德却很好）就不适用。我看留侯也是这样。有些历史人物则是根据他自己的直接接触来描写的，例如《史记·李将军（李广）传赞》说：我看李将军，样子老老实实像个庄稼人，嘴里说不出话。司马迁和李广的孙子李陵同为郎官，所以有机会见到李广。又如《游侠传赞》说：我看郭解，长得不比平常人好，谈话也不怎样出色。但是全国不管是好人、坏人，知道他和不知道他的人，都仰慕他的名声，讲游侠的都拿他作榜样。司马迁是夏阳人，郭解也曾经逃亡在夏阳住过一个时期，因此，司马迁不止认识了郭解，了解了郭解，还替他写了传，通过对郭解的叙述，表达了他对当时社会现象的愤慨。

在到处游历访问的同时，司马迁还跟当时著名的学者受学，例如孔子的后代孔安国作博士（教授）的时候，司马迁向他学习古文《尚书》。（《尚书》有古文、今文两种本子，今文是汉朝当时通行的隶书，古文则是蝌蚪文字。学者讲解两种本子，各有流派师传。）《史记》里所记《尧典》、《禹贡》、《洪范》、《微子》、《金縢》这些篇，用的都是古文家说。又如董仲舒是当时著名的《春秋》学者，《史记·太史公自序》讲孔子作《春秋》的缘故，就是听董仲舒说的，可见司马迁也是跟董仲舒受过教的。在朋友中，贾谊的孙子贾嘉最为好学，和司马迁通信；壶遂是个天文学家，和司马迁同事，讨论过历史问题。

公元前110年，司马迁从四川奉使回来，这时汉武帝正要东封泰山，司马谈是太史令，照例是应该从行的。不料生了重病，留在洛阳。司马迁回到洛阳见了父亲，司马谈拉着儿子的手，哭着说：我的祖先是周朝的史官，远祖专管天文历法，很有名气。后来中间衰落了。你如能够再作太史令，那就可以继承祖先的事业了。我死后，你一定会作太史令的！作了太史令，不要忘了我想要讨论、著作的事。作一个好儿子，首先是对父母好，其次是对君主好，但最重要的是做一个堂堂的人，能够站得住。要做好事情，使声名传到后代，使人们知道这是他父母的好教育，这是最大的孝。人们都在歌诵周公，因为他做了好事，表达了他先人的成就。以后到孔子，论《诗》、《书》，作《春秋》，讲学问的人到现在还以他为榜样。孔子死后四百多年了，各国互相兼并，历史也没有人记载了。现在汉朝建立，全国统一，有多少应该记载的可歌可泣的历史啊！我作太史令多年，可是没有着手做，让国家的历史断绝了，我非常之着急，恐慌，你要记住这件事才好！司马迁低头流泪，对父亲说：儿子虽然不成材，一定要把祖先和你所谈论的记录下来，不让它有一点遗漏。他对父亲立下了编写国家历史的庄严誓言。

不久，司马谈就死去了。三年以后，公元前108年，司马迁果然继承了父亲的工作，做了太史令。这一年司马迁三十八岁。

石室、金匮是国家藏书的地方，司马迁作了太史令，尽情阅读了国家的藏书，特别是古代各国的史记，他的历史知识越发丰富了，对历史发展的看法也日益成熟了，作了编写《史记》的充分准备工作。这里应该指出，远在两千多年前，那时候，纸和印刷术都还没有发明，所有的书都是用竹简或者木板抄写的，抄写一部书要用很多时间，费用很贵，数量也很大。一般人读书只能听老师口授和笔记，要读很多部书是极不容易的事情。司马迁生在世代掌管编写历史的家庭，有特别优越的条件，能够阅读家藏的史书，现在又有更多更好的机会阅读国家藏书了，他的著作之所以能够取得伟大的成就，除了他的家庭教育，好学勤读，游历访问，作了充分的调查研究工作之外，指出这一点也是必要的。

公元前104年，司马迁和公孙卿、壶遂建议改定历法，奉命造太初历，这个历法也就是"夏历"，一直通行到今天。从这一年开始，司马迁用全部力量编写国家的历史，从有史以来一直到当代的通史，总结了过去时期的经济、社会、政治、军事、文学、科学、艺术等等各方面活动的经验。

五年以后，公元前99年，汉将军骑都尉李陵战败投降匈奴，司马迁说了几句公道话，触怒了汉武帝，被处宫刑。

事情的经过是这样的，李陵是名将李广的孙子，勇敢果决，善于作战，奉命率领五千步卒出击匈奴，在浚稽山（今蒙古人民共和国喀尔喀土喇河及鄂尔浑河之间）为匈奴骑兵三万所包围，全军力战，杀伤匈奴兵几千人，且战且退，原来配备的援军没有来到，匈奴方面又增加了八万的兵力，经过几天的激战，又杀伤了匈奴兵几千人，最后退入山谷中，匈奴骑兵从山上射箭，矢如雨下，李陵军士卒死伤惨重，箭射完了，援兵还没有影子，势穷力竭，投降了匈奴。李陵战败的消息到了长安，满朝官员都骂李陵辱国，汉武帝问司马迁的意见，司马迁以为李陵兵力少，和兵力大十几倍的强敌死战，转战千里，后无援兵，杀伤敌兵近万，这样英勇，古代的名将也不过如此。他虽然力竭投降，还可能找机会立功报答国家的。李陵投降敌人当然是不好的事情，但是司马迁根据敌我情况，作了如实的说明，他不是肯定李陵，而是希望李陵以后能有机会作出报效国家民族的表现，不料汉武帝大怒，以为司马迁替李陵说隋，立刻把他关进监牢，处以重刑。（下蚕室，去掉睾丸。）

司马迁的身体虽然残废了，汉武帝还是爱惜他的才学，改官为中书令，这个职务掌管接受百官报告，转达给皇帝，是个宫廷的机要工作。

李陵案件，对司马迁是极为严重的打击。但他没有灰心，下定决心要活下去，无论如何，要完成国家历史的编写工作。公元前93年，他在答复朋友任安的信里说道：我受了这样可耻的重刑，所以隐忍苟活是有原因的。多年来搜集全国历史事迹，考察比较，研究其成功、失败、兴起、灭亡的道理，写了一百三十篇，目的是要弄清人类和自然界的关系，阐述古代到现代的发展、变化，建立一家之言。不料工作还没有完成，便遇到这件惨祸，为了写完这部书，便只好忍受这种刑罚。反之，假如早已成书，传布开了，就是死一万次，也是不会后悔的。信写得十分愤慨激昂，非常动人，说出了司马迁对历史著作的严肃、郑重、负责的态度，和百折不挠完成事业的奋斗精神。

司马迁的死年，历史上没有记载，根据史料估计，大概死在公元前86年左右，存年约六十岁。

司马迁的时代，是我国历史上最杰出的皇帝——汉武帝在位的时代（公元前141—前87）。经过秦朝末年农民战争的历史教训，汉朝初期的统治者采取了一些缓和阶级矛盾的措施，让农民能够休养生息，发展生产。经过几十年的统一、安定局面，经济发展了，社会繁荣了，国家富足了，军事力量强大了。汉武帝是一个雄才大略的政治家，他在这个基础上，几次出兵打败多年来经常侵扰北方边境的匈奴，打通河西走廊，和西方许多部落建立了联系，交换了物资。并且通过各种方式，扩大了国家的疆域。把煮盐、冶铁、铸钱三大工业收为国有，使政府的收入大为增加。汉武帝在位的时代是汉朝的全盛时代。

也正是这个时代，阶级矛盾更加尖锐化了。地主无休止地剥削、兼并农民，地主愈富，农民愈加贫困；商人囤积货物，勾结官吏，放高利贷，剥削中小地主和农民。封建统治集团也越来越腐化了，官吏欺凌、奴役人民，老百姓有冤无处诉，社会上出现一些游侠，为受苦难的人们打抱不平的人物。

司马迁以自己敏锐的观察力，忠实地、科学地用富有文采的动人描述，概括地记录了这个时代。他同情农民战争，歌颂陈胜、吴广起义；对项羽和刘邦的斗争，感情也是偏向项羽一面的。他谴责酷吏，赞扬游侠。对皇帝的缺点，从汉高祖的无赖到汉武帝的妄想长生、封禅、求仙，都直笔不讳。对广大人民的痛苦生活，一再表示同情。特别是对封建官僚的龌龊生活，寡廉鲜耻的行为，"侯之门，仁义存"，只有做官的人才有道理的不平现象，予以有力的揭露和抨击。他通过人物、事件本身的叙述，表达了自己的观点，也通过历史家的笔法，用自己的口气，"太史公曰"，提出自己的意见和评价。他注意社会生活、活动的各个方面，对当时经济情况作了详尽的记录和分析，也注意到人和人的关系，对那种不公道、不合理的社会现象，发出了忧时的感慨和愤怒。他的爱和憎是分明的，对是和非是毫不含糊的。在他的著作中，充满了对祖国的热爱和歌颂，也对坏人、坏事作了有力的暴露和谴责。

他的著作原名《太史公书》，后人称为《史记》，内容分十二本纪，十表，八书，三十世家，七十列传，共一百三十篇，五十二万六千五百字。《史记》的学术地位是极高的，汉代大学者扬雄推许《史记》为实录，实录是真实的记录，是历史著作的基本要求。史学家班固说：刘向、扬雄两人都博极群书，都称赞司马迁有良史之材，佩服他善于叙述事理，辨而不华，质而不俚，其文直，其事核，不虚美，不隐恶，所以称为实录。宋代史学家郑樵更是推崇，说司马迁继承孔子的意图，把有史以来下至秦、汉的历史，编成一部通史，分成五种体裁：本纪是帝王的编年史，世家是诸侯的家族史，表扼要记事，书记典章制度，传详叙人物，这五种体裁的奠定，后代的历史家都不能改变。学者离不开这部书，六经之后，只有这部书！清代史学家王鸣盛说司马迁自己说写这部书是述而非作，其实是以述兼作的，是有创造性的。赵翼说《史记》是史家的最高准则，在过去的历史时期，没有任何一部历史著作曾经超过《史记》。这些评论都是公允的，符合实际的。

当然，也还必须指出，《史记》不止在历史著作方面占有极高的地位，在文学艺术方面，也是有其光辉灿烂的成就的。他写人物都栩栩如生，呼之欲出，写事件简明扼要，生动活泼。《史记》不止是一部极为优良的历史著作，也是一部极为优良的文学作品，在历史和文学两个方面，都占着历史时期第一流的地位。在我国的历史著作中，史学和文学一向是统一的，这个优良的传统，经过司马迁的努力而更加发扬光大，永远值得后人继承、学习和敬仰。

司马迁是我国的伟大的历史家和文学家。

1961年12月26日

（原载《人民文学》第2期，1962年）

谈 曹 操

一、谈的意义

这些天来，一碰见人就谈曹操，大家兴致很高，甚至在会场上，会前，会后，中间休息的时候，谈的都是曹操。有的说他是好人，有的说是坏人，也有人说一半一半，一半好人，一半坏人。议论很多，文章也不少，人人各抒己见。正是春暖花开的时候，有了谈曹操这样一个好题目，学术界也在百花齐放了，春色满园关不住，好得很。

好人坏人的争论，不止是曹操，历史上许多人物都有。不止是大人，小孩子也有。小孩看戏，红脸白脸上场，故事没看懂，先问这是好人坏人，弄清楚了再决定喜欢哪一个。有些剧中人，凭脸谱可以信口回答，但是一问到曹操，就不是那么简单了。

历史上著名人物很多，数不清，也记不清。有些人物尽管大，但是人们还是不熟悉。曹操可不一样，名气最大，从北宋一直到今天，数他的熟人多，从小孩到大人，从城市到乡村，只要听过故事看过戏的，谁都认得他那副大白花脸。风头最足，挨骂也最久。"说曹操，曹操就到"这句话，在哪儿都可以听到。

记载曹操事迹的书，主要是《三国志》，但是看的人不很多。自从北宋的讲史，说三国故事，元明以来的《三国演义》，清朝后期的三国戏流行以后，曹操便成为妇孺皆知的人物了。印刷术和戏剧事业发展了，识字的人看小说，不识字的人看戏，通过这些，广大人民吸取了有关祖国发展的历史知识。文学家和艺术家们逐步地塑造成功现代舞台上的曹操脸谱，使得曹操这一名字在群众语言中有了特定的含义。

描写曹操的小说、戏剧，成功地影响了人民群众；人民群众的爱憎又反回来影响了小说、戏剧，这种不断的反复影响，曹操在人民群众中成为定型的人物，坏人的典型。说也奇怪，尽管坏，却并不讨人厌，人们喜欢看曹操的戏。

我们的祖先骂了曹操一千年，如今，我们却来翻案。

这个案不大好翻，因为曹操有悠久的深远的广大的群众基础，小说和戏文已经替他定了型，换一个脸孔，人家会不认得，戏也不好演。譬如《捉放曹》这出戏，曹操如改成须生出场，便只好和吕伯奢痛饮三杯，对唱一场，拱手而下，没有矛盾了，动不得武，杀不得人，还成什么《捉放曹》？

不好翻则不翻之，乱翻把好戏都翻乱了，要不得，我看，旧戏以不翻为好。况且，何必性急，曹操已经挨了一千年的骂，再多挨些年，看来也没有什么不可以。而且，还有一个办法，唱对台戏，与其改旧戏，何如写新戏，另起炉灶，新编说曹操好话的戏，新编我们这个时代的曹操戏，有何不可。

另一面，说不好翻，也好翻。我们需要一本好历史书，历史上有许多许多问题都需要翻案。应用新的观点，从历史事实本身，重新估价曹操在历史上的地位，肯定他在历史上的作用，研究曹操，研究三国时代的历史，发表些文章，写些书，逐渐改变人民群众对曹操的看法，不也就翻过来了？

再过些时候，舞台上的曹操也会跟着起变化，我相信会是这样的。

从曹操这个人物的重新评价开始，将会引起历史上其他人物的重新评价，从讨论曹操这个人物开始，将会引起人们对祖国历史的学习兴趣，那么，为什么不谈呢？

二、奸雄、能臣

最早对曹操评论的两个人，一个是桥玄，一个是许劭。桥玄称他为命世之才，能安天下。许劭说他是治世之能臣，乱世之奸雄。两人的说法不同，意思是一样的，总之，都很佩服他。

奸雄这一鉴定是许劭的创造，后来许多关于曹操的评论，大体和这一创造有关。

这两句话的意义，第一，治和乱是相对的，能臣和奸雄却指的是同一个人。第二，无论乱世治世指的都是曹操所处的时代。第三，曹操的人格有两面性，有能臣的一面，有奸雄的一面，也就是有好的一面，坏的一面，有优点，也有缺点。

我基本上赞成他们的话，认为公道。问题只是一个奸字。

奸是对忠而说的。对谁奸、忠呢？从当时当地的人来说，对象是汉朝皇帝，是刘家。从当时当地汉朝的臣民说，对汉朝、对刘家不忠的是奸臣。但从整个历史，从此时此地的人来说，一非汉朝臣民，二非汉帝近属，硬派曹操奸臣帽子，为汉献帝呼冤，岂非没有道理之至。

但是，问题也不简单，尽管过了多少朝代，甚至到了今天，还是有人对曹操夺取刘家政权有意见，岂不可怪。

说怪，其实不怪，其中有个道理。

原来国家这一观念是近代才形成的，古代的人对国家的观念并不那样具体。比较具体的象征是皇帝，有了皇帝，也就有了政府了，有了法制了，也就会有统一的安定的局面。没有皇帝，没有政府，没有法制，天下就大乱了。因此，忠君爱国四个字总是连用的。要爱国就得忠君，不忠君也就是不爱国，皇帝没有了，也就失去了忠、爱的对象，也就失去了和平、统一、安定的秩序。至于皇帝是什么人，什么样子，那倒关系不大。重要的是要有一个统一的政府和法制。

从秦始皇统一以来，二世残暴，统治时间短，秦亡，没有听说有人要复秦的。但从汉朝起，情况不同了，刘家统治了几百年，维持了几百年和平、统一、安定的生活秩序。在这几百年中，在人民中建立了这样一个信念，要生活安定，就得统一，要统一就得要有皇帝，而且只有刘家的才算。王莽也作过皇帝，但是不行，搞得天下大乱。后来刘秀起来了，是刘家子孙，又维持了许多年代。东汉末年，政治腐烂得实在不像话，人民忍受不住，起来闹革命，黄巾大起义，被政府军队和地主武装残酷镇压，失败了，造成地主武装割据地方，连年混战的局面。到处是屯、坞、堡、壁，这一州，那一郡，这一个军事集团，那一个军事集团，打来打去，百姓流离，饿死道路，妻离子散，田畴荒芜，人民吃够了苦头，普遍的要求是统一、安定和平的生活。

在这种情况下，汉朝皇帝这一象征成为人民向心的力量。忠于皇帝也就是爱国。

曹操掌握了汉献帝这一工具，组织了强而有力的政府，颁布限制豪强的法令，也就适应了广大人民要求统一和平的愿望，符合了时代要求。当时的中原豪族，衣冠子弟，中小地主都被吸引在曹操周围，挟天子以令诸侯，造成了瓦解敌人的军事优势，壮大了力量，巩固了统治。同时，通过这一工具的利用，也继承了汉朝的政治遗产，利用了汉朝的政治机构和人才，逐步建立安定的秩序，颁布法律，发展生产，得到人民的护拥。

同样，江东孙权这一家，虽然割据江东，却还用汉朝官号，用这块招牌办事。四川的刘备更是自称汉朝子孙，用这牌号来骂曹操是国贼。直到曹丕称帝以后，这两家才先后称帝。

以后历史上，唐朝亡了，少数民族的李存勖还称唐，宋亡后几十年，韩林儿起义还冒称是宋徽宗子孙，明亡了，鲁王、桂王还在沿海和西南地区继续抵抗，并且都取得人民支持，道理就是这样。

要说曹操挟汉帝就是奸臣，那么，反过来，曹操不挟，汉朝早完了。曹操用上这块招牌，从公元196年到220年，汉朝多延续了二十五年。要是曹操不挟，如他自己所说的，正不知有几人称帝，几人称王，中原地区的分裂割据局面延长了，对人民有什么好处？

正因为人心思汉，汉家这块牌号还可以继续利用，曹操一生不称帝，周文王是他的榜样。到曹丕继位，经过曹操二十多年的经营，内部巩固了，另一面，吴、蜀一时也打不下来，才摘了旧招牌，另起牌号。

总之，曹操这顶奸雄帽子，是扣死在和汉献帝的关系上面的。过去九百多年都骂他作奸臣，是由于过去的封建体制、封建道德所起的作用。今天，评价曹操，应该从他对当时人民所起的作用来算账，是推动时代进步呢，还是相反？

我以为奸雄的奸字，这个帽子是可以摘掉的。这个案是可以翻的。

至于曹操镇压黄巾起义的问题，也有不同的意见。镇压、屠杀黄巾是坏事，是罪恶。但是，也应该分别来看，第一不能以曹操曾经镇压黄巾就否定他在这一时代所曾起的作用；第二曹操的对手刘备和孙家父子都是镇压黄巾起家的；人们骂曹操，却同情刘备，称孙家父子是英雄，同样的凶手，祖刘、孙而单骂曹操，这是不公道的。

除此以外，曹操还犯了不少罪，一是攻伐徐州，坑杀男女数万口于泗水、屠虑、睢陵、夏丘诸县；二是官渡之战，坑杀袁绍降卒八万人；三是以私怨杀崔琰、华佗等人。

至于《捉放曹》杀吕伯奢全家这一件恶名昭著的坏事，倒应该有所分析。据《三国志》注有三说。一是《世语》，说吕伯奢不在，五个儿子在家招待，曹操疑心他们谋害，夜杀一家八人逃走。一是孙盛《杂记》，说是曹操听见吕家吃饭家具响声，以为要暗害他，就杀人逃走。还自言自语说："宁我负人，无人负我。"《捉放曹》是综合这两说编成戏的。其实孙盛的话就有漏洞，人都杀光了，自言自语的两句话是谁听见的？第三说是《魏书》，说吕伯奢的儿子和宾客抢劫曹操的马匹衣物，被曹操杀了几个人。这一说对曹操最有利，但偏偏不用。从历史事实说，裴松之是很小心的，把《魏书》的说法引在第一，三说平列，不加论断。从时代先后说，孙盛是晋朝人，他记的史事一定就比《魏书》正确，也是值得怀疑的。

三、统一的努力

从秦到汉末，四百多年时间，全国的经济中心是中原地区。不论是农业生产、水利、蚕桑、冶铁等等方面，都占全国较大的比重。由于经济的发展，文化水平也相应地提高，讲经学的、文学的、艺术的人才荟萃，汉末的郑玄、卢植、蔡邕、管宁、邴原等人都是门徒千百数，他们所住的地方，都成为一时的学术中心。政治中心如洛阳、长安、邺、许都在北方，集中了全国各方面的人才。

东汉后期的政治局面，是以皇帝为中心的统治阶级内部的两个集团的互相倾轧。一个集团是宦官领导的，有些寒门的地主阶级分子在他们的周围，极盛时连名门的人也钻进去了。另一个是地方豪族、名门和太学生，名望高，人数众多，却没有军事实力。曹操、袁绍、袁术等人都参加了后一集团。袁绍、袁术家世显贵，是名门豪族，号召力量很大，曹操的家世虽然有人作官，却因为出自宦官，算不得名门，有点寒伧，抬不起头。名门豪族有政治威望，有的要自立门户，有的勉强敷衍，不肯和他合作。以此，曹操有了军事实力以后，便有意识地打击当时的名门豪族，扶植培养寒门子弟和中小地主，作为他依靠的力量。

曹操的军事力量，主要的是他自己的部曲。公元189年他东归到陈留，散家财，合义兵，陈留孝廉卫兹也以家资帮助，有兵五千人。其中夏侯惇、夏侯渊、曹仁、曹洪等名将都是他的亲戚、子弟。其次是各地地主的部曲，如李典从父乾合宾客数千家在乘氏，吕虔将家兵守湖陆，许褚聚少年及宗族数千家坚壁，这些地主都是和黄巾作战的，打不过就投奔到武装力量较大的曹操这边来。部曲战时从征，平时的给养得自己想办法，不归郡县管辖，称为兵家。另一支较大的兵力叫青州军，是把黄巾军改编的。跟他打了二十多年仗，220年曹操死，青州军惊惶失措，以为天下又要大乱了，打起鼓来就向东开发，回到老家去，差一点出乱子。

总之，曹操的军事力量是以部曲为主组成的，部曲首领都是地主，数量最大的是中小地主。

吴、蜀的情况也是一样。

吴、蜀地区和中原相比，是比较后开发的地区。从汉武帝以后，这两个地区的经济情况在逐步上升。黄巾起义以来，中原残破，中原人士成批地流亡到南边来，人力的增加和生产技术，文化、学术的传播都促进了这两个地区的发展。东吴开发山越地区，政令直达交州，有海口，发展对外贸易；刘蜀安定后方，取得少数民族支持，屯田前线，进可以攻，退可以守。在经济上文化上都有了很大的进步，可以站得住脚了。

这样，曹操统一的努力，就遭遇到极大的阻力。打了三十年仗，只能够完成部分的统一事业。

中原地区的农民是渴望统一的，不但是为了安定的秩序和正常的生产，也为的是不打仗了，可以不服兵役，可以减轻军事供应负担。上层的文官谋士是要求统一的，不但统一的观念深入人心，对他们来说，统一也只会带来好处。部曲主是坚决主张统一的，统一了会更壮大自己的队伍，提高地位，有利于部曲的给养。农民、豪族、官僚、武将虽然彼此间的利害不同，但是对于统一的要求是一致的。

吴、蜀的情况正好相反，换了一个新主人，当地的农民已经有了比较安定的生产环境了。部曲主则坚决反对统一，因为统一的结果将使他们丧失部曲和分地，将使他们送家小到曹操那儿作抵押，离开故乡故土。吴、蜀的统治者也是一样，失去统治地位，听人安排。只有一部分从中原来的文士官僚们，他们在哪儿都作官，投降了还可升官封侯，因之，他们是主张投降的，但数量很少，形成不了一种强大的力量。

曹操努力统一全国的事业，虽然得到中原地区人民的支持，但是，面对着吴、蜀的坚决抵抗，终于不能成功。

尽管曹操不能及身完成全国统一事业，但是，他毕竟在他所统一的地区做了不少好事，不但安定了秩序，也促进了生产，繁荣了文化，推动了时代进步。

和袁绍相比，袁绍是代表大地主阶级利益的，曹操正好相反。袁绍宠信审配、逢纪等人，这些有权势的人拼命搜括，邺破时，这些家都被抄家了，家财货物都以万数。曹操指责袁绍："袁氏之治也，使豪强擅恣，亲戚兼并，下民贫弱，代出租赋，衒鬻家财，不足应命。"他制定制裁豪强兼并之法，并规定收田租亩四升，户出绢二匹、棉二斤。其他的不许擅兴发，责成郡国守相检察。百姓很高兴。

曹操安定冀州的例子，说明了他在中原地区的基本措施。当时农民从大地主的兼并下解放出来，有了定额的租赋，无论如何，比之过去代出大地主租赋，郡国守相要什么就得供应什么的情况，是不同了，这对于当时的生产力的发展，无疑是起了很大作用的。

除在政治上抑豪强之外，他还进行了许多增产措施，如屯田，如推广稻田，改进工具等等。

从公元196年开始，曹操大兴屯田。募民许下耕种，得谷百万斛，以后逐步推广到沛、扬州、淮南、芍陂等地；郡国创制田官，有典农中郎将、典农都尉等，专职领导，自成系统。"五年中仓廪丰实，百姓竞劝乐业。"明帝时人追说屯田之利说："建安中仓廪充实，百姓殷足。"屯田的成绩不但供应了前线的军食，还增加了生产，减轻了农民的负担，节省了农民远道运输的劳力。百姓比以前富足了。

　　和屯田并举的是推广稻田。如郑浑在下蔡，课民耕桑，兼开稻田，又于阳平、沛二郡兴陂堨，开稻田，功成后亩岁增租八倍。刘馥在扬州，治芍陂及茹陂、七门、吴塘诸竭，以溉稻田。刘靖在河北，修戾陵渠大堨，灌蓟南北，种稻田，边民蒙利。后来皇甫隆在敦煌，教农民用水灌溉，作耧犁，省了一半劳力，增加了一半收成。

　　生产工具的改进，如监冶谒者韩暨改马排为水排，省马排用马百匹，利益三倍于前等等。

　　这些措施都是对人民有利的。

　　在这基础上，公元202年，曹操下令兴建学校，县满五百户，置校官，也正是在这基础上，他奖励文学艺术的创作，招集文士。他自己手不释书，白天讲武，晚上研读经传，登高必赋，制造新诗，被之弦管。建安文学的形成，他是有诱掖奖进的功劳的。

　　在政治上，他也采取抑豪强的方针，东汉两个最大的家族，袁杨两家，都是四世作公的。袁家兄弟破灭，杨家杨修有才，又是袁家外甥。孔融是孔子之后，也有重名，都借细故把他们杀了。相反，不是名门大族出身的广陵陈琳为袁绍作檄文痛骂曹操，连祖宗八代都臭骂一通。后来陈琳投降，曹操对他说："你替袁本初骂人，骂我也就可以了，恶恶止其身，怎么连祖宗八代都骂起来呢？"陈琳谢罪，也就算了。还重用他，军国书檄，多出陈琳手笔。

　　用人只挑才干，不问门族品德，他有意识地反抗汉末说空话的风气，几次下令求贤，提到不管什么生活不检点的，即使偷窃、盗嫂的都可以用。如满宠出身郡督邮，张辽、仓慈、徐晃、庞真、张既都出身郡吏，都做到大官。汉末三公充位，政归台阁，秘书（中书）监、令掌管机密，最为亲重。刘放、孙资都不是名门大族，用为监、令，曹操极为信任。

　　曹操有意识地打击豪门，用人唯才，不管家世，用有才干的人管机密，作郡国守相，加强了统治机构的力量，也有效地贯彻了他的治国方针，发展了生产，巩固了统治。从政治制度上说，曹魏的秘书（中书）监、令，一直继续沿用到元朝。明清两朝也还受到影响。

　　曹操这个人的才能是多方面的，他是当时最伟大的军事家，第一流的政治家，第一流的诗人，此外，他还是艺术家，写一笔好草字，懂音乐，有很高的文化水平。刘备、孙权都远不如他。

他对当时人民有很大功绩，他推动了历史进步，在历史上占有重要地位。

他也犯了不少罪过，这些罪过排列起来一条条都很大。但就曹操整个事业来说，却是功大于过。

曹操是个当时杰出的大人物，有功劳，也有罪过，决不是十全十美的完人。十全十美的完人，在历史上是没有的。

我的意见是曹操这个历史人物，在历史地位上应当肯定，应当在历史书和历史博物馆中占有相当的地位。但是，历史人物的讨论不应该和艺术作品中的人物完全等同起来，旧戏中的曹操戏照样可以演。某些已经定型的曹操戏最好不改，而且，与其改也，毋宁新编，历史题材多得很，何必专从改旧戏打主意呢？

1959年3月13日

论赤壁之战里的周瑜、诸葛亮、张昭

赤壁之战中，周瑜是个最出色的人物。

周瑜字公瑾，庐江舒人（今安徽庐江），出身于官僚地主家庭，从祖景，景子忠都作汉朝太尉的大官，从父尚丹阳太守，父异作过洛阳令。

他从小就精通音乐，奏乐有阙误，他就回顾，当时歌唱他："曲有误，周郎顾。"

二十四岁就在孙策部下，作建威中郎将，领兵二千人，骑五十匹，青年美貌，吴中都叫他作周郎。

和孙策同年。孙坚起兵讨董卓，把家眷放在舒，周瑜和孙策友好，腾出一所大房子安顿，登堂拜母，孙策的母亲把他当儿子一样看待。随孙策攻皖，得乔公两女，都是国色，孙策娶了大乔，周瑜娶了小乔，两人又成了亲戚。诗人"铜雀春深锁二乔"是有根据的，只是时间略差一些，铜雀台成于公元210年，后于赤壁之战三年。

公元200年孙策死，周瑜将兵赴丧，以中护军和长史张昭共掌众事，此后他就成为江东武将的首领，孙权十分信任。

202年曹操破袁绍，兵威日盛，写信给孙权，要求送子弟作质子，谋臣商议不决。周瑜以为一送质子，便受制于人，最多不过落个封侯，有十几个仆从、几辆车、几匹马的下场。才决定不送质子。

208年曹操入荆州，得水军船、步兵数十万。周瑜指出曹操冒险用兵四患：一，北土未平，马超、韩遂尚在关西，曹操后方受威胁；二，青徐步兵，不习水战；三，天气盛寒，马无藁草；四，北方士众，不服水土，必生疫病。自请领精兵三万人，进住夏口，击破曹操。

周瑜部将黄盖献计诈降火攻，曹操船舰相连，首尾相接，正好东南风急，黄盖放船同时发火，延烧岸上营房，烟炎涨天，曹军大败。

这一仗，曹操方面号称八十三万，孙权只有三万人，加上刘备、刘琦的部队也不过五万人左右，以少败众，以弱胜强，在军事史上写下光辉的一页。

当时人对周瑜的评论，刘备说他"文武筹略，万人之英"。蒋干称他"雅量高致，非言辞所能间"。程普以为"与周公瑾交，若饮醇醪，不觉自醉"。孙权痛悼他，以为"有王佐之资，雄烈胆略兼人，言议英发"。《三国志》说他"性度恢廓"，气量很大。

赤壁战后，周瑜领南郡太守，屯江陵，刘备领荆州，屯公安。刘备来见孙权，周瑜建议留下刘备，以为刘备枭雄，又有关羽、张飞熊虎之将，必不能久屈为人用，要用美人计，替他大造宫室，多其美女玩好，娱其耳目。分关、张各置一方，配备在周瑜等部下，挟以攻战，大事可定。如割以土地，三人都在一起，恐不可制。议论恰好和鲁肃相反。孙权采纳了鲁肃的政策，为曹操树敌，为自己结援，也怕刘备制服不了，没有听他的话。

由此可见，周瑜和鲁肃对联刘抗曹，在赤壁战前是完全一致的。在战后却有分歧，对联刘的政策鲁肃一贯坚持，周瑜却主张吞刘自大。这两派不同的主张，一直反映到以后吴蜀几十年的和战关系中，也反映到魏对吴、蜀二国的对外关系。

诸葛亮也是官僚地主家庭出身，父亲作过太山郡丞，从父是豫章太守。

刘备屯新野，三顾茅庐，问以大计，诸葛亮以为曹操拥百万之众，挟天子以令诸侯，不可与争锋。孙权据有江东，已历三代，国险民附，善用贤才，只可为援而不可能消灭他。只有荆、益可取。结好孙权，相机北伐，可成霸业。和鲁肃的见解，虽然时、地、对象不同，却完全吻合。

他奉命求救于孙权，用话激孙权拒曹，最后分析曹操兵势，第一曹操兵虽多，却远来疲敝；第二北方之人，不习水战；第三荆州人民附操，是慑于兵势，并非心服；第四刘备虽败，还有关羽水军精甲万人和江夏战士万人，有相当兵力。只要合力破操，便荆吴之势强，鼎足之形成矣。和周瑜的论调也大体相似。

正如鲁肃坚决主张吴蜀联盟一样，诸葛亮在蜀国，一直到他死，坚决贯彻联吴抗魏的方针，主张和吴国和好结援。

在赤壁之战的反面人物，鲁肃的对立面是张昭。这个人物是旧的，但在戏里却是新的，添得甚好。

张昭是彭城（今江苏徐州）人，会写隶书，治左氏春秋，博览众书，是个中原学者。汉末避难渡江，孙策任为长史抚军中郎将，文武之事，一以委昭。策死，以弟孙权托昭，仍任长史，极被尊重。

在赤壁之战中，他是个投降派。

《江表传》说他："孙权称帝，大会百官，归功周瑜。"张昭刚要说话，孙权拦住他，说："当时要是听张公的话，现在只好讨饭了。"

裴松之有不同的看法，认为张昭的主张从另一方面说，还是有道理的。他以为张昭原不主张鼎足三分，是主张统一的。由此看来，当时形势，对吴国的地主、官僚来说，分立有利，但对整个历史，对当时人民来说，曹操的统一，利益更大。另一面，吴蜀分立，对当时东南、西南的开发，也还是有利的。假使没有赤壁之战，孙权降曹，刘备孤军无援，统一的局面不要等到公元280年，对当时的人民来说，对生产的发展来说，应该是一件更大的好事。

我看，张昭在赤壁之战中虽然以对立面出现，加强了这个戏的气氛，但作为历史人物来说，裴松之的意见还是有些道理的。

最后，把赤壁之战中几个主要人物的年龄，排列一下，也很有趣味。

这一年：

孙权　二十七岁

诸葛亮　二十七岁

周瑜　三十四岁

鲁肃　三十七岁

曹操　五十四岁

吴、蜀两方的统帅，以鲁肃的年龄为最大，周瑜次之，但都比曹操小。这一仗不但是劣势的军力打败优势的军力，被攻的军力打败了进攻的军力，哀兵打败了骄兵，并且还是青年打败了老将。

论赤壁之战里的鲁肃

最近上演的新编京剧《赤壁之战》，替鲁肃翻了案，很好。

公元208年冬天的赤壁之战，是历史上有名的一次大会战。这一仗由于孙权、刘备两家联盟，把曹操打败，定下魏、蜀、吴三国三分鼎峙之局。直到公元280年，西晋平吴，中国才又重新统一。这七十二年的分裂局面是和赤壁之战直接有关的，这一仗之所以特别受到人们重视，道理也就在这里。

诗人歌咏："东风不与周郎便，铜雀春深锁二乔。"词人怀古："大江东去，浪淘尽，千古风流人物。"小说家描写这一战役，《三国演义》一共一百二十回，赤壁之战就占了八回。戏剧家把它写成《群英会》，搬上舞台，成为三国戏中最受欢迎的剧目之一。通过小说和戏文，曹操、刘备、孙权、诸葛亮、鲁肃、周瑜、蒋干这些历史人物，便有血有肉地保留在广大观众的记忆中，成为人们祖国历史知识的组成部分，教育意义是很大的。

《群英会》的内容根据《三国演义》，《三国演义》基本上取材于陈寿的《三国志》，大体上是符合历史事实的。但是，旧戏也有缺点，第一是把孙、刘联盟的主谋和组织者鲁肃写成老实而无用的老好人，第二把大政治家的诸葛亮写成妖里妖气的老道，第三把言议英发、雅量高致的周瑜写得过于褊狭局促，第四把当时杰出的军事领袖曹操写得很容易上当受骗，糊涂得可笑。总之，在描画这些主要人物的性格方面，都不很恰当，不很符合历史实际的。虽然小说也罢，戏剧也罢，都不等于历史，可以容许有虚构、假想成分。但是，既然是历史小说、历史戏剧，取材比较符合历史实际而又能够增加政治意义和艺术气氛，怕毕竟要好一些吧。

新的《赤壁之战》首先替鲁肃翻了案。

鲁肃字子敬，是临淮东城（今安徽定远）的大地主，生下来的时候父亲就死了，由祖母抚养成人，年轻时就当家作主，这时正值汉末大乱，他散财结士，人缘很好。钱不够就"摽卖田地"，赈济穷人。由此可见他年轻时就是一个有主意的人。

周瑜作居巢（今安徽巢县）长，带几百人到东城拜访鲁肃，要求接济军粮，虽然鲁家的田地已经卖了不少，但还存着两囷米，一囷三千斛，鲁肃随便指着一囷送给周瑜，周瑜很惊异，从此两人成了好朋友。"指囷相赠"的故事很出名，这件事也表明了鲁肃不但有主意，而且是有决断的人。

袁术兵势强盛，请鲁肃作东城长。鲁肃看出袁术不成器，成不了事业。便携带老弱，率领百多个青年勇士南到居巢投奔周瑜。周瑜介绍鲁肃给孙权，鲁肃指出当时形势，一、汉室不可复兴；二、曹操力量壮大，消灭不了；三、只能鼎足江东，看形势发展作打算。孙权极为契重，送他母亲东西，安下家业，依然像过去一样富足。由此可以知道，他不跟袁术跟孙权，看出汉朝必然崩溃，曹操必然代汉的前途，不但有主意，有决断，而且是个有见识的政治家。

公元208年，荆州刘表死，虽然孙刘两家有世仇，鲁肃建议吊丧，观察形势。这时刘备失败，寄寓荆州。他认为如刘备能和刘表二子团结一致，便该和刘备结盟，共拒曹操，如情况相反，另作打算。还必需先走一步，免得被曹操走到前头。不料鲁肃才到夏口，曹操已向荆州，鲁肃连夜赶路，才到南郡，刘表子刘琮已经投降曹操，刘备正没办法，鲁肃乘机劝他和孙权联兵共同抵抗曹操。刘备很赞成，派诸葛亮作代表到孙权处商议军事，鲁肃的目的达到了。由此可见鲁肃在曹操取荆州之前，已经定计，和刘备结成军事联盟，并且还努力争取时间，和曹军赛跑，虽然没有能够阻止刘琮投降，却及时地争取了刘备，在战略上壮大了自己的力量，取得了主动。在赤壁战役中，他是一个决策的人物，是坚决主战派的首领。

鲁肃回来复命，曹操声言东下，来信恐吓，孙权的谋臣都主张投降，只有鲁肃反对。这时周瑜出使鄱阳，鲁肃劝孙权追还周瑜，拜为都督，鲁肃作赞军校尉（参谋长），大破曹操。

刘备要求都督荆州，鲁肃极力劝说孙权，指出力量对比：江东不如曹操；曹操初占荆州，还没有巩固；正好让刘备占领，安下家业。这样，曹操多一敌人，自己却多一盟军，最为上策。虽然，孙刘两家也有矛盾，但毕竟是次要的。这是在当时具体形势下，最有远见的策略；假如说，前一阶段鲁肃联刘拒曹是三国分立的第一步，那么，借荆州就是奠定三分之局的第二步。

分析汉末形势和鲁肃的阶级出身，可以看出江东群臣中，武臣主战的道理。

第一，在汉末农民大起义，到处都围攻地主庄园的军事斗争中，各地的大地主为了保全自己的家业性命，都组织了武装力量，散财结士，把中小地主和青壮年农民、佃客用军法勒为部曲，和起义军对抗。在军事力量对比发生变化支持不了的时候，就投奔更大的军事首领，求得庇护。三国曹操、刘备、孙坚父子等是当时最大的军事首领，他们的部将大都是带有部曲的地主武装首领。部曲的给养由赏赐的奉邑供应，一般的情况下是由子孙继承的。谋议之臣情况不同，带着家族门客，却不一定都有部曲。

鲁肃、周瑜、黄盖等武臣都是有部曲的地主武装首领。他们反抗农民起义，同样，也反对曹操的统一。因为统一的结果必然要损害他们在当地的经济和政治地位。相反，江东独立建国，他们不但可以保持原来的地位，还可以发展壮大。因之，他们的利益和孙权家族的利益是一致的。

鲁肃在孙权召集诸将会议时，和孙权单独谈话，"像我这样人可以投降，你就不可以，因为我如降了，还可作下曹从事，累官可到州郡。你呢？到哪儿去？"好像是替孙权设想的，其实，这话也正是说他自己；很明显，不降，鲁肃这类人在江东是统治集团最上层的人物，降呢，只能作下曹从事这类小官，听任摆布了。

第二，为了保全以孙、刘为首的地主阶级统治集团的利益，当时的唯一出路是联盟抗曹。鲁肃、周瑜的看法一致，诸葛亮的看法也是如此。这种相同的看法，由于阶级利益的一致，也由于当时的斗争实际的教训。关于这一点，王夫之在《读通鉴论》中有很好的说明。他说：

在汉末群雄的斗争中，曹操挟天子，粉碎四面的敌人，成功的道理何在？

道理在群雄的自相诛灭，不能团结。

吕布反复，忽彼忽此，谁都恨他；袁术和袁绍分立；袁绍又和公孙瓒对立；袁谭、袁尚兄弟相残杀；韩遂和马超相疑；刘表虽通袁绍，却坐视袁绍之败而不救。这样，群雄自相诛灭，给曹操以胜利的机会。

结果，只剩下孙权、刘备两家了。这两家如再自寻干戈，前途就很清楚，不是内部崩溃就是为曹操所灭。

鲁肃和诸葛亮结交定计，合力抗曹，是和曹操争自身存亡，是当时情况下，唯一可能的出路。

孙权劝吕蒙学习的故事

　　《三国志·吕蒙传》引《江表传》，记孙权劝吕蒙学习的故事，很有教育意义。

　　吕蒙是吴国著名的大将，十五六岁时就跟着姊夫打仗，英勇善战，立了不少功劳，孙权用作平北都尉，建安十三年（208）攻破黄祖以后，升为横野中郎将，这时他已经三十一岁了。他小的时候，因为北方战乱，跟着母亲逃避到江东。青年时代就从军，成年打仗，没有机会上学念书，虽然很能干，英勇机智，善于指挥，但是文化底子差，知识领域窄。他因职务关系要向孙权作报告，自己不会写，只能口讲大意，叫人家照着写。孙权很着重这位青年将军，对他和另一将领蒋钦说："你们现在都掌权管事了，要好好学习，求得进步。"吕蒙说："在军队里苦于事情多，怕不能有读书时间了。"孙权说："不对。我并不是要你们专搞什么经学，作博士。只是希望你们多翻翻书，知道过去的经验。你说事情多，比得了我吗？我年轻的时候，读了《诗》、《书》、《礼记》、《左传》、《国语》，只是没有读过《易经》。到管事以来，又读了三史和诸家兵书，自以为大有所益。你们两人都很聪明，只要肯学，就会学好。难道不应该学好吗？要赶紧读《孙子》、《六韬》、《左传》、《国语》和三史。孔子说：'就是整天不吃饭、整夜不睡觉，光空想是没有好处的。不如好好学习。'汉光武帝在军事紧张的时候，还是没有放开书本。曹孟德也自己说老而好学。你们为什么不好好努力呀！"吕蒙听了他的话，才开始学习，又专心，又用功，进步很快。有些看法，连有学问的儒生也比不上。两年后，周瑜病死，鲁肃代周瑜领兵，经过吕蒙防地，鲁肃以为吕蒙只是斗将，有些看不起，和他畅谈以后，吕蒙提出许多战略性的建议，鲁肃大为惊异，拍拍他的背说："我以为大弟只有武略，这一次谈话，才知道你有学问，有识见，已经不是当年在吴下的阿蒙了！"吕蒙笑着说："人们三天不见面，便要刮目相看，隔了这些时候，怎么还能用老看法呢！"鲁肃就拜见了吕蒙的母亲，两人从此成为好朋友。

鲁肃死，吕蒙又代鲁肃领兵，和蜀将关羽对峙，定计取荆州。趁关羽攻樊，乘虚袭取南郡，擒杀关羽父子，平定荆州。建安二十四年（219）病死，才四十二岁。

孙权表扬吕蒙、蒋钦说："人年纪大了还肯努力学习，有很大进步，像吕蒙、蒋钦这样，真是了不起。富贵了，荣显了，还能折节好学，喜欢读书，轻财尚义，行事值得人们学习，都是国士，真好真好！"吕蒙死后，孙权和陆逊评论当时人物时又谈到他："子明（吕蒙字）年轻时，我只以为他是作事不怕困难，果敢有胆的人。到了长大了，讲求学问，军事理论策略都提高了。可以次于公瑾（周瑜字），只是言谈英发差一点罢了。至于用计取关羽，又比子敬（鲁肃字）强。"

孙权劝告学习的蒋钦，《吴志》卷十有传。

从孙权劝告吕蒙、蒋钦的话看来，第一，任何人都应该学习，工作忙是不成为理由的，孙权比吕蒙更忙，还有时间学习，以亲身的体验就容易说服人。第二，忙是事实，只要有决心，时间也就挤出来了。第三，学习要和工作结合，要结合实际，才能学得好。吕蒙和蒋钦都是带兵的将军，孙权劝他们学兵法，学历史，学军事理论，也要学军事历史，这样就会学得好，学得快。从吕蒙和蒋钦的学习成就看来，年纪大了也不成为不能学习的理由，吕蒙三十一岁才开始学习，蒋钦的情况也大体相同，两人都学得很好，很快，经过学习，都在事业上取得更大的成就。再从孙权对吕蒙、蒋钦的学习上的关心看来，有好的干部还得有好的领导，领导不但要关心干部的学习，还必须告诉干部以必须学习的道理、学习的经验、学习什么、不要学什么和必须学什么，也还需要及时的表扬和批评。

我说，吕蒙和蒋钦是工作忙、年纪大而学习好的榜样。孙权则是关心干部学习，劝告、督促、指导干部学习的好领导。

宣 文 君

宣文君是苻坚时代的女学者。宣文是宣扬文化，君是尊称。前秦时的学术界拿这个称号来称呼一个高年的妇女，正可以说明被授予这称号的人，在当时学术界的地位。

首先应当提出，在印刷术发明之前，经典著作的流传只能靠抄写、靠记诵，其他的办法是没有的。抄写、记诵都需要较长的时间，一般靠自己劳动过日子的人们是很难做到的。这样，就出现了一批抄写记诵的专家，精通一经或几经的学者。学生向学者受学要送学费，有一些学者就靠学费过日子。

其次，当时没有印出的书籍、报纸、杂志以及广播等等设备，学生受学只能通过学者的面授、口授。不同的学者对某些问题自然会有不同的理解、看法，这样，也就形成了师承、家法以至学派等等。

正是由于这样情况，假如某一地区某一经典失传了，没有人能加以讲解，这门学问也就绝了，失传了。反过来，如有人能够加以传授，这门学问也就保存下来了，宣文君在前秦时期之所以被人们重视，其道理就在于此。

宣文君姓宋，名字失传了，连什么地方人也不清楚。据记载，前秦皇帝苻坚亲临太学在公元362年（东晋穆帝隆和二年），这一年她已经八十岁了。她生在公元283年（晋武帝太康四年）。

她家世代都研究儒学，从小没有母亲，由父亲亲自抚养教育。到成人时，父亲传授她以《周官音义》，并且告诉她："我们家是世代研习周官的，代代相传。这部书包括了许多政治理论、制度。我没有儿子可传，你要认真学习，不让它绝灭才好。"

这时，天下大乱，不断的战争使人民无法安居乐业，可是宋家父女还在坚持学习，不肯间断。后来被羯族首领石虎强迫搬家到山东，宣文君和她的丈夫韦某推着鹿车，背着父亲给的书，到冀州，投奔胶东富人程安寿，安寿见她有学问，很照顾他们。

宣文君的儿子韦逞，年纪很小，宣文君白天上山砍柴，晚上纺织，成天劳动，还教育韦逞学习，程安寿看了很感动。韦逞由于母亲的认真教导，有了学问，成了名，作前秦太常的官。

公元362年，前秦皇帝苻坚很注意提倡学术文化，亲自到太学了解情况。太学博士卢壶对他说："学校荒废已久，书籍不全，经过这些年的搜访、编缀、撰述，正经差不多了。只有周官礼注，还没有合式的人可以讲授。太常韦逞的母亲宋氏是周官专家，承受了她父亲的学问，有《周官音义》一书。今年虽然八十岁了，眼睛耳朵都好，除了她，谁也讲不了这门课。"苻坚就派了一百二十个学生，在韦家建立讲堂，请宋氏主讲传授。大家都尊称宋氏为宣文君，周官学这门学问从此又流传开了。

当时人也叫宣文君作韦氏宋母，名气很大。

从宣文君的一生看来，家庭困难没有妨碍她学习，在战争环境中，她坚持学习，她不但自己白天黑夜劳动，还在劳动的间隙认真教育儿子，最后到了八十高年，还能够开立讲堂，传授绝学，使这门学问能够全部保存并流传开来，她个人对学习的努力，对劳动的态度和对文化学术的贡献，是值得后人学习和纪念的。

（原载《人民日报》，1961年3月12日）

夫 人 城

中国历史上有许多妇女英雄人物,她们以自己的勇敢、智慧,反对侵略,保卫人民利益,在战争中立了功劳,为当时以及后代人民所尊敬怀念。夫人城的故事就是一个著名的例子。

公元四世纪后期,南北分裂,北方的前秦苻坚建都长安,军事力量十分强大,东晋建都南京,军力衰弱。

太元三年(公元378年)二月,苻坚发兵包围东晋的军事要地襄阳,统帅是尚书令苻丕,率领部将慕容暐、苟苌等步骑兵七万为主力,大将杨安领樊、邓一带军队作前锋,屯骑校尉石越率精骑一万出鲁阳关,大将慕容垂、姚苌出南乡,大将苟池和强弩将军王显带劲卒四万从武当继进,诸军大会汉阳,驻师沔水之北,准备进攻襄阳。

东晋襄阳的守将是南中郎将梁州刺史朱序,义阳(今河南新野)人,他父亲朱焘作过南蛮校尉、益州刺史,是个有名的将军。朱序世代将门,立了不少战功,坐镇襄阳。他得到前秦大军压境的消息,知道前秦军队没有船只,过不了沔水,也就不放在意下。谁知石越的骑兵竟自游马过沔水,攻陷襄阳外城,俘获了一百多条船,苻丕大军陆续乘船过沔水,攻破外城,朱序只好固守中城,等待外援。东晋派车骑将军桓冲领兵七万声援,看到前秦军队强大,不敢进兵。

朱序的母亲韩夫人当年跟着朱焘打过仗,富有军事知识和经验,襄阳一被围攻,她就亲自登上城墙,观察形势,检查防御工事,走到西北角的时候,看出这一段形势不好,是防御的薄弱环节,最容易被敌军突破。便立刻带领家中一百多婢女和城中的妇女一起,在西北角的内线,再斜筑一段二十多丈的城墙，由于她亲自带头，城中妇女十分上劲，不多几天便修成了。过了些日子，西北角果然被敌军突破，襄阳守军坚守新城，敌军累攻不下，只好退兵，襄阳人民喜欢极了，叫这段新筑的城为夫人城。

朱序守军屡次战败敌军，西北城一战，苻丕战败退兵，朱序便骄傲起来，认为敌军不会再来进攻，放松了警戒。

前秦方面，苻坚因为苻丕率领大军久攻襄阳不下，派黄门郎持节到军中，严厉谴责苻丕，并且说："来春再要攻不下，你便自杀，不必再见我了！"苻丕大会诸将，决定战略，把大军团团围住襄阳，阻绝外援，断其粮运，昼夜攻城，前仆后继。

太元四年（公元379年）二月，正在前秦激烈进攻的时候，朱序部将督护李伯护阴谋投降，开门引进秦军，襄阳遂为前秦所占，朱序被俘送到长安，苻坚用为度支尚书。李伯护自以为有功，苻坚命令斩首示众，以为不忠之戒。

朱序陷身前秦，设法潜逃南归，没有成功。

公元383年苻坚亲自率领百万大军南攻东晋，攻陷寿春，兵临淝水。苻坚派朱序到东晋，劝说东晋主将谢石投降，苻坚原来是要朱序夸耀兵威，不战服人的。朱序却告诉谢石，苻坚主力尚未到达，要是全军到达，无论如何是敌不住的。现在应该趁这机会，要求速战，只要挫败他的前锋，便可决胜。泄露了前秦的军事机密。到两军交战时，苻坚前锋稍为退却一点，朱序便在军中大呼，苻坚打败了，前秦军队惊惶失措，一齐溃退，苻坚军大败。朱序乘机回到东晋，重新带领军队。393年死。

朱序的母亲韩夫人建立夫人城的史实附见于《晋书》卷八十一《朱序传》，她的事迹留传下来的虽然只有这一件事，但是，也可以想见她的英雄气概。从朱序的经历看来，公元365年以前朱序已经升迁到鹰扬将军、江夏相，年纪不会很小了。十三年后他奉命守襄阳，至少应该在四十岁左右，从朱序的年龄推算，这年韩夫人大概已经是六十岁左右的人了。以六十高年的妇女，在敌军围城的时候，亲自检查防御工事，看出缺点，并且亲自带头，领导家人和城中妇女增建防御工事，在旧城被突破后，便凭着这新建工事坚守，并且挫败敌军，这是一件了不起的事，是韩夫人的功劳，也是襄阳妇女的功劳。这种英勇抗敌、保家卫国的英雄气概，是我国人民光荣的悠久的传统，不只在无量数的英雄人物身上体现出来，也在韩夫人和襄阳的广大妇女身上体现出来。

其次，襄阳的失陷是由于内部李伯护的叛变，堡垒是最容易从内部攻破的。朱序被俘后仍然千方百计要逃回来。到被派劝降谢石时，他报告了前秦的军事机密。到两军交战时，又大喊苻坚军败，动摇和破坏前秦士气，造成溃败形势，终于脱身重新回到东晋。就朱序的经历看来，他的一切军事活动是和韩夫人这样一个英雄母亲的教育分不开的，韩夫人是英雄，也教育儿子成为英雄，母子都热爱自己的民族和国家，这样的历史人物是值得后人怀念和尊敬的。

（原载《光明日报》，1961年11月2日）

《敕勒歌》歌唱者家族的命运

《敕勒歌》是歌唱我国北部朔漠风光的绝唱，歌词是这样的：

敕勒川，阴山下，天似穹庐，笼盖四野。天苍苍，野茫茫，风吹草低见牛羊。

原歌是用鲜卑语唱的，记录时译为汉字，歌唱人是敕勒部名将斛律金。斛律金（公元488—567）生性质直，不识汉字。原名敦，官做大了，要用汉字签署文件，嫌敦字难写，才改名为金。可是写金字也还是有困难，同事司马子如教他，金字像个房子，照房子那样画就行了，才学会了写这个字。

斛律金擅长骑射，善于用兵，具有丰富的军事经验。他一看尘土，就能知道敌军骑兵、步兵多少，一嗅土地，就可判断敌军距离远近。北魏封为第二领民酋长，秋天到京师朝见，春天回到部落，号为雁臣。后来跟随鲜卑化的汉人军事首领高欢打仗，立下很多战功。公元535年，北魏分为东、西魏。537年西魏宇文泰率李弼等十二将攻东魏，东魏高欢将兵二十万迎击，渡黄河，涉洛水，两军会战于沙苑。西魏兵少，东魏兵争先进击，无复行列，西魏李弼等率铁骑拦腰截击，东魏兵中绝为二，全军崩溃。高欢还想收兵再战，派人拿兵簿到各营点兵，无人答应，回来报告说：部队都跑了，兵营全空了！高欢还不肯走，斛律金说："军心离散，不能再打了，得赶紧撤到河东！"高欢还据鞍不动，斛律金就用马鞭赶马，这才撤退。这一仗丧失了八万甲士，要不是斛律金坚决主张撤退，几乎要全军覆没。

东魏武定四年（公元546年）九月，高欢率大军进围西魏重镇玉璧（今山西稷山县西南），西魏名将韦孝宽坚守不下。高欢用尽一切攻城之术：断水源，起土山，凿地道，用攻车，烧城楼。孝宽随机防御，东魏苦攻了五十天，士卒战死和病死的七万人，高欢弄得智力交困，气得生病，只好解围撤兵。回师后军队中讹传韦孝宽以定功弩射中高欢。西魏知道了，也趁机会造谣，发布命令说："劲弩一发，凶身自殒。"东魏军心越发不安，高欢只好勉强起来，和诸大臣将领见面，叫斛律金唱《敕勒歌》，这个须发斑白的老将军，用苍劲高昂的音调，唱出这首质朴、自然、优美的歌词。唱完了，所有的人都被这首歌的情调迷住了，不出一声。高欢也用鲜卑话和唱了一遍，哀感流涕。

武定五年（547年）正月高欢病死。临死前吩咐儿子高澄：敕勒老公斛律金生性遒直，可以依靠。你所用的汉人很多，有说这老公坏话的，千万不要相信。七年（549年）八月，高澄正准备作皇帝，在密室议事时被俘虏的奴隶刺杀，弟高洋继位，550年废了东魏皇帝，自立为帝，国号为齐。557年西魏宇文觉也废了西魏皇帝，自立为帝，国号周。

高洋篡魏称帝，他母亲很不赞成。高洋派人征求斛律金的意见，斛律金亲自来见高洋，竭力反对。高洋不顾一切，还是作了皇帝，封斛律金为咸阳郡王，以功升右丞相，迁左丞相。高洋晚年昏暴，任意杀人，有一次忽然骑着马，手执长稍，三次奔向斛律金，要刺杀他，斛律金挺立不动，高洋只好作罢。567年斛律金死，年八十。

斛律金有两个儿子，长子光，字明月。次子羡，字丰乐，都是当时名将。两人从小就跟父亲学习骑射，每次出去打猎，回来后斛律金检查猎得鸟兽，小儿子猎得多，却总是挨打，大儿子猎得虽少，却被夸奖。旁人看了不懂，就问为什么这样不公平？斛律金说：明月猎得虽少，他射的鸟总是背上中箭，丰乐不然，是随处下手的，猎得虽多，不如他哥哥远矣。有一次叫子孙一起练习射箭，看完以后，斛律金禁不住哭了，说：明月、丰乐用弓不如我，诸孙又不如明月、丰乐，我这一家一代不如一代，看来要衰落了。斛律光有一回跟皇帝打猎，天上有大鸟飞扬，斛律光引弓一射，正中其颈，大鸟盘旋落地，形如车轮，细看原来是个大雕，当时称为落雕都督。

斛律光（公元515—572）长得马面彪身，不多说话，也不轻易发笑，以军功积官到大将军，父死袭爵咸阳郡王，拜左丞相。在东魏和西魏，北齐和北周的战争中，他多次领兵作战，军营未定，不入幕帐休息，有时整天不坐，不脱盔甲，打起仗来，总是在前敌指挥。士卒有罪，只用杖挞背，从不乱杀人，以此士卒都乐意服从指挥，勇敢作战。他从青年时代参加军队，从未打过败仗，深为北周将士所畏惮。居家严肃，虽然官位很高，门第极盛，一家里一个女儿作了皇后，两个女儿作了太子妃，娶了三个公主，子弟都封侯作将军，却生性节俭，不营财利，杜绝贿赂，门无宾客。平时很少和朝士交谈，也不肯干预政事。有会议时，总是最后发言，讲的都有道理。570年周军围洛阳，斛律光率步骑三万大破周军。第二年又大破周韦孝宽军于汾水，得了四个周军要塞。凯旋回邺城，大军还在路上，齐帝高纬便下令把军队解散，斛律光认为军队刚打了胜仗，还没有慰劳赏赐就散了，很不好，写了报告，请求仍让军队回京，一面整队前进，驻营近郊待命。高纬知道大军已到郊外，心里很疑忌，派人召见了斛律光，同时遣使慰劳，解散军队。这样，斛律光就触犯了皇帝，统治阶级内部的矛盾由此一步一步地深化了。

高纬是个极端昏庸无能的皇帝，宠信小人祖珽、穆提婆等专擅政事，政治腐烂，贿赂公行。祖珽品德卑劣，朝野不齿，斛律光很讨厌他，有一次远远看到就骂：多事乞索小人，又要做什么坏事？又曾和诸将说："以往边境消息，军事处分，政府经常和我们商量。自从这个盲人（祖珽眼睛坏了）掌管了国家机密以后，就全不商量了，怕会误国家大事！"斛律光有一次在朝堂，垂帘而坐，祖珽不知道，骑马经过，斛律光大怒说："此人敢如此无礼！"又一次，祖珽在朝房高声说话，斛律光恰巧走过听见了，又大发脾气。祖珽知道斛律光生气，就用钱买通斛律光的家奴，家奴告诉他，从祖珽当权以后，斛律光经常叹气，说盲人当权，国家要完了！祖珽由此下了决心，要害斛律光。

穆提婆也恨斛律光，他求娶斛律光的庶出女儿，斛律光不答应。高纬赐给穆提婆晋阳一片田地，斛律光说：这片土地从高欢以来都栽植饲料养马，要是给了人，军事上不便。高纬又赐给穆提婆邺城的清风园，这个园子原是公家种菜的，穆提婆租给了别人，公家没有菜吃了。斛律光说："此菜园赐提婆是一家足，若不赐提婆，便百官足。"话传出去了，穆提婆越发恨死，便和祖珽勾结，专等机会陷害斛律光。

斛律羡从564年任都督幽州刺史，当着抵御突厥入侵的军事任务。他把边境二千多里间，凡险要处或斩山筑城，或断谷起障，设立了五十多个军事据点。又兴修水利，导高梁河的河水北合易京，会于潞河，灌溉田地，公私都受到利益。在州养马二千匹，部曲三千，突厥人很害怕他，称为南面可汗。他生性谨慎耿直，因为家门太贵盛了，不但不骄傲，反而时常忧虑，怕出事故。570年上书皇帝请求解职，不许。这年封荆山郡王。

在齐、周两国交兵对峙，战争不断的情况中，高洋在位初期，军力强大，周人怕齐军在冬天偷渡黄河，常在冬月椎黄河冰。到高纬时，政治紊乱，凿黄河冰的不是周人，而是齐人了。只是靠着有斛律光这样名将，经常在边境经营军事据点，统军防御，才能勉强支持。北周名将韦孝宽要拔掉这个前进的障碍，便编造了谣言："百升飞上天，明月照长安。""高山不推自崩，槲树不扶自举。"派间谍到邺城传播，街上小孩到处歌唱。祖珽趁机会对高纬说：百升是斛，明月是斛律光小字。斛律家累世大将，明月声震关西，丰乐威行突厥，女为皇后，男娶公主，谣言很可注意。又使人诬告斛律光要造反。并叫一个丞相府的小官密告，上次斛律光西征凯旋时，不肯散军，原来是要造反的，只是皇帝派人去慰劳、下诏解散，才没有成功。现在他经常和兄弟丰乐、儿子武都处有信息往还，阴谋起事。外边的谣言和祖珽的阴谋，就决定了斛律光家族的命运。武平三年（572年）六月，祖珽叫高纬赐斛律光一匹骏马，第二天斛律光到宫中道谢时，力士刘桃枝从后面扑击，斛律光挺立不动，回过头来说：刘桃枝常作如此事，我不负国家！桃枝和力士三人用弓弦绞杀斛律光，这年斛律光五十八岁。同时派使臣到幽州杀斛律羡和他的五个儿子，光子武都镇守外地，也被杀害。

斛律光死后，祖珽派郎官邢祖信抄没他的家产。祖珽问抄了什么东西，祖信说：得弓十五张，宴射箭一百，贝刀七口，赐稍二张。祖珽又厉声问还有什么，祖信说：得枣子枝二十束，凡是奴仆和人斗殴的，不问曲直，就用以杖之一百。祖珽满面羞愧，只好大声说：朝廷已加重刑，郎中何可分雪？邢祖信出来时，人家说他太直了，祖信说：好宰相都死了，我何惜余生！

周武帝听见斛律光死了，极为高兴，下诏大赦境内。577年周军灭齐，占领邺城时，追封斛律光为上柱国崇国公，周武帝还指着追封诏旨说："此人若在，我怎么能到邺城！"

斛律金家族的命运，也代表着封建帝王统治下良将忠臣的命运，统治阶级内部的矛盾，在任何时候都是不可调和的。唐朝的郭子仪只是因为一味退让，不过问国事，才幸免于祸；宋朝的岳飞一心要恢复中原，迎还二帝，结果就非死不可。

一千三百九十年过去了，斛律金父子的事迹似乎也不大被人知道了，但斛律金所唱的《敕勒歌》，却在我国文学史上，永保其灿烂的光辉。

1962年7月26日

（原载《人民文学》第9期，1962年）

洗 夫 人

洗夫人是六世纪时南越的杰出领袖，她有谋算，勇敢，善于用兵，一生坚持和汉族团结友爱，保障地方秩序安定，从梁大同初年（公元535年左右）到她的孙子冯盎死时（唐贞观二十年，公元646）止，一百一十年中，广东南部一直保持安定局面，她的功绩是值得后人纪念的。《隋书》卷八十和《北史》卷九十一都有她的传。（司马光《资治通鉴》卷一六三、一六四、一六七、一七〇、一七七，都有关于洗夫人的记载。）

她的生卒年都不清楚，只知道她于梁大同初年结婚，陈永定二年（公元558）她的丈夫冯宝死去，儿子冯仆才九岁。隋仁寿初年（公元601年左右）洗夫人死。估计她结婚时为十八岁左右，到601年死，存年当在八十三四岁左右（公元518—601？）。

她是广东高凉（今广东阳江县）人。世代作南越首领，跨据山洞，部落有十几万家。唐杜佑《通典》卷一八四说："自交趾至于会稽七八千里，百越杂处，各有种姓。"洗家是越族的大姓，洗夫人在父母家的时候，就很贤明，善于筹略，抚循部众，能行军用帅，玉服"诸越"，是个少年女英雄。

她虽然很能干，英勇，却喜爱和平生活，总是说服族人做好事，很得到本地人民的信任。越族各首领经常互相攻战，洗夫人的哥哥南梁州刺史洗挺也倚恃富强，侵略傍郡，使人民生活不能安定，洗夫人多方规谏，解仇息兵，海南岛的黎族一千多洞都来归附。

公元535年左右，罗州（今广东化县）刺史冯融听说洗夫人的声名，为他儿子高凉太守冯宝求婚，她便嫁给冯宝，开始了自己的事业。

冯融是北燕冯弘的族人，冯弘失败逃奔高丽，派族人冯业带三百人浮海南逃到宋国，留住广东新会。从冯业到他的孙子冯融，世代作罗州刺史。冯家虽然几代都作大官，因为不是本地人，号令不行。从洗夫人嫁给冯宝以后，便约束同族，服从地方政府命令。她自己和冯宝一起审判案件，越族首领犯法，即使是亲戚也依法处理，从此冯家才能施行政令，谁也不敢抗拒了。

梁武帝太清二年（公元548）八月，侯景反。大宝元年（公元550）高州刺史李迁仕派人叫冯宝去见他，冯宝正准备出发，洗夫人劝他不去，说："刺史无缘无故，不会找你去。一定是要你和他一起造反。"冯宝说："你怎么知道？"洗夫人指出："刺史奉召援救南京，可是称病不去，一面又铸造武器，集合人马。找你去，无非是把你扣留，作为人质，调发你的部队。且不忙走，过几天看形势发展再说。"不到几天，李迁仕果然反了，派大将杜平虏领兵北上，和梁都督陈霸先的部队交战。冯宝听到消息，洗夫人出主意："杜平虏一时回不来，李迁仕在州出不了什么花样，你自己去，必然会打起来，不如卑辞厚礼，说你一时离不开，让我代你参见，他必然不会防备。"洗夫人就带了千把人，挑了礼物，说是到州送礼。李迁仕很高兴，叫人侦察，果然都是挑着担子的，便不设防了。洗夫人的人马进了城，便发动攻击，迁仕大败逃走。洗夫人乘胜和陈霸先会师，回来告诉冯宝："陈都督不是常人，很得众心，一定能够平息叛乱，你要好好交结他，大力供应物资才是。"冯宝从此和陈霸先友好。公元551年陈霸先擒杀李迁仕，557年陈霸先称帝，是为陈朝。

陈永定二年（公元558）冯宝死。这时广东一带地方秩序混乱，洗夫人团结百越，地方安定。派九岁的儿子冯仆率领各酋长到丹阳朝见，陈霸先封冯仆为阳春太守。

太建二年（公元570）二月广州刺史欧阳纥反，陈朝派车骑将军章昭达讨伐。欧阳纥派人召冯仆到高安，要他共同起兵，冯仆遣使告诉洗夫人，夫人说："我忠贞报国，已经两代，不能为了你，就有负国家。"立刻部署军队拒守，并带领百越酋长迎接章昭达，内外夹攻，欧阳纥的人都溃散了，欧阳纥自杀。陈朝因为洗夫人立了功，封冯仆为信都侯，加平越中郎将，转石龙太守。派使持节册封洗夫人为中郎将，石龙太夫人，送她绣幰油络驷马安车一乘，鼓吹一部，和麾幢旌节，卤簿和刺史一样。

公元584年左右，冯仆死。589年陈为隋所灭。岭南地区几个郡共举洗夫人为主，号为圣母，保境安民。隋文帝派柱国韦洸来安抚，陈将徐璒拒守，韦洸不敢进。隋晋王杨广叫陈后主叔宝写信给洗夫人，告诉她陈国已亡，要她投降隋朝，并把她先前送给陈叔宝的扶南犀杖和兵符作为信验，洗夫人得信，知道陈朝已亡，只好召集首领几千人，哭了整天，派孙子冯魂迎接韦洸到广州，岭南安定。隋朝封冯魂为仪同三司，册封洗夫人为宋康郡夫人。

隋文帝开皇十年（公元590）番禺少数民族首领王仲宣起兵抗隋，岭南各族首领大部分起兵响应，包围南海，韦洸战死。隋文帝派给事郎裴矩巡抚岭南，到了南海。洗夫人派孙子冯暄带兵救援韦洸，冯暄和王仲宣部将陈佛智是好朋友，不肯进兵，洗夫人大怒，逮捐冯暄囚于州狱。另派孙子冯盎带兵进攻，杀了陈佛智，会合隋军击败王仲宣，广州终于保全了。洗夫人亲自被甲，骑高头大马，张着锦伞，带着骑兵，护卫裴矩巡抚诸州，各地首领都来参拜，受隋朝官爵，岭南地方从此安定。隋文帝极为惊异，封冯盎为高州刺史，并赦免冯暄，封为罗州刺史。追封冯宝为广州总管、谯国公，册封洗夫人为谯国夫人，开谯国夫人幕府，置长史以下官属，给印章，许其发部落六州兵马，如有紧急情况，可以便宜行书。还写信表扬她的功绩，送丝织品五千段。独孤皇后也送她首饰和宴会服装。洗夫人把这些东西都装在金匣子里，和梁朝、陈朝所送的东西，分别收藏在库房里，每到过年过节，把这些东西陈列出来，训示子孙，要他们忠于国家，并说自己经历了三个朝代，只是一味好心，所以能够保存这些东西，子子孙孙都要这样做才好。

番州（今广东广州）总管赵讷贪财残虐，俚族、僚族人民忍受不了，纷纷逃亡。洗夫人派长史张融到长安，提出安抚各族人民的意见，并指出赵讷的罪状，像这样人是不能办好团结少数民族的事的。隋文帝派人查办，证实了赵讷的罪行，依法处死。就便派洗夫人安抚各族人民，洗夫人亲自拿着诏旨，自称使者，巡历了十几个州，慰问各族人民，俚、僚各族人民都欢欣鼓舞，归附隋朝。这时洗夫人已经八十多岁了。隋文帝很高兴，赐她临振县（今海南岛）汤沐邑一千五百户，并追封冯仆为崖州总管，平原郡公。

仁寿初年（公元601年左右）洗夫人死。隋朝送赙物丝织品一千段，谥为诚敬夫人。

孙冯盎英勇善战，隋亡，尽有广州梧州海南岛一带二千方里的地方，有人劝他自立为南越王，坚决不肯。唐武德五年（公元622）以岭南二十州地归唐，唐高祖任为上柱国、高州总管，封越国公。子智戴为春州刺史，智彧为东合州刺史。智戴也知名当世，勇而有谋，官至左武卫将军。

唐玄宗时的宠臣高力士，本来姓冯，是冯盎的曾孙。

洗夫人是我国古代少数民族越族的著名领袖，她的一生，少年英雄，老当益壮，英勇善战，沉着有谋，致力于和汉族团结，国家统一的事业，对内部主张和平安定，劝阻各族互相攻战，对叛乱和贪残官吏则决不容情，加以讨伐和揭发。在她一生从领兵到死亡的七十年中，是广东南部维持安定和平的主要力量，她作了对人民对国家有利的事业。由于她的教育和榜样，她的子孙也都是英勇善战，致力于民族团结和国家统一的名将，从她到冯智戴的一百十几年中，冯家的历史是和广东南部各族人民的和平安定生活的历史分不开的。由于她和她子孙的努力，安定了地方，发展了生产，对祖国的民族融洽和发展作出了卓越的贡献。

洗夫人是我国越族的杰出人物，也是我国历史上最杰出的妇女之一，她对当时当地的人民生活安定和生产发展有贡献，对祖国各民族的团结、统一有贡献，这样的人物是应该肯定的，应该歌颂的。故事剧里有《穆桂英挂帅》、《佘赛花》、《百岁挂帅》、《杨门女将》等剧目，我要向戏剧家们建议，为什么不写洗夫人呢？她的一生是值得也应该写成历史剧的。我这样要求，也希望戏剧家们会接受这个建议。

1916年1月11日，于北京

（原载《光明日报》，1961年1月14日）

隋末农民领袖窦建德

隋朝末年，爆发了规模巨大的农民起义。

起义的目的是推翻隋炀帝的残暴统治。爆发的导火线是隋炀帝动员全国力量对高丽进行的战争。

隋炀帝大业七年（公元611）二月命令在山东东莱（今山东掖县）海口造大船三百条，官员们亲自监督，工人白天黑夜都站在水里干活，死的人多到百分之三四十；征调各地军队，不管远近，都在涿郡（今河北涿县）集中；征调江淮以南水手一万人，弩手三万人，岭南小稍手三万人。五月，又要河南、淮南、江南造兵车五万辆作载运盔甲帐幕之用，都要兵士推车。发河南、河北民夫替军队运输。七月间发江、淮以南民夫和船运粮食到涿郡，船跟船接着有千把里长。来回在路上的经常有几十万人，道路上走满了人，白天黑夜不断，民夫们因被虐待、饥饿和疾病，到处是死人，臭气触鼻，全国骚动。

这时，山东、河南都闹大水，有三十几个郡受灾。

运粮到前方去的，往往连车连牛都回不来，兵士也死亡过半。种田地的农民被征发去当兵当民夫，田地无人耕种，很多都荒废了。加上又闹灾荒，粮价飞涨，百姓活不下去了。

在这样骚乱的时刻，隋炀帝又调发六十多万民夫，两人推一小车，运粮三石到指定地点，路途很远，三石米还不够两个人在路上吃的，到达以后，交不出军粮，就只好逃亡了。加上隋朝官吏的贪污残暴，百端勒索，百姓穷困，饥寒交迫，没有别的道路可走，唯一的活路是参加反隋的起义军。

窦建德就是当时农民起义军的领袖之一。

窦建德（公元573—621），贝州漳南（今山东恩县）人，家世务农，他身体好，力气大，会武艺，答应了的事一定做到，爱打抱不平。有一天，他正在耕田，听说同村子的人死了父亲，穷得买不起棺材，他很感慨，手头没有钱，便把牛送给这家子办丧事。有一晚，强盗来抢他家，建德毫不惊慌，站在大门背后，强盗进来一个打死一个，一连打死三个，剩下的不敢进来了，哀求把死尸还给他们，建德想了一想，知道有诈，便叫他们丢绳子进来收尸，建德抓住绳子跳出，又杀了几个。从此，他仗义勇敢的名声便四处传开了。

大业七年隋朝政府募兵到辽东作战，建德被派为队长，带二百人，准备出发。

同县人孙安祖的家被水淹没，老婆孩子都饿死了。县官看上安祖骁勇，硬派他从军，安祖诉说家庭穷困，备不起军装行粮，县官不由分说，把他打了一顿，安祖气极，刺杀县官，投奔窦建德家。建德劝安祖："看天下情况，必然有变。丈夫不死，当立大功，逃来逃去中甚用？附近的高鸡泊有几百里宽，芦苇丛生，可以隐蔽，何不到那里去，看局面变化，再作计较。"替他招集逃兵和无业贫民几百人，带着到高鸡泊（在山东恩县西北）起义，孙安祖自称将军。

这时，到处有起义队伍，张金称聚兵万余人沿清河立寨，高士达聚兵一千多人在清河边界活动。这些起义队伍到处杀富济贫，打家劫舍，只是不犯窦建德的家乡。地方官认为他一定和起义军勾结，便把他全家杀光。建德正在河间，听说一家子都被杀光了，立刻带领部下二百人投奔高士达，士达自称东海公，以建德为司兵。不久，孙安祖为张金称所杀，部下几千人都来投奔建德，部队扩大到一万多人。建德和士卒接近，同甘共苦，同劳共逸，士卒很喜欢他，只要一声命令，便冲锋陷阵，勇往直前，士气极为旺盛。

大业十二年（公元616）隋朝派兵万多人来攻，高士达自己认为智谋不如建德，请建德作军司马，统兵迎敌。建德设计大破敌军，斩杀敌将。不久，隋朝大将杨义臣攻杀张金称，乘胜进攻高鸡泊。建德劝士达："杨义臣很会用兵，如今乘胜而来，其锋不可当。不如避免接触，使其求战不得，空延岁月，将士疲倦，再乘便袭击，可以取胜。"士达不听，率兵迎击，打了个把小胜仗，就摆酒席庆祝。建德说糟了，东海公轻敌如此，必然大败。便留人守塞，自己带精兵守住险要，接应士达。过了五天，杨义臣果然大破高士达军，士达战死。隋军乘胜进攻，高鸡泊守军溃散，建德只带了百多个骑兵逃到饶阳（今河北饶阳），发现饶阳城没有守军戒备，乘机攻陷，招集当地贫民和收集散兵，又建立一支三千多人的队伍，自称将军。

当时，各地起义军抓到隋朝官吏和士族子弟，一律诛杀。建德采取了不同的策略，对这些人加意款待，分别任用。得饶阳后，待饶阳县长宋正本为上客，和他商议军机。这样，附近各地的隋朝官吏纷纷投降，疆土日广，声势日盛，兵力也发展到十几万人，成为一支可以独立作战的军事力量了。大业十三年正月在河间乐寿（今河北献县）自称长乐王，建立了政府机构。

接着又用计击败来攻的三万隋军。建都乐寿，号为金城宫，唐武德元年（公元618）建国号称夏。

唐武德二年，杀害隋炀帝的宇文化及在魏县（今河北大名）称帝。建德发兵攻擒化及，把这一批叛乱的首恶都杀了，被宇文化及裹胁的隋朝的官员很高兴，有不少人在夏国做官。八月，取洺州（今河北永年），迁都洺州，号为万春宫。建德重视农业生产，劝导百姓种好庄稼，栽桑养蚕，政治清明，境内安定，没有盗贼，作买卖的和来往旅客都可以放心在田野过夜。境土日益扩大，西接洛阳王世充，并和唐朝通好。

武德三年七月，唐秦王李世民率兵进攻王世充，王世充向夏国求救。有人建议，如今唐在关内，王世充在河南，夏有河北山东，形成三方鼎足之势。唐攻河南，王世充挡不住，唇亡齿寒，接着被攻的必然是夏国。应该出兵救援王世充，两家合力，必败唐兵。再看形势，吃掉王世充，进攻关中，可以取得天下。四年正月，建德打败了另一支起义军孟海公，增加了军事力量，出兵三十万，西救洛阳。

建德生活朴素，不喜欢吃肉，吃的是粗米饭蔬菜。攻下城市，所得财物都分给将士。喜欢倾听别人意见，很得人心。缺点是好话坏话都听，晚年听信谗言，杀了勇将王伏宝，和敢说直话的宋正本，从此，打仗不那么顺利了，官员们也不敢提意见了。新破孟海公以后，将士骄傲起来了，和唐军对垒两个月，不能前进，士卒也日夜想回家，士气低落。谋士凌敬劝他全军渡河，直取怀州（今河南沁阳）、河阳（今河南孟县），过太行，入上党，抄唐军的后路。这样有三个好处，第一乘虚突击，可保万全；第二开拓领土，增加人口；第三洛阳之围，不救自解。建德认为是好主意，准备接受。王世充的使臣日夜哭求进兵，部下将士得了王世充使臣的贿赂，主张决战，建德只好改变主意，听从诸将的意见，进攻虎牢关，连营二十里。唐将李世民按军不战，建德的军队列阵半天，士卒又饿又倦，坐在地下抢着喝水。李世民趁这机会，亲自带领轻骑冲锋，大军随后，漫山遍地响起一片杀声。这时，夏国的许多官员正在建德处议事，唐军突然冲到，官员们纷纷挤到建德周围，建德下令叫骑兵迎敌，骑兵来了，被官员们挡住过不去，建德又令官员们避开，一来一往之间，唐军进入阵后，高举唐军旗帜，夏军望见，惊惶溃退。建德受了伤，被唐军俘掳。七月，被杀于长安。

窦建德之死，离开现在已经一千三百四十年了。一直到今天，河北曲阳还有他的庙，说明人民对于这个了不起的农民领袖的怀念。

杰出的学者玄奘

　　唐僧取经的典故，由于吴承恩的《西游记》的渲染，已经成为我国人民尽人皆知的故事了。作为一个虔诚的宗教徒，作为一个著名的旅行家，唐僧的声名是无需介绍的。但是，作为一个勤勉努力，用毕生的力量追求知识，在哲学领域内达到很高成就的学者，一般人就比较生疏了。神话小说的《西游记》突出地描写了唐僧的宗教热诚和旅行艰苦方面，至于学术成就方面，根本没有提到（也无需提到），我看，这就是作为一个杰出的学者的唐僧，不甚为人所知的原因。

　　不只如此，唐僧的性格，如《西游记》所描写的，忠厚老实，耳朵有些软，打不定主意，容易偏听偏信，有时也会发一点牛脾气，就小说的人物性格塑造来说是很成功的。但和历史人物的唐僧则恰好相反，历史人物的唐僧是非常坚强的，勇敢的，不怕困难，不怕艰险，百折不回，是个仁慈，厚道，博学多能，辩才无碍的英雄人物。

　　"取经"这一个大家熟悉的名词，在今天的现实生活中常被引用。一般的理解是对某一方面的知识不懂或不够，去向懂的人或知道较多的人学习。这样理解当然不错，但还不够确切。从唐僧的历史看来，应该是已经对某一方面知识作了专门的研究，学得越多，积累的问题便越多，为了解决这些问题，丰富和提高知识，学术水平，才下决心去取经。相反，没有进行充分的准备工作，不了解这一问题的研究所已经达到的广度和深度，应该和必需解决的问题，遇到困难，一开口便是取经，无的放矢，这是种懒汉态度，是取不到经的，即使取到了，也会驴头不对马嘴，没有用处。同样，取了经以后，放在一边，或者没有研究、消化，囫囵一口吞下去，像猪八戒吃人参果那样，也是无益的。唐僧把取来的经用半生的精力把其中主要的译为汉文，成为自己的东西，丰富了祖国的文化，在我国学术史上是一个光辉的典范。

不谈宗教徒和旅行家的唐僧，谈学者的唐僧。

玄奘法师（公元602—664）俗姓陈，名祎，河南缑氏（今河南偃师县）人。少年时家庭贫困，二哥长捷法师在洛阳净土寺出家，把他带在身边，诵习经典。十三岁这一年隋朝政府在洛阳度僧，名额很少，学的经多来考试的有好几百人，他学的经少，站在门外很羡慕，刚巧被考试官看见，一谈话，发现他有志气，聪敏，便录取了，出了家。

净土寺有位景法师讲《涅槃经》，玄奘跟着学习，连吃饭睡眠都忘记了。又跟严法师学《摄大乘论》，越学越喜欢，听一遍就差不多记得，再读一遍，就完全掌握了。老师们叫他上讲台复讲，讲得抑扬流畅，大家都很佩服。

隋末战乱，玄奘和长捷离洛阳到长安，经子午谷到成都，从道基、宝暹二法师学《摄论》、《毗昙》，从震法师学《迦延》。他爱惜寸阴，努力学习，在两三年时间里，掌握了佛教哲学的基本知识。

二十一岁时在成都学《律》。这地方的著名经师他都已经受过教了，有些问题得不到解决，便想再到长安访师求友，但哥哥不答应，他便偷偷和商人结伴，逃出成都，乘船过三峡到荆州，在天皇寺讲《摄论》、《毗昙》各三次，很受欢迎。北游到相州，从休法师学《杂心》、《摄论》，质难问疑。到赵州，从深法师学《成实论》。到长安，从岳法师学《俱舍论》，都是听了一遍就完全懂得，读了一遍完全记得。那时候我国的雕版印刷术还没有发明，研究学问的方法一是听讲，二是抄写，其他的办法是没有的。玄奘不但勤听勤抄，还能够在领会的基础上，进一步发挥自己的见解。

接着他又从当时最有名的法常、僧辩二大师学《俱舍》、《摄大乘论》，从玄会法师学《涅槃经》，学问日益精进，名誉日渐传开了。

贞观元年（公元627），他学得越多，便越不满足。因为所学经论，不同的经师有不同的理解，传抄的经典也有讲不清楚的，他要"分条析理，广彼前闻，截伪续真，开兹后学"，便决心到印度游学，解决疑难，求得《十七地论》（即《瑜珈师地论》），提高学术水平。困难是语言、文字的隔阂，一个穷和尚到外国去，怎么可能有翻译人员帮助工作呢？下定决心学习梵文，当时长安有很多外国人游学、经商，他跟着学习语文，专心致志，不久就学会了。

贞观三年，玄奘二十九岁，约了几个同伴，写信给皇帝请求出国。这时，国内经济还未恢复，边境也还不十分安定，政府命令禁止百姓出国。请求被拒绝以后，别的人都放弃了，玄奘奋勇不回，政府不许就私逃，同伴没有就一个人走。他知道路上是十分艰险的，十分困难的，便假想种种苦难，自问自答有把握一定可以克服，下定决心出发。

他从贞观三年八月离开长安，经秦州、兰州、凉州、瓜州，过玉门关，渡莫贺延碛（沙漠），到高昌，历经西域诸国，游历了今阿富汗、尼泊尔、印度、巴基斯坦诸国，经过一百几十个地方，历时前后十七年，到贞观十九年（公元645）才回到长安，这年他已经四十四岁了。

途中的困难，正如他所预料，是数说不完的。到凉州时，凉州都督要强迫他回长安，便连夜逃走，昼伏夜行，到了瓜州。好容易找到一个引路的，在玉门关上流偷渡过去后，引路的怕艰险，又跑掉了。剩下孤身一人，偷渡边界五个烽火台，骑马通过沙漠。在沙漠中看到回光反影的幻象，千奇百怪，他虽然错认为妖鬼，却毫不动摇。莫贺延碛长八百多里，上无飞鸟，下无走兽，也没有水草，一人一马走了一百多里，找不到泉水，喝带来的水，不料一失手，皮袋掉在地下，水全倒掉了，前面还有七百里沙漠，没有水是走不过的，只好折回取水，走了十几里，又一转念，立下誓不到印度，终不东归一步，如今一遇挫折，便走回头路，怎么可以呢？又折回来，继续前进。在途中晚上看到的是幻影的火光，白天呢，惊风拥沙，口眼难开，四五天没有水喝，人马都困乏不堪，走到第五夜半，实在不行了，躺在地下，天快亮时，忽然有凉风吹来，通身轻快，马也能起来了，勉强前进，走了十几里，发现有青草、泉水，人马大吃大喝一顿，休息了一天，装满了水，又走了两天，才走出沙漠。

经过高昌（今新疆吐鲁番），得到高昌王麴文泰资助盘费、随从和马匹，还写了许多介绍信，要求所经诸国给以方便。但不久又遇到困难，过葱岭时，高山冰雪皑皑，风雪杂飞，蹊径崎岖，寒冷彻骨，悬釜而炊，席冰而睡，走了七天才出山，随从的人员冻饿死了将近一半，牛马死的更多。又过大雪山，凝云飞雪，途路艰危，比葱岭更险。

入北印度境波罗奢大林中，碰着五十几个强盗，一行人的衣服资财全被劫夺，被赶到一个干枯的池子中，要加杀害，玄奘和一小沙弥从水穴逃出，奔告村人齐来解救，同伴才幸免于死。

在殑伽河船行时，又被十余贼船抢劫，这些强盗是信奉邪神的，每年秋天要杀一个相貌端美的人祭神，看见玄奘仪容伟丽，便在树林中辟地设坛，两人拔刀牵玄奘上坛要杀，忽然黑风四起，折树飞沙，河流涌浪，船只漂覆，强盗很迷信，问玄奘从何处来，众人说是从中国来求法的，大吃一惊，连忙把玄奘放掉，把抢走的东西也都还给本主。自然气候的变化，救了玄奘的命。

玄奘经历了无数艰险，百折不回。同样，对于安乐的环境，也不肯久留，过高昌时，高昌王要留他住下，劝其不必西行，愿以一国供养，玄奘坚决不肯。高昌王威胁要么留下，否则就送回长安，玄奘痛哭辞谢，绝食三天，到第四天还不肯进食，高昌王才许他西行，请他复食，玄奘不相信，高昌王和他约为兄弟，要求回来时留住三年，才资送玄奘西行。（公元640年唐灭高昌，玄奘回来时，高昌已灭，不能践约了。）

在印度那烂陀寺（今印度比哈尔邦伽雅城的西北）两次留学七年，学问成就以后，准备回国，寺中同学反复劝说，要他就住在印度，不要回国了。玄奘坚决不肯，最后同学闹到长老戒贤法师面前，戒贤问玄奘意见，玄奘说："这个地方我并非不喜欢。只是我的来意是为求得学问，从到寺以后，蒙法师讲授《瑜珈师地论》，解决了疑难，和各学派深奥的道理。私心非常高兴，没有虚此一行。现在我要把学到的东西，回去翻译，让别的有疑难的人，也能够得到学习，报答老师的教诲，以此不愿留在此地。"戒贤听了很高兴，说：很对，这也就是我所期望于你的。叫诸人不要苦留，让他回国。

在十七年的旅行中，他随时随地访求著名学者，虚心学习。

在那烂陀寺，请戒贤法师讲《瑜珈论》、《顺正理》、《显扬》、《对法》、《因明》、《声明》、《集量》、《中论》、《百论》等论，学婆罗门书，钻研各学派经典和学梵文，历时五年；

又到伊烂拿国，从怛他揭多鞠多、羼底僧诃二师学《毗婆沙》、《顺正理》等论；

到南侨萨罗国，有婆罗门善解《因明》，从读《集量论》；

到驮那磔迦国，从苏部底、苏利耶学《大众部根本阿毗达磨》等论，他们也从玄奘学《大乘》诸论；

到建志补罗，遇到僧迦罗国（锡兰）的和尚，就问《瑜珈》的要义；

到钵伐多罗国，住了两年，学《正量部根本阿毗达磨》、《摄正法论》、《教实论》等。

又回到那烂陀寺，从般若跋多罗学《声明》、《因明》，从胜军论师学《唯识决择论》、《意义理论》、《成无畏论》、《不住涅槃论》、《十二因缘论》、《庄严经论》和《瑜珈》、《因明》等疑义，首尾两年。

那烂陀寺是印度最大的寺院，经过六代国王的不断营建才建成的。僧徒主客常有万人，研究《大乘》兼十八部，以及《俗典》、《吠陀》等书，语言文字学、逻辑学、天文学、医学、术数等科。寺中通经论二十部的有一千多人，三十部的五百多人，五十部的十人，其中之一就是玄奘。长老戒贤法师是印度当时最伟大的学者，精通一切经典，玄奘从他受学，成为高足弟子。

玄奘回寺后，同学师子光讲《中论》、《百论》，破《瑜珈论》，玄奘兼通二论，和会二宗，著《会宗论》三千颂，戒贤法师和全寺同学都齐声道好。有一个婆罗门外道立义四十条挂在寺门，并声明有人能破一条，斩首相谢。玄奘叫人把榜取下撕掉，和他辩论，立义明确，婆罗门理屈辞穷，说我输了，把头给你。玄奘说不必，你跟我为奴吧，婆罗门很喜欢。玄奘研究小乘所制的《破大乘义》七百颂，有几个地方有疑问，就问所伏婆罗门有没有研究过，说听过五遍。玄奘就要他讲，弄清楚了，写成《破恶见论》一千六百颂，申大乘义，破小乘义，戒贤法师和全寺同学都称赞"以此穷核，何敌不亡"。玄奘便赦免了所伏婆罗门，让他自由。婆罗门到东印度，向鸠摩罗王宣扬玄奘的德义，鸠摩罗王很钦佩，立刻派人来请玄奘去讲学。

玄奘在鸠摩罗王处住了个把月，戒日王也发使来邀请，问到秦王破阵乐，玄奘一一陈说。又读了玄奘的《破恶见论》，非常欣赏，叫全国学者讨论，无人能破。便决定召集诸国学者，在曲女城（今印度北方邦巴雷利城）举行辩论大会，讨论玄奘的著作。

这个会规模非常大，有十八个国王参加，大小乘学者三千多人，婆罗门及尼乾外道二千多人，那烂陀寺也来了一千多人。请玄奘作论主，宣扬大乘，并由那烂陀寺明贤法师当众宣读《破恶见论》，又写一本挂在会场门外，征求不同意见，一直过了十八天，没有一个人发言。最后按照当地习惯，玄奘乘大象巡游会场，随从高唱："中国法师立大乘义，破诸异见，过了十八天，没有不同意见，大家要知道。"到场学者替玄奘起名字，大乘学者称为摩诃耶那提婆，汉译大乘天。小乘学者称为木叉提婆，汉译解脱天。中国学者在国外得到这样高的学术荣誉，这是破灭荒的第一次。

玄奘在印度所发表的论文都是用梵文写作的。马鸣的《起信论》有汉文译本，印度倒失传了。玄奘答应印度学者的要求，把汉文本的《起信论》译为梵文，流传印度。回国以后，又奉唐太宗的命令，译《老子》为梵文，玄奘邀集了许多道教学者，讨论研究，译成梵文，流传印度。

贞观十七年（公元643）玄奘辞别戒日王归国。戒日王除了供给沿途费用以外，还派人通知所经各国供应人马，一直到达唐境，归途比之来的时候是顺利多了。到于阗后，派人送信到长安报告唐太宗以归国情况，唐太宗很喜欢，要他立刻回长安，沿路都着地方官迎候。贞观十九年正月，玄奘回到长安，百姓听说他回来了，夹道欢迎，万人空巷，连路都走不通了，只好住在城外，第二天才能进城。他带回来经典五百二十箧，六百五十七部。

从贞观十九年三月起，一直到麟德元年（公元664）二十年中，玄奘用全力作翻译工作。唐朝政府从各地调来证义学者通解大小乘经论的十二人，缀文学者九人，字学学者一人，证梵语梵文学者一人，和记录、抄写人员，帮助他工作。显庆元年（公元656）又特派朝廷大官于志宁、来济、许敬宗、薛元超、李义府、杜正伦等帮助看阅译文，有不稳便处，随手润饰。范义硕、郭瑜、高若思等文人也参加了翻译工作。

玄奘对工作非常认真，爱惜时间，连一分钟也不轻易放过，每天都按计划工作，万一白天有别的事延误了，一定要在晚上补足。晚上睡得很少，五更便起床读梵文原本，用朱笔标点次第，准备好当天的译文。到黄昏时，还对学生讲授新得的经论。

翻译的方法也有了改变。过去译经的办法，梵文是倒写的，第一步照样直译，第二步再把文字倒过来，符合汉文语法，第三步由文人整理词句，往往任意增损，有时会把整段或者主要的意思漏掉。玄奘对汉、梵文都有很高的造就，翻译时由梵本口授汉译，意思独断，出语成章，文人笔录，便可披玩，不但正确译出意思，文词也斐然可观，翻译的水平也大大提高了。

对梵文底本也采用多本互校的方法，如《大般若经》梵本总有二十万颂，玄奘得到三个本子，翻译的时候，遇到文有疑错，便用三本互校，仔细对比，方才定案，这种审慎的态度，也是前人所不曾有过的。

他所译的《大般若经》一共有六百卷，耗费了很长的时间和精力。译完了这部书，又开始另一部大经典的翻译，他感觉到精力不行了，译了一部分，实在支持不下去，只好叹口气停笔，和同事们告别，不多几天就死去了。

经过二十年的努力，玄奘译出经论七十四部，总共一千三百三十五卷。就译书的数量说不只是空前的，在他以后的翻译家，也很少有人能够相比。

玄奘用一生的力量学习和介绍佛教哲学思想和语言文字学、逻辑学等学问。他在取经以前，用十七年的时间，奔走各地，求师学习，打下了扎实的基础，并学习梵文，排除语文隔阂的障碍。在这个基础上，发现了经论中许多问题，为了解决问题，提高知识、学术水平，下决心去取经。在出国往返的十七年中，克服了一切困难，到处努力学习，勤学勤问，解决了疑难，求得了新知识，发表了独创性的学术论文，取得了国际上学术界的崇高地位，为祖国争取了荣誉。取了经回国以后，又以二十年的时间专心一意作翻译工作，就质量数量说都达到很高的水平。通过他的努力，丰富了祖国的文化，对哲学、语言文字学、逻辑学、文学各方面都起了有益的作用。此外，他的游记《大唐西域记》翔实地记录了经行各国的各种情况，对研究这个时期我国新疆境内各民族，和葱岭以西诸国的历史、地理、物产、交通、宗教信仰等等，具有极为重要的价值，这是他又一方面的贡献。

玄奘是虔诚的佛教徒，当然是唯心论者，这一点应该说清楚。作为一个历史人物，他对当代文化提供了有益的贡献，对中国和外国的文化交流做出巨大的成绩，他千方百计寻求知识，永远不满足于已有的成就，正视困难，勇于克服困难，艰苦奋斗，终于取得胜利，这种顽强、勇敢、聪明、智慧的美德，体现了我国民族的优良传统。他是我国历史上杰出的学者，永远值得后人怀念和学习。

3月31日

（原载《人民文学》，1961年6月号）

文成公主

《文成公主》是田汉同志最近写的成功之作，现在已由中国青年艺术剧院公演了。

我说喜看，因为个人对历史的爱好，有机会先看到多次修改的剧本，有机会多次看到剧院的彩排，每改一次好一次，每排一次好一次，越看越喜欢、高兴，眼看着这个戏越来越好，怎能不喜？

戏之所以好，好在一方面符合历史的真实性，一方面达到艺术的真实性，通过田汉同志的妙笔，把这段历史写活了，更生动，更强烈，更有集中性，更典型，因此，也就更美了。

先讲历史，唐太宗贞观时代（公元627—649）是唐朝的全盛时期，也是我国历史上的全盛时期。特别是从公元630年唐李靖大破突厥，俘获颉利可汗，边地各族君长到长安公推唐太宗做天可汗以后，长时期以来西北方面军事冲突的局面基本结束了，东方和西方的商道畅通，经济和文化的不断交流，唐朝首都长安越发繁荣昌盛，成为各族人民所共同向往，追求知识和生产技术，学习文化的中心了。

也正在这时候，现在的西藏地区，当时叫吐蕃（音播），英主松赞干布在位，松赞干布有勇略，统一各部，扩大疆域，有雄兵数十万。公元634年派使臣到长安通好，要求结为亲戚。唐太宗派使臣冯德遐回访，建立了友好关系。

这一年七月，唐军大破吐谷浑，吐谷浑在吐蕃的北面。635年，李靖、李道宗平吐谷浑，636年封吐谷浑王诺曷钵为河源郡王、乌地也拔勤豆可汗。后来并以宗室女弘化公主嫁给他。

吐蕃听到突厥、吐谷浑都娶了唐朝的公主，派使臣随冯德遐到长安，带了许多金宝，再次请婚。唐朝朝廷上有人反对，没有成功。吐蕃使臣回去诉说，说刚到的时候，礼遇极周到，后来吐谷浑王来了，就变卦了，不许婚了。638年松赞干布发兵击破吐谷浑，吐谷浑抵挡不住，迁移到青海北面。

接着吐蕃发兵二十万攻唐松州，同时又派使臣求婚。这次战役吐蕃内部是有分歧的，主张和唐朝和好的大臣极力反对，以死力争，眼看得唐蕃和好破裂，有八个大臣为了主张不能贯彻而自杀。唐朝派大将侯君集统军救援，败吐蕃于松州城下。

吐蕃战败后，松赞干布适应人民的要求，决心和唐朝和好，派使臣到长安第四次请婚。唐太宗为了巩固唐蕃和好，团结各族，安定民生，同意结亲。公元640年吐蕃又派大论禄东赞带黄金五千两和珍玩数百件请婚，唐太宗答应以宗室女文成公主远嫁。禄东赞很能干，应答如流，唐太宗很赏识他，641年唐太宗封禄东赞为右卫大将军，并以琅玡公主外孙女段氏许配，禄东赞力辞，太宗不许。接着派礼部尚书江夏王李道宗持节送文成公主于吐蕃，带去大批种子农具，乐器书籍，百工技艺，医生药物。松赞干布极为高兴，见李道宗自称子婿，礼貌恭敬。喜欢中原冠服，改穿纨绮以见公主。还特别为公主修建了城郭宫室，并派子弟到长安国学读书，学习中原文化。请派中原儒生到吐蕃替他写汉文文件。公主不喜欢当地人用赭土涂面，松赞干布就下令禁止。由此可见他们夫妇间的感情是很好的。以后又请求陆续从长安送去蚕种，造酒工人和碾、硙等生产工具。从这时起，一直到670年吐蕃攻陷西域十八州，薛仁贵大败于大非川，讲和罢兵为止，唐蕃之间维持了三十年的和平友好关系。

贞观二十三年（公元649）五月，唐太宗死。十月唐高宗以吐蕃松赞干布为驸马都尉，封西海郡王。松赞干布写信给宰相长孙无忌说："皇帝刚即位，臣下如有不忠的，我要带兵赴难，为国除奸。"高宗又进封他为宾王。次年（650）五月松赞干布死，唐高宗遣使吊祭。他的嫡子早死，由幼孙继位，国事决于禄东赞。永隆元年（公元680）文成公主死，唐朝又遣使吊祭。推测她出嫁的时候年约十七八岁，死时已经快到六十岁了。

从汉文的历史事实看，当时唐蕃的矛盾是民族间的矛盾。正当唐朝文治武功的全盛时期，吐蕃统一了，强盛了。北邻吐谷浑已经归附唐朝。以勇略著称的松赞干布面临着和大唐和平相处或者是连年战争的问题。相对的历史上杰出的封建统治者唐太宗也必须在各族团结或者对立的道路上有所抉择。和平才能导致生产的安定和繁荣，只有和平人民才能安居乐业。当时双方的人民都是渴望和平的。战争呢，两人都从青年时代就成为军事统帅，身经百战，他们是深知长期战争所造成的后果的。他们从战争中取得胜利，也深知和平的可贵。当时民族间维系和平的传统办法是结为亲戚，以此松赞干布五次求婚，终于达到目的。唐太宗也特派使节回访，厚待吐蕃来使，最后决定许婚，唐蕃结为一家。通过这一和平纽带的连系，导致唐蕃间的频繁的来往，更多的经济的文化的交流，和三十年间的和平。但是这一联婚，也不是一帆风顺，毫无曲折的。在唐朝方面，有主张民族团结和平相处的一派，也有主张攻城略地，谋取个人私利的一派，吐蕃方面也是如此。这两派中间是有着激烈的斗争的，要不然，吐蕃从634年就派使到长安请婚，唐朝内部如无不同意见，怎么会多次拒绝，一直到638年才许婚，641年文成公主才入蕃呢？吐蕃方面，七年中五次请婚，但同时又攻击吐谷浑，攻打唐松州，反对战争的大臣至有八人自杀，可见内部斗争也是非常的激烈。

田汉同志的剧本抓住当时唐蕃的主要矛盾，以唐太宗和魏徵为首的一派主张和平团结，以侯君集为首的一派主张和吐蕃打仗。相对的以松赞干布和禄东赞为首的一派主张唐蕃亲好，学习大唐文化，以俄弥勒赞、恭顿为首的一派却反对通婚，极力破坏。和平与战争，团结与对立，进步与落后，开明与保守，这个斗争贯穿了整个剧本，是符合当时历史实际的，是具有历史的真实性的。

吐蕃请婚前后时达七年，写戏要写七年间变化的情况，是不可能，也不必要的。田汉同志巧妙地运用了藏族民间传说，用唐太宗五次考试求婚使臣的叙述，概括性地表明了求婚的经过，同时，又通过旅邸老婆婆的口中，指出她的指点是由于唐太宗的授意，这样，唐朝过去的内部矛盾，禄东赞的机智聪明，唐太宗的英明决策都充分地表达出来了。

旅途中间的几场，河源赋诗大有牧歌情调，很美。据敦煌遗文记载，文成公主和弘化公主的见面，是有根据的。

吐蕃副使恭顿是吐蕃反对唐蕃和好派俄弥勒赞的党羽，他出主意留禄东赞在唐朝为质，又假装好人，替文成公三追回被头人抢走的女奴隶达娃，企图取得信任。他们的目的是阻止文成公主到达拉萨（当时叫逻些），千方百计折磨李道宗一行，使他们知难而退，回到长安，亲事不成功，自然也谈不上别的了，从而保持吐蕃原来的物质精神面貌，通过战争，提高个人的地位和增加财富，保存他们一小撮人的固有权益。在河源时阻止文成和弘化会见，到玉树时，在拉萨的俄弥勒赞阻止松赞干布亲迎，实在阻止不了，又阴谋窜改松赞干布的亲笔信，把到玉树亲迎改为怒江北岸。把使臣也偷偷换了人。唐使李道宗是身经百战的名将，老练的政治家，他识破了信上字迹的窜改，识破了使臣是冒充的，但并不声张，一面尊重松赞干布的主张，把行馆迁到怒江北岸，并礼请假使人同去，一面飞报长安，请求指示。

唐朝方面，侯君集是连破数国的名将，剧本利用他作为反对通婚派的首领，是完全符合当时可能的情况的。但是他的主张被唐太宗、魏徵所坚决驳斥，不能得逞。在得到李道宗飞报，改到怒江北岸亲迎以后，唐太宗也感觉其中必有变化，便盘问禄东赞。禄东赞深恐亲迎被破坏，连夜逃回，唐太宗不但不加留难，还赐以宝马，饬令沿途关隘放行，并要他带亲笔信慰抚松赞干布。

禄东赞的回来是完全出于俄弥勒赞一派人意外的。当禄东赞讲清情况以后，松赞干布决定亲自到怒江北岸亲迎。

射虎这一场是很有风趣的，通过射虎，使新郎新娘见了面，但两人都隐瞒身份，结果还是露出马脚。松赞干布从文成公主口中明白了改变地点的情况，但是，到底是怎么回事呢？弄不清楚。

这里应该说明，唐朝前期贵族妇女骑马、练武艺、打猎，是很普通的习俗，不是什么稀罕事。

最后一场，假信被戳穿了，假使人被认出来了，真使人见面作了证，俄弥勒赞一派破坏唐蕃团结的人遭到彻底的失败。

剧本以松赞干布和文成公主大婚，在盛大的亲迎行列中，绚烂的歌舞场面中，以唐蕃团结这个主题的形象突出而结束。

剧本中有些人物，有些情节，有些场面是虚构的。但是这些人物，这些情节，这些场面，在当时的具体历史条件下，是可能出现的，因此也是符合于历史实际的，剧作家完全有权利也有必要这样做。在这里，艺术上的真实性和历史上的真实性达到和谐的统一，是历史戏，而且是好戏。剧中人物的刻画。例如唐太宗的英明大度，李道宗的老成持重，文成公主的忠于使命、坚决不移，松赞干布的英俊有为、威严果断，以及禄东赞的忠实机智，恭顿的阴险诡诈，都有各人的个性，就演出而论，也是很成功的。

我喜欢这个戏，我说这个戏是好戏，这个戏反映了历史上的民族团结的情况，也将有助于更进一步巩固今天各民族人民之间的团结。要说明的有几点：

第一，"吐蕃"这个名词，应读作吐播，明以前蕃字有两音，一音播，一音翻。当时吐蕃人自称为播或大播，拉萨的唐蕃会盟碑上藏文的蕃是读作播的。一直到今天，藏族人民还自称为播，红军长征经藏族地区时，曾经建立博巴政府，博就是播，是蕃，巴是人的意思。这个词是译文，我们祖先读错了几百年，名从主人，如今应该改回来了。

第二，有些名词需要解释，例如松赞干布号赞普，据汉文记载，吐蕃话叫强雄日赞，丈夫曰普，故号君长为赞普。吐蕃王族都称论，有大论小论之别，宦族都称尚。赞普的配偶叫赞蒙。

第三，吐蕃和唐朝的关系是相为终始的，一直到李唐末年，吐蕃也因内部分裂，逐渐衰落。到元朝才重新继承原来友好关系。元朝在吐蕃地区建立行政机构，从此吐蕃成为元朝版图的一部分。这个地区当时也分别称为朵甘思（今青海和西康）、乌斯藏（前后藏），到明朝，吐蕃这一名词不再通行了，通称这地区为朵甘思和乌斯藏。到清朝读乌斯为卫，称为卫藏。十八世纪以后，因为藏在西部，冠以方向，称为西藏，西藏这名词是汉藏文的综合。

第四，公元670年以后，唐蕃的关系是不稳定的，虽然以后又有金城公主嫁给吐蕃赞普。双方主张团结和反对团结的人都有。随着情势的变化，有时维持和平，有时又不免打仗。但是，吐蕃对唐朝的政治关系却是肯定的，汉文历史记载吐蕃大臣意见："且无大唐册命，何名赞普？"可见吐蕃赞普要经过大唐的册命，是个老规矩。由此可知除了通过联婚和文化、经济交流团结了两个民族以外，大唐册命吐蕃赞普，这一政治纽带也是发生作用的。

（原载《文汇报》，1960年4月14日）

谈武则天

一

武则天（公元624—705）是我国历史上一个了不起的人物，对她所处的时代起推进作用的人物。但是，由于封建礼教作怪，她被不少卫道的"正人君子"们所辱骂，名誉不好。郭沫若同志的新作《武则天》五幕历史剧，替武则天翻了案，我双手赞成，拥护。

本来，我正在研究武则天，用充分的史实肯定武则天在历史上的地位。这个工作牵涉面很广，引用史料很多，得要几个月工夫才能完成。在工作进行中，读到郭沫若同志《武则天》的初稿和改定稿，非常高兴，有话要说，写《谈武则天》。

二

《武则天》这个历史剧中的人物都是实有其人的，所涉及各个人物的故事也都是有文献根据的，沫若同志尽可能忠实于历史，做到无一字无来历，无一事无出处。通过艺术手法，把武则天这个历史上的伟大政治家的形象更加强化、集中，和现代人见面了。

《武则天》历史剧的主要根据是旧、新《唐书》有关武则天的记载，和裴炎、程务挺、徐敬业、骆宾王、上官婉儿、明崇俨等人的传，参以司马光的《资治通鉴》和《全唐诗》、《骆宾王集》等书。

关于裴炎和徐敬业通谋，裴炎又阴谋在成功以后自己做皇帝，这一故事也是有出处的，唐张文成《朝野佥载》卷五：

裴炎为中书令，时徐敬业欲反，令骆宾王画计，取裴炎同起事。宾王足蹈壁静思食顷，乃为谣曰：一片火，两片火，绯衣小儿当殿坐。教炎庄上小儿诵之，并都下童子皆唱。炎乃访学者令解之，召宾王至，数啖以宝物锦绮皆不言，又赂以音乐女伎骏马亦不语。乃将古忠臣烈士图共观之，见司马宣王，宾王歘然起曰，此英雄丈夫也。即说自古大臣执政多移社稷，炎大喜。宾王曰，但不知谣谶何如耳？炎以谣言片火绯衣之事白，宾王即下，北面而拜曰，此真人矣。遂与敬业等合谋，扬州兵起，炎从内应，书与敬业等合谋，惟有青鹅字，人有告者朝廷莫之能解。则天曰，此青字十二月，鹅者我自与也。遂诛炎，敬业等寻败。

司马宣王即司马懿。这段故事司马光是看到的，收在《资治通鉴考异》里，但他不相信，认为"此皆当时构炎者所言耳，非其实也"。不管怎样，当时有过这样传说，则是可以肯定的。

关于裴炎这个人的评价，除了两《唐书》以外，明朝末年人王夫之《读通鉴论》二十一说他：

自霍光行非常之事，而司马懿、桓温、谢晦、傅亮、徐羡之托以仇其私。裴炎赞武氏，废中宗，立豫王，亦其故智也。不然，恶有嗣位两月，失德未彰，片言之妄，而为之臣者遽更置之，如仆隶之任使乎？炎之不自揣也，不知其权与奸出武氏之下，倍蓰而无算。且谓豫王立而己居震世之功，其欲仅如霍氏之乘权与懿、温之图篡也，皆不可知。然时可为则进而窥天位，时未可，抑足以压天下而永其富贵。岂意一为武氏用，而豫王浮寄宫中，承嗣、三思先己而为捷足也哉！其请反政豫王也，懿、温之心，天下后世有目有心者知之，而岂武氏之不觉耶？家无儋石之储，似清；请反政于豫王，似忠；从子伷先忘死以讼冤，似义。以此而挟滔天之胆，解天子之玺绂，以更授一人，则其似是而非者，视王莽之恭俭，诚无以过。而武氏非元后，己非武氏之姻族，妄生非分之想，则白昼攫金，见金而不见人，其愚亦甚矣。

不止是这些主要人物和故事有出处，连次要人物也是有根据的，如剧中的赵道生杀明崇俨，见《通鉴》卷二○二，洛阳的宫殿名称是根据徐松的《唐两京城坊考》的。

三

我对武则天的看法。

我认为武则天是历史上伟大的政治家，从她参与政权到掌握政权的五十年中，继承和巩固并且发展了唐太宗贞观治世的事业，足食安民，知人善用，从谏如流，发扬文化，为下一代培养了人才，下启唐玄宗开元时代的太平盛世，就唐朝前期历史说是个承先启后的人物，就整个我国历史说，她也是封建统治者中的杰出的人物。

不说别的，单就她在位时期，文献上还没有发现大规模农民起义的记载这一点来看，和历史上任何王朝，任何封建统治者统治时期是有所区别的。这一点说明当时的人民是支持她、爱戴她的。宋朝人修的《新唐书》骂她骂得很厉害，但是，宋祁在大骂之后，也还是不能不说一句公道话，"僭于上而治于下"。从今天来说，僭不僭不干我们的事，"治于下"三个字却是武则天的定评，我看，评论武则天要从这一点出发，也就是从政治出发。从她当时对百姓是做好事还是做坏事出发，她对生产的作用是推进还是阻碍出发。

武则天在杀裴炎、程务挺，平定徐敬业以后，曾经召集群臣讲过一次话，这番话实质上是对她自己的评价。她说："朕辅先帝逾三十年，忧劳天下。爵位富贵，朕所与也。天下安佚，朕所养也。先帝弃群臣以社稷为托，不敢爱身而知爱人。今为戎首者皆将相大臣，何见负之遽乎？且受遗老臣伉扈难制，有若裴炎乎？世将种，能合亡命，有若徐敬业乎？宿将善战有若程务挺乎？彼皆人豪，朕能戮之。公等才能过彼，则蚤为之，不然，谨以事朕，无自悔也！"这番话明朝末年人李贽逐段加以批点，"忧劳天下"，批"真"！"天下安佚，朕所养也"，批"真"！"不敢爱身而知爱人"，批"真"！从当时情况看来，武则天这段话确如李卓吾所批的都是真话。

反对她的是些什么人呢？是一部分老臣宿将和勋贵子孙，她做了皇帝以后呢，是一部分唐朝宗室。她曾经两次大规模杀人，杀的就是这些人，政治上的反对派。在你死我活的斗争中，在封建统治阶级内部的激烈斗争中，武则天是很坚强果断的，她消灭了所有反对她的官僚和贵族，其中包括她自己的儿子、女婿、孙子、孙女和孙女婿，不止杀李家人，也杀武家人。道理很简单，不杀这些人，这些人就会推翻她，不是东风压倒西风，就是西风压倒东风。沫若同志的剧本通过太子贤、裴炎等人和武则天的斗争，很突出地阐明了这一历史情况。

她杀了不少李家人，还曾经把第三个儿子英王哲从皇帝宝座撵下来，废为卢陵王，幽禁在房州十五年，照理说这个儿子应该恨她了，但是不然。公元705年的宫廷政变，武则天下台，卢陵王作了皇帝，是为唐中宗。同年武则天死。景龙元年（707年）二月唐中宗下诏把诸州纪念他重作皇帝的中兴寺、观，一律改为龙兴，并禁止说他的再次作皇帝是中兴。《唐大诏令集》一一四载他的诏书说：

则天大圣皇后思顾托之隆，审变通之数，忘己济物，从权御宇，四海由其率顺，万姓所以咸宁，唐周之号渐殊，社稷之祚斯永……朕……事惟继体，义即缵戎……中兴之号，理异于兹，宜革前非，以归事实，自今以后，更不得言中兴。

表扬武则天在位时忘己济物，万姓咸宁，他是继承武则天的统治的，不能说是中兴。岂但不恨，还十分尊重呢！当时还有人建议"神龙元年（公元705）制书，一事以上，并依贞观故事。岂可近舍母仪，远尊祖德？"意思是说705年的命令规定政治措施都要学贞观时代，也就是废除则天时代的成规，这是不对的。怎么可以把近时母亲的行政作为抛弃，去学习遥远的祖父呢？中宗很赞成这个意见，写信表扬。由此看来，则天时代的某些政治措施是和贞观时代有所不同的。她根据时代的进展，规定了自己的政策方针。

不止她的儿子，以后唐朝的历代皇帝也都对她很尊重，没有说过什么坏话。

同样，唐朝的大政治家如陆贽、李绛都对她有很高的评价。陆宣公《翰苑集》十七《请许台省长官举荐属吏状》说：

往者则天太后践祚临朝，欲收人心，尤务拔擢，弘委任之意，开汲引之门，进用不疑，求访无倦，非但人得荐士，亦得自举其才。所荐必行，所举辄试。其于选士之道岂不伤于容易哉？然而课责既严，进退皆速，不肖者旋黜，才能者骤升。是以当代谓知人之明，累朝赖多士之用。

说她善于用人，严于课责，不但当时称为知人，还培养了下几代的人才。在另一篇文章中，他把唐太宗和武则天并举，要当时皇帝"法太宗、天后英迈之风"。李绛也说她用的官虽然稍微多了一些，但"开元中名臣多出其选"。指出开元时代的名臣大多是她培养的。

宋人编的《新唐书》骂武则天很凶，但洪迈却赞扬她是明主："汉之武帝，唐之武后，不可谓不明。"明人李贽更称她为圣后。清人赵翼说她："纳谏知人，自有不可及者……别白人才，主持国是，有大过人者。"还替她分析，回击那些"正人君子"们对她的恶毒诬蔑，他说："人主富有四海，妃嫔动至千百。后既身为女主，而所宠幸不过数人，固亦无足深怪，后初不以为讳，并若不必讳也。"结论是"区区帷薄不修，固其末节，而知人善任，权不下移，不可谓非女中英主也！"赞扬她是英主，指出她的政治成就是根本的，是主要的，私人生活是末节，是小事，而且，在封建时代，男皇帝可以有千百个小老婆，女皇帝有几个男宠，又值得什么大惊小怪呢！这是对武则天最公平的评价。

当然，骂武则天的人更多，特别是明朝人骂得多，骂得狠。例如胡应麟骂她为"逆后"，连她的朝代也骂为"牝朝"。王夫之骂她为"淫姬"，为"妖淫凶狠之武氏"。专门攻讦她的私人生活，不谈政治，只攻一点，不及其余，这种评论是站不住脚的。

另一种攻击是女人不该作皇帝，管政治，就像母鸡不能司晨，从骆宾王的檄文"伪临朝武氏"一直到胡应麟的"牝朝"，都攻的是这一点。这种维护封建秩序、男尊女卑、不许妇女参加政治生活的论调，到今天应该用不着反驳了。相反，我们应该说，武则天不止是一个伟大的政治家，同时她还是历史上最伟大的妇女！她的一生是战斗的一生！当然，武则天决不是十全十美的人物。相反，她是有不少缺点的。例如，她杀了许多政治上的反对派，其中有一些人看来是不应该杀的。此外，当然她也具有一般封建统治者所共有的某些缺点。在这篇短文中，就不一一谈到了。

（原载《人民文学》，1960年7月号）

论 奴 才

——石敬瑭父子

奴才之种类甚多。就历史上已有的材料而论，大体上可以分作两大类。一类是形逼势紧，国破家亡，身为囚虏，到了这步田地，不肯做也得做，做了满心委屈，涕泪交流，有奴才的形式而未曾具备或者养成奴才的心理的。这一类例子，如南宋亡国，太皇太后谢道清领着小孙子，寡妇孤儿，敌人兵临城下，军队垮台了，大臣跑了，大势已去，没奈何只得向元将伯颜递降表，一家儿被押送到北方，朝见忽必烈大汗。也幸亏是寡妇孤儿，免去了告庙献俘那一套。可是，如词人汪元量《水云词》所说："臣妾签名谢道清"，这滋味也就够了。又如西晋末的怀、愍二帝，北宋末的徽、钦二帝，这两对历史人物，真是无独有偶。都作过皇帝，相同一也；都亡国被俘，相同二也；被俘后都被逼向新主人青衣行酒（穿上奴才的服装，伏侍主子喝酒），相同三也；而且新主子都是被发左衽的外族（即外国人），相同四也；而且，都有看了受不了，跳起来把外国人骂一顿，因而被杀的忠臣，不肯作外国奴才的随从，相同五也。读史的人总是悲天悯人，同情弱者、失败者的，虽然自有其该被诅咒被清算的道理在，不过软心肠的人，读了这些翔实刻划的记载，还免不了一把眼泪一把鼻涕，冲淡了亡国君主的罪恶，替他们想想，倒也上算。

另一种则是很不好听的了。一心想作主子，奴役众多的人民，而又先天不足，后天失调，作事不得人心，夺取或者维持政权的武力又不大够，于是只好撢撢土，打点青衣，硬跪在外国人面前，写下甘结，卖身为奴。偏偏外国人有的是俘虏，愿作奴才可作奴才的甚多，一两打也不在乎。于是，只好更进一步，硬装年轻，拜在脚转弯下，作干儿子，作干孙子，具备了丰富了奴才的全部的一切的心理形态，求得番兵番械，杀向本国，当然还得有番顾问番将军指挥提携，圆满合作，完成了统一大业，坐上金銮宝殿。对内是大皇帝，对外呢，当然是儿皇帝、孙皇帝了。这一类的例子也有的是，著例是晋高祖石敬瑭父子。

当然，那时代的世界不很大，契丹、女真之外，实在也找不出别的列强。要不然，价钱讲不好的时候，多少也还可以撒一下娇，由冯道一流人物，用委婉的口气，诉说假如再不支持我，那么，我只好重新考虑什么什么之类的话。不幸而历史事实确是如上所说，无从考虑起，真也是无可奈何的事。

石敬瑭的脸谱是值得描画一下的，《旧五代史》七十五《晋高祖纪》说：

清泰三年（公元936，晋天福元年）五月，（唐末帝）移授（敬瑭）郓州节度使（敬瑭原为太原节度使，驻晋阳）……降诏促赴任……（敬瑭）遂拒末帝之命……寻命桑维翰诣诸道求援，契丹遣人复书约以中秋赴义。九月辛丑，契丹主率众自雁门而南，旌旗不绝五十余里。是夜（敬瑭）出北门与戎王相见。戎王执敬瑭手曰，"恨会面之晚"。因论父子之义。十一月戎王会敬瑭于营，谓敬瑭曰，"我三千里赴义，事须必成，观尔体貌恢廓，识量深远，真国主也。天命有属，事不可失，欲徇蕃汉群议，册尔为天子。"敬瑭饰让久之。既而诸军劝请相继，乃命筑坛于晋阳城南，册敬瑭为大晋皇帝。（《辽史·太宗纪》，十一年冬十月甲子，封敬瑭为晋王，十一月丁酉册敬瑭为大晋皇帝，薛史及《通鉴》、欧阳史俱不载先封晋王事。）文曰："维天显九年岁次丙申十一月丙戌朔十二日丁酉，大契丹皇帝若曰……咨尔子晋王神钟睿哲，天赞英雄……尔惟近戚，实系本枝，所以余视尔若子，尔待予犹父也……是用命尔当践皇极，仍以尔自兹并土，首建义旗，宜以国号曰晋。朕永与为父子之邦，保山河之誓。"……

石敬瑭生于唐景福元年二月二十八日，景福元年为公元892年，到清泰三年是四十五岁。他的"干爸爸"辽太宗耶律德光呢，生于唐天复二年，公元902年，到清泰三年是三十五岁，整整比他的儿皇帝小十岁。父亲三十五，儿子四十五，无以名之，学现代名词，称之为政治父子吧！

干爸爸支持干儿子作皇帝，君临中国人民的代价："是日，帝言于戎王，愿以雁门以北及幽州之地为戎王寿，仍约岁输帛三十万，戎王许之。"也就是历史上著称的燕云十六州，包括现在以北平和大同为中心东至榆关北迄内蒙的一片广大地区，更主要的是长城原为中国国防险要，这片地一割，契丹军力驻在长城以南，北宋建国，北边就无险可守了。辽亡，这片地归金，金亡归元，一直要到1368年，明太祖北伐，才算重归故国，统计起来，沦陷了差不多四百三十二年！

闰十一月甲子戎王举酒言于帝曰："予远来赴义，大事已成，皇帝须赴京都。今令大详衮勒兵相送至河梁，要过河者任意多少，予亦且在此州，俟京洛平定，便当北辕。"执手相泣，久不能别。脱白貂裘以衣帝，赠细马二十匹，战马一千二百匹，仍诫曰，子子孙孙，各无相忘。

由这一史料说明，敬瑭入京都主要的军力是契丹军，也就是援晋军，契丹资助物资最主要的是战马。至于执手相泣，有人说是矫情，其实并不见得。何以知之？因为一个是平白作了中国皇帝的父亲，喜欢得掉眼泪；另一个呢，凭着干爸爸平步登天作皇帝，"庙堂初入"，皇基大奠，又怎能不感激涕零呢！

作了七年儿皇帝，石敬瑭死时年五十一岁。

编历史的人——史臣对石敬瑭是不同情的，旧史不同情他召外援，残中国，说："然而图事之初，召戎为援，契丹自兹而孔炽，黔黎由是以罹殃。迨至嗣君，兵连祸结，卒使都城失守，举族为俘，亦犹决鲸海以救焚，何逃没溺，饥鸩浆而止渴，终取丧亡，谋之不臧，何至于是！"

其实，作人家的干儿子，奴颜婢膝称臣纳贡，到底也不是什么痛快事。表面上石敬瑭恭恭敬敬侍候恩人大契丹皇帝，到清夜扪心，良心发作时，也还是不快活的。《旧五代史》八十九《桑维翰传》说："高祖召使人于内殿，传密旨于维翰曰，朕比以北面事之，烦懑不快。"可是自作自受，无法翻悔，也不敢翻悔。到了下一代，受不了这口气，就不能不变卦了。

敬瑭死，侄子重贵即位，称为少帝。景延广当国执政。《旧五代史》八十八《景延广传》："朝廷遣使告哀契丹，无表。致书去臣称孙。契丹怒，遣使来让。延广乃奏遣契丹回国使乔荣告戎王曰：先帝则北朝所立，今上则中国自策，为邻为孙则可，无为臣之理。且言晋朝有十万口横磨剑，翁若要战则早来，他日不禁孙子，则取笑天下，当成后悔矣。由是与契丹立敌，干戈日寻。"原来少帝和景延广的看法，称臣和称孙是有区别的，当干孙子是自家人称谓，耻辱只是石氏一家的事。称臣则是整个晋国，包括大臣和人民在内的耻辱，就不免于国体有关了。

晋辽战争的结果，开运三年（公元946）十二月晋军败降，契丹军入大梁。少帝奉降表于戎王道："孙男臣重贵言：擅继宗祧，既非禀命，轻发文字，辄敢抗尊，自启衅端，果贻赫怒，祸至神惑，运尽天亡……臣负义包羞，贪生忍耻，自贻颠覆，上累祖宗，偷度晨昏，苟存食息。翁皇帝若惠顾畴昔，稍霁雷霆，未赐灵诛，不绝先祀，则百口荷更生大德，一门衔无报之恩，虽所愿焉，非敢望也。"皇太后也上降表，署名是晋室皇太后媳妇李氏妾言，谢罪求生，大意相同。次年正月辛卯，契丹封少帝为负义侯，黄龙府安置，其地在渤海国界。十八年后，宋太祖乾德二年（公元964）少帝死于建州。史臣说他"委托非人，坐受平阳之辱，旅行万里，身老穷荒，自古亡国之丑，无如帝之甚也，千载之后，其如耻何。伤哉！"算算年头看，今年是1947年，刚好是一千年！

细读五代史，原来养干儿子，拜干爸爸是这个时代的风气，尤其是蕃人，当时的外国人。薛居正《旧五代史·晋高祖纪》还替晋高祖说谎，说是什么本太原人，卫大夫碏汉丞相奋之后，一连串鬼话。欧阳修《新五代史》便无需回护了，老实说："高祖圣文章武明德孝皇帝，其父臬捩鸡，本出于西夷，从朱邪入居阴山，臬捩鸡生敬瑭，其姓石氏，不知其得姓之始也。"朱邪是沙陀族，石家是沙陀世将，那么，石敬瑭自愿作契丹主的干儿子，石重贵愿作干孙子而不愿称臣的道理，也就可以明白了。

隔了一千年，读石敬瑭的记载，似乎还听得见看得见石敬瑭的面貌声音，石敬瑭左右的谈话和声明，援助，救济，军火，物资，哀求声，恫吓声，撒娇声，历历如绘。

公孙器之

（原载《论南北朝》，1947年6月28日）

文天祥的骨气

我们中国人是有骨气的。

有骨气是我们优良的民族传统，历史上有数不清的有骨气的人物，文天祥是其中之一。

公元1276年，元将伯颜统军进攻临安（今浙江杭州，南宋首都），驻军皋亭山（离杭州三十里）。宋朝宰相陈宜中逃跑了。文天祥受命于民族危机最严重的时刻，拜右丞相，奉命到元军讲和，他毅然决然到敌人军中，和伯颜当面争论，被拘留押送去大都（今北京）。途中经过镇江，设计逃脱，经历了许多艰险，回到浙江台州，又立刻招募军队，进行抗敌的坚决斗争。

南宋景炎二年（1277年）七月，文天祥兵败于江西永丰空坑，妻女都被俘虏。但他并不丧气，跌倒了，爬起来，揩干血迹，再干。又组织队伍，继续斗争。祥兴元年（1278年）十二月从广东潮阳移驻海丰的途中，被敌军袭击，军溃被俘。

文天祥早有了准备，宁死也不肯屈服。被俘后立刻服了脑子（毒药），他原来害眼病，不料大泻了一场，不但没有死，连眼病也好了。

在从广州被押解到大都的路上，他绝食了八天，没有死。过长江时，设计逃跑没有成功。到大都后，被囚在一个低窄的土室里，阴暗污浊，下雨时水漂床脚，暑热时像个蒸笼，秽气触鼻，人不能堪，他就在这里被拘囚到至元十九年（1282年）十二月，始终没有低头，在柴市就义。

被俘后，元将张弘范要他写信招降宋将张世杰，天祥说："我不能救国，难道还能教人叛国？"弘范还是强迫他写，天祥就写了一首《过零丁洋》诗，末两句是："人生自古谁无死，留取丹心照汗青。"弘范只好作罢。

崖山军溃，陆秀夫、张世杰殉国，宋亡。张弘范大会诸将庆功，劝文天祥说，宋已亡了，你的责任也尽了。要是你能够以事宋的忠心来事元朝，元朝的宰相不是你，还有谁呢？天祥痛哭流涕，誓死拒绝。

在大都被拘留期间，元朝派宰相孛罗、阿合马，劝他投降，最后派投降的宋朝皇帝瀛国公来，都说不动他。宋朝降官留梦炎求说降，被文天祥痛骂一顿。至元十九年（1282年）十二月初八日，元朝皇帝忽必烈亲自来当说客了，说，"汝在此久，如能改心易虑，以事亡宋者事我，当令汝中书省一处坐。"答应他当宰相，天祥答以不愿事二姓。忽必烈问他愿作什么，天祥说："愿与一死足矣。"第二天，他便被杀了。衣带中藏有预先写好的赞："孔曰成仁，孟曰取义，惟其义尽，所以仁至，读圣贤书，所学何事？而今而后，庶几无愧！"

文天祥是宋朝的状元宰相，声望很高。他一向生活豪侈，自奉甚厚，歌儿舞女，不离左右，到了元军大举过江，临安危急的时候，立刻改变生活方式，朴素节约，把所有家产都作为抗元军费，一心一意保卫家国，屡败屡起，毫不气馁，对当时的知识分子和爱国人民号召力很大。元朝政府想利用他的声望，许以高官厚禄，来收拾南宋的人心，减少抵抗，文天祥却不为所动，第一坚决不投降，第二只要求一死，对于连死都不怕的人，敌人的一切威胁、折磨、利诱的手段，便毫无作用了，在这一点上，失败的是元朝政府，文天祥是胜利者，表现了我们民族的英雄气概。

文天祥不止在政治大节上表现了坚强的骨气，在礼节和生活上也和敌人进行了顽强的斗争。

在封建社会里，幼少对尊长，下属见长官，跪拜是当然的礼节。

但是文天祥藐视敌人，无论如何不肯屈膝。在皋亭山和元将伯颜见面时，只是长揖。被俘后见张弘范，断然决然地说，我只能死，不能拜，弘范只好以客礼相见。到大都后，见孛罗丞相，要他跪，他说：南人不能跪。孛罗的左右按着他跪，他索性坐在地上，许多人按他的脖子，牵他的手，用膝盖顶他的背，还是不跪。阿合马来说降，只是长揖。阿合马说：你知道我是谁？天祥说：他们说是宰相。阿合马说：既知是宰相，何以不跪？天祥说：

南朝宰相见北朝宰相，为什么要跪？阿合马对左右说：此人生死尚由我。天祥说：亡国之人，要杀便杀，道甚由你不由你。阿合马只好默然而去。最后和忽必烈见面，还是长揖不拜，卫士们一定要他跪，按着他不行，用金挝敲他的膝盖，天祥受了伤，还是坚立不动。他在强大的敌人面前，始终一贯地表现了英雄气概。

甚至在生活上也进行了斗争，他不吃敌人供应的饭。

他一到大都，元朝政府十分款待，住的吃的都像对上宾一样。天祥不睡不吃，坚决抵抗。后来因在土室，敌人把他所带的银钱封存，每天从他自己的存款中拨钞一钱五分为饮食费，就这样过了四年。宋朝降官王积翁感他的忠义，经常给他送钱。宋福王与芮也托王积翁送来一百两银子。王积翁还向忽必烈建议说：文天祥是宋朝状元宰相，忠于所事。假若把他放了，好好礼待，亦可以为人臣好样子。忽必烈想了一会，说：且令千户所好好与茶饭者。天祥知道了，叫人告诉王积翁：我几年来都不吃敌人供应的饭，你这样做，我只好绝食了！王积翁怕他真的绝食，再也不敢说了。

总之，文天祥在被拘囚的几年内，利用一切机会，对敌人进行了顽强的不屈的斗争，表现了伟大的民族气节。

孟子说过："富贵不能淫，贫贱不能移，威武不能屈，此之谓大丈夫！"这三句话文天祥是完全当之无愧的，他是我国历史上的大丈夫，是继承民族优良传统的有骨气的人，是民族英雄。

（原载《中国青年报》，1962年9月4日）

胡惟庸党案考

一、《明史》所记之胡惟庸

胡惟庸事件是明代初叶的一件大事，党狱株连前后十四年，一时功臣宿将诛夷殆尽，前后达四万余人。且因此和日本断绝国交关系，著之《祖训》。另一方面再三颁布《昭示奸党录》、《臣戒录》、《志戒录》、《大诰》、《世臣总录》诸书，谆谆告谕臣下，以胡惟庸为前鉴。到明成祖时代，还引这事件来诫谕臣下，勿私通外夷。明代诸著作家的每一部提及明初史迹的著述中，都有这事件的记载。清修明史且把胡氏列入奸臣传。在政治制度方面，且因此而永废丞相，分权于六部、五府、都察院、通政司、大理寺等衙门。在这事件的影响方面说，一时元功宿将皆尽，靖难师起，仅余耿炳文、吴祯等支撑御侮，建文因以逊国。综之，从各方面说，无论是属于政治的，外交的，军事的，制度的，易代的，这事件之含有重大意义，其影响及于有明一代，则无可置疑。

《明史》记此事颠末云：

　　自杨宪诛，帝以惟庸为才，宠任之。惟庸亦自励，尝以曲谨当上意，宠遇日盛。独相数岁，生杀黜陟，或不奏径行。内外诸司上封事，必先取阅，害己者辄匿不以闻。四方躁进之徒及功臣武夫失职者争走其门，馈遗金帛名马玩好不可胜数。

　　大将军徐达深嫉其奸，从容言于帝。惟庸遂诱达阍者福寿以图达，为福寿所发。

　　御史中丞刘基亦尝言其短。久之，基病，上遣惟庸挟医视，遂以毒中之。基死，益无所忌。与太师李善长相结，以从女妻其从子佑。

　　学士吴伯宗劾惟庸既得危祸。自是势益炽。

　　其定远旧宅井中忽生石笋，出水数尺，谀者争引符瑞。又言其祖父三世冢上，皆夜有火光烛天。惟庸益喜自负，有异谋矣。

　　吉安侯陆仲亨自陕西归，擅乘传。帝怒责之曰：“中原兵燹之余，民始复业，籍户买马，艰苦殊甚。使皆效尔所为，民虽尽鬻子女，不能给也。”责捕盗于代县。平凉侯费聚奉命抚苏州军民，日嗜酒色。帝怒，责往西北招降蒙古，无功。又切责之，二人大惧。惟庸阴以权利胁诱二人，二人素骜勇，见惟庸用事，密相往来。尝过惟庸家，酒饮酣，惟庸屏左右言：“吾等所为多不法，一旦事觉，如何！”二人益惶惧，惟庸乃告以己意，令在外收集军马。

　　又尝与陈宁坐省中阅天下军马籍，令都督毛骧取卫士刘遇贤及亡命魏文进等为心膂，曰：“吾有所用尔也。”

　　太仆寺丞李存义者善长之弟，惟庸婿李佑父也。惟庸令阴说善长，善长已老，不能强拒，初不许，已而依违其间。

　　惟庸益以为事可就，乃遣明州卫指挥林贤下海招倭与期会。又遣元故臣封绩致书称臣于元嗣君，请兵为外应，事皆未发。

　　会惟庸子驰马于市，堕死车下，惟庸杀挽车者。帝怒，命偿其死。惟庸请以金帛给其家，不许。惟庸惧，乃与御史大夫陈宁、中丞涂节等谋起事，阴告四方及武臣从己者。十二年九月占城来贡，惟庸等不以闻，中官出见之，入奏。帝怒，切责省臣，惟庸及广洋顿首谢罪，而微委其咎于礼部，礼部又委之中书，帝益怒，尽囚诸臣，穷诘主者。未几赐广洋死。广洋妾陈氏从死，帝询之，乃入官陈知县女也。大怒曰："没官妇女只给功臣家，文臣何以得给？"乃敕法司取勘。于是惟庸及六部堂属咸当坐罪。

明年正月，涂节遂上变告惟庸，御史中丞商暠时谪为中书省吏，亦以惟庸阴事告。帝大怒，下廷臣更讯，词连宁、节。廷臣言节本预谋，见事不成，始上变告，不可不诛。乃诛惟庸、宁并及节。

惟庸既死，其反状犹未尽露，至十八年李存义为人首告，免死安置崇明。十九年十月林贤狱成，惟庸通倭事始著。

二十一年蓝玉征沙漠，获封绩，善长不以奏。至二十三年五月事发，捕绩下吏，讯得其状，逆谋大著。会善长家奴卢仲谦首善长与惟庸往来状，而陆仲亨家奴封帖木亦首仲亨及唐胜宗、费聚、赵雄（明按："雄"当作"庸"，以赵庸封南雄侯致误，《李善长传》可证。）三侯与惟庸共谋不轨。帝发怒，肃清逆党，词所连及，坐诛者三万余人，乃为《昭示奸党录》布告天下，株连蔓引，迄数年来靖云。

惟庸通倭事，《明史》云：

先是胡惟庸谋逆，欲借日本为助，乃厚结宁波卫指挥林贤，佯奏贤罪，谪居日本，令交通其君臣。寻奏复贤职，遣使召之。密致书其王，借兵助己。贤还，其王遣僧如瑶率兵卒四百余人，诈称入贡，且献巨烛，藏火药刀剑其中。既至，而惟庸已败，计不行。帝亦未知其狡谋也。越数年，其事始露，乃族贤，而怒日本特甚，决意绝之，专以防海为务。

与李善长谋逆事，《明史》云：

京民坐罪应徙边者，善长数请免其私亲丁斌等，帝怒按斌，斌故给事惟庸家，因言存义等往时交通惟庸状。命逮存义父子鞫之，词连善长云："惟庸有反谋，使存义阴说善长，善长惊叱曰：'尔言何为者？审尔，九族皆灭！'又使善长故人杨文裕说之云：'事成当以淮西地封为王。'善长惊不许，然颇心动。惟庸乃自往说，善长犹不许。久之，惟庸复遣存义进说，善长叹曰：'吾老矣，吾死，汝等自为之。'"

或又告善长云将军蓝玉出塞至捕鱼儿海，获惟庸通沙漠使者封绩，善长匿不以闻。于是御史交章劾善长。而善长奴卢仲谦等亦告善长与惟庸通赂遗，交私语。狱具，谓善长元勋国戚知逆谋不发举，狐疑观望，怀两端，大逆不道。会有言星变，其占当移大臣，遂并其妻女弟侄家口七十余人诛之。而吉安侯陆仲亨、延安侯唐胜宗、平凉侯费聚、南雄侯赵庸、荥阳侯郑遇春、宜春侯黄彬、河南侯陆聚等皆同时坐惟庸党死。而已故荥阳侯杨璟、济宁侯顾时等追坐者又若干人。帝手诏条列其罪，傅著狱词，为《昭示奸党三录》布告天下。

谷应泰记胡惟庸被诛前又有云奇告变一事：

正月戊戌，惟庸因诡言第中井出醴泉，邀帝临幸，帝许之。驾出西华门，内使云奇冲跸道勒马衔言状，气方勃，舌驶不能达意，太祖怒其不敬，左右挝捶乱下，云奇右臂将折，垂毙，犹指贼臣第弗为痛缩。上悟，乃登城望其第，藏兵复壁间，刀槊林立。即发羽林掩捕考掠，具状磔于市。

综结以上的记载，胡惟庸党案的构成及经过是：

（1）胡惟庸擅权罔上。

（2）谋刺徐达。

（3）毒死刘基。

（4）与李善长相结交通。

（5）定远宅井生石笋，祖墓夜有火光，因有异志。

（6）结陆仲亨、费聚为助。

（7）收纳亡命。

（8）令李存义、杨文裕说李善长谋逆。

（9）遣林贤下海招倭，倭使如瑶伪贡率兵为助。

（10）遣封绩称臣于元求援。

（11）惟庸杀挽车者，太祖责偿死。

（12）阻占城贡使，被罪。

（13）私给文官以入官妇女坐罪。

（14）涂节上变，商暠白其私事。

（15）请上幸第谋刺，为云奇所发。

（16）狱具伏诛。胡党之名起。

（17）林贤狱成。

（18）李善长被杀。

（19）对日绝交。

（20）胡党株蔓数万人，元功宿将几尽。

以下试参证中日记载，说明这一事件的真相和明代初叶中日间的国际关系。

二、云奇告变

胡惟庸党案的真相，到底如何，即明人亦未深知，这原因大概是由于胡党事起时，法令严峻，著述家多不敢记载此事。到了事过境迁以后，实在情形已被淹没，后来的史家只能专凭《实录》，所以大体均属相同。他事有不见于《实录》的，便只能闭户造车，因讹传讹，所以极多矛盾的同时记载。正因为这许多记载之暧昧矛盾，所以当时人便有怀疑它的。郑晓以为"国初李太师、胡丞相、蓝国公诸狱未可知。"王世贞是明代的一个伟大精核的史学家，他的话应该可信了，他说：

胡惟庸谋逆，阴约日本国贡使以精兵装巨舶，约是日行弑，即大掠库藏，泛舟大海，事泄伏诛。上后却日本之贡以此。

他的儿子王士骐却不惜反对他的话，对这事件深为致疑，他以为：

按是年（十三年）诛丞相胡惟庸，延至讯辞第云使林贤下海招倭军，约期来会而已。不至如野史所载，亦不见有绝倭之诏。本年日本两贡无表，又其将军奉丞相书辞意倨慢，故诏谕之。中云："前年浮辞生衅，今年人来匪诚"，不及通胡惟庸事，何耶？近年勘严世蕃亦云交通倭虏，潜谋叛逆，国史谓寻端杀之，非正法也。胡惟庸之通倭，恐亦类此。

由此可见这事件的可信程度正如徐阶所授意的严世蕃狱词一样。按《明史》载世蕃狱具，徐阶以为彰主过，适所以活之，为手削其草。略云：

曩年逆贼汪直勾倭内讧，罪在不宥。直徽州人，与罗龙文姻旧，遂送十万金世蕃所，拟为授官……龙文亦招聚王直通倭余党五百余人谋于世蕃。班头牛信亦自山海卫弃伍北走，拟诱致北虏，南北响应……

于是复勘，实以："交通倭虏，潜谋叛逆，具有显证"上，严家由是方倒。狱辞中通倭诱虏二事，恰好作胡惟庸事件的其子。

在以上所引的史料中，冲突性最显著的是《明史》所记涂节、商暠告变和《纪事本末》所记的云奇告变二事。因为假使前者是真，则惟庸已得罪被诛，无请临幸谋刺之可能。假使后者是真，则惟庸亦当日被诛，无待涂、商二人之告发。质言之，两件告发案必有一件是假，或者两件都假，断不能两件都真。现试略征群籍，先谈云奇事件。

谷应泰关于云奇的记载，确有所本。此事最先见于雷礼所引《国琛集》。记与谷氏小有异同。其文云：

太监云奇南粤人。守西华门，迩胡惟庸第，刺知其逆谋。胡诳言所居井涌醴泉，请太祖往观，銮舆西出，云虑必与祸，急走冲跸，勒马衔言状。气方勃崒，舌驶不能达。太祖怒其犯跸，左右挝捶乱下，云垂毙，右臂将折，犹奋指贼臣第。太祖乃悟，登城眺顾，见其壮士披甲伏屏帷间数匝，亟返棕殿，罪人就擒。召奇则息绝矣。太祖追悼奇，赐赠葬，令有司春秋祀之。墓在南京太平门外，钟山之西。

自后王世贞撰《胡惟庸传》即引此文，不过把"诳言所居井涌醴泉"改为："伪为第中甘露降。"把地下涌出来的换成天上掉下来的罢了。邓元锡索性把他列入《宦官传》，以为忠义之首，不过又将名字改成奇云奇。傅维麟本之亦为立专传，仍复其名为云奇。其他明清诸著述家如陈建、严从简、邓球、尹守衡、彭孙贻、谷应泰，日人如饭田忠彦等，均深信不疑，引为实录。

在上引的诸家记载中，有一个共通的可疑点。这疑点是云奇身为内使，所服务地点与胡惟庸第相近，他既知胡氏逆谋，为什么不先期告发，一定要到事迫眉睫，方才闯道报警呢？这问题彭孙贻氏把它弥缝解答了。他说：

时丞相胡惟庸谋大逆，居第距门甚迩。奇刺知其事，冀欲发未有路，适惟庸谩言所居井涌醴泉，邀上往赏，驾果当西出，奇虑必有祸，会走犯跸……

总算勉强可以遮过读者的究诘。但据以上诸书所记，惟庸请明太祖到他家里来看醴泉或甘露的日子是洪武十三年正月戊戌。据《明史》惟庸即以是日被诛。这样当天请客，当天杀头，中间并未经过审讯下狱的阶段，在时间上是否发生问题呢？这问题夏燮曾引《三编质实》证明其不可能，他说：

考《实录》正月癸巳朔，甲午中丞涂节告胡惟庸谋反，戊戌赐惟庸等死。若然，则正月二日惟庸已被告发，不应戊戌尚有邀帝幸第之事。

我们在时间上的比较，已知此事非真。如再从事实方面考核，南京城高数仞，胡惟庸第据文中"壮士匿屏帷（或厅事）间"决非无屋顶——露天可知（《有学集一〇三引《明人纪载》说：南京城西华门内有大门北向，其高与诸宫殿等，后门巀栋俱在，曰旧丞相府，即胡惟庸故第）。无论西华门离胡第怎样近（事实上愈近愈只能看屋脊），就譬如在景山山顶罢，故宫就在足下，除了黄澄澄的屋瓦以外，我们能看出宫殿内的任何事物出来吗？同理，胡第非露天，就使明太祖真有登过城这一回事，又何从知道胡第伏有甲兵，此甲兵且伏在厅事中，屏帷间！

据《国琛集》说胡惟庸第在西华门内——禁中。王世贞《旧丞相府志》颇疑其非是。考《昭示奸党第二录》载卢仲谦供，谓胡惟庸私第在细柳坊，按《洪武京城图志》：广艺街在上元县西，旧名细柳坊，一名武胜坊。又考《街市图》：广艺街在内桥之北，与旧内相近。则惟庸私第之不在禁中明甚。再按《实录》：丙午八月（1366）拓建康城；初旧内在建康旧城中，因元南台为宫，稍庳隘，上乃命刘基等卜地，定新宫于钟山阳。戊申正月（1368）自旧内迁新宫。由是知明太祖之迁居新宫在洪武元年，旧内固近惟庸第，新宫则在建康城北，云奇事件如在洪武十三年，则根本为不可能。

由以上的推断，云奇事件之无稽荒谬，已决然无可疑。不过这一传说又从何发生的呢？云奇与胡惟庸虽无关系，但这事件的本身是否有存在的可能性呢？这两疑问，何孟春氏的《云奇墓碑》将给我们以一个满意的解答。

南京太平门外钟山西有内官享堂一区，我太祖高皇帝所赐，今加赠司礼监太监云公奇葬地也。案旧碑公南粤人，洪武间内使，守西华门。时丞相谋逆者居第距门甚迩，公刺知其事，冀因隙以发。未几，彼逆臣言所居井涌醴泉……

公所遭谋逆者旧状以为胡蓝二党。夫胡惟庸之不轨在洪武十三年，蓝玉在二十六年，胡被诛后，诏不设丞相，至蓝十四年矣。春敢定以胡为是，以补旧碑之缺，备他日史官之考证。

可见胡惟庸谋逆的真相，明初人就不大清楚。旧碑阙以存疑，尚不失忠实态度。何孟春自作聪明，硬断定为胡惟庸，后此史官，虽以此事不见《实录》，亦援引碑文，定为信谳，自王世贞以下至彭孙贻、饭田忠彦等都笃信其事，因讹传讹，结果当然是到处碰壁，怎么也解释不出时间性与空间的不可能和事实上的矛盾了。钱谦益《明太祖实录辨证》三说："云奇之事，国史野史，一无可考。嘉靖中朝廷因中人之请而加赠，何孟春据中人之言而立碑。"所谓中人，潘柽章以为是高隆。他说：

云奇事起于中官高隆等，相传为蓝玉时事。而何孟春从而附会之，以为玉未尝为丞相，故又移之胡惟庸。凿空说鬼，有识者所不道。

他疑心云奇事件是由邵荣三山门谋逆之事衍变来的。他说：

然考之史，惟平章邵荣尝伏兵三山门内欲为变，上从他道还，不得发。与墓碑所称相类。三山门在都城西南与旧内相近，上登城眺察，难悉睹也。岂云奇本守三山门，讹而为西华耶？或云奇以冲跸死，而宋国兴之告变踵至耶？事有无不可知，史之阙文，其为是欤？

三、如瑶藏主之贡舶

《明史》所记之如瑶贡舶事，明清人记载极多。日人记载则多据中籍迻译，虽间有疑其支离者，亦仅及派使者之为征西或幕府，对于事实本身，则均一致承认。

关于胡惟庸通倭之明清人记述，其主要事实多根据《实录》及《大诰》，《明史》和《实录》更不过详略之异，大体一无出入。文中洋洋洒洒据口供叙述胡惟庸的罪状，于通倭投房事，仅有二句：

惟庸使指挥林贤下海招倭军，约期来会。又遣元臣封绩致书称臣于元，请兵为外应。

惟庸诛后数日，在宣布罪状的演辞中，亦未提及通倭一字：

己亥，胡惟庸等既伏诛，上谕文武百官曰："……岂意奸臣窃国柄，枉法诬贤，操不轨之心，肆奸欺之蔽，嘉言结于众舌，朋比逞于群邪。蠹害政治，谋危社稷，譬堤防之将决，烈火之将燃，有滔天燎原之势，赖神发其蠹，皆就殄灭……"

于罢中书省诏中，亦只及其枉法挠政诸罪：

癸卯，罢中书省，诏曰："……丞相汪广洋、御史大夫陈宁昼夜淫昏，酣歌肆乐，各不率职，坐视废兴。以致胡惟庸私构群小，夤缘为奸，或枉法以贿罪，或挠政以诬贤，因是发露，人各伏诛……"

即在十六年后，太祖和刘三吾的谈话中，胡惟庸的罪状，也不过只是擅作威福和僭侈：

二十八年十一月上谓翰林学士刘三吾等曰："奸臣胡惟庸等擅作威福，谋为不轨，僭用黄罗帐幔，饰以金龙凤纹。迩者逆贼蓝玉，越礼犯分，床帐护膝，皆饰金龙，又铸金爵为饮器，家奴至于数百，马坊廊房，悉用九五间数，僭乱如此，杀身亡家。"

惟庸诛后七年，始于所颁《大诰》中提及林贤：

维十九年十二月望皇帝三诰于臣民曰："……帝若日前明州卫指挥贤私通惟庸，劫倭舶，放居倭，惟庸私使男子旺借兵私归贤，贤将辅入乱，不宁于黔黎，诛及出幼子。"

在洪武二十八年九月所颁《祖训》中，方才正式列出惟庸通倭的记载，其文云：

四方诸夷皆限山隔海，僻在一隅，得其地不足以供给，得其民不足以使令，若其自不揣量，来挠我边，则彼为不祥。彼既不为中国患，而我兴兵轻犯，亦不祥也。吾恐后世子孙，倚中国富强，贪一时战功，无故兴兵，致伤人命，切记不可。但胡戎与西北边境，互相密迩，累世战争，必选将练兵，时谨备之。

今将不征诸夷国名列后：

东北：朝鲜国

正东偏北：（日本国虽朝实诈，暗通奸臣胡惟庸，谋为不轨，故绝之。）

正南偏东：大琉球国　小琉球国

西南：安南国　真蜡国　暹罗国　占城国　苏门答剌

西洋国　爪洼国　溢亨国　白花国　三弗齐国

浡泥国

考《明史·胡惟庸传》谓："十九年十月林贤狱成，惟庸通倭事始著。"查《实录》十九年十月条不载此事。胡惟庸罪状中之通倭一事，据史言发觉在十九年，其唯一之根据为当时官书《大诰三编》。据此则十九年以前不当有绝倭之事，而事实上则却相反。《祖训》之成，据《大事记》所言第一次编成于洪武二年。第二次在六年五月。第三次在二十八年九月，重定名为《皇明祖训》，其目仍旧，而更其《箴戒》章为《祖训》首章。由是可知最后定本即仍洪武六年之旧，不过把原来《箴戒》章改成首章而已。胡惟庸事败在洪武十三年正月，通倭事发在十九年十月，不应先于洪武六年绝倭！细绎《祖训》文意，知其大旨不过戒子孙勿务远略损国威，所列不征之国，亦以其阻绝海洋，不易征服，于胡惟庸事，初无关涉。盖日本之被列为不征之国事在洪武六年以前，在洪武十九年到二十八年这时期中方把胡惟庸事加入，作为佐证。后来读史的人不留心，把不征之国和胡惟庸事因《祖训》先后放在一起，就混为一事，并误为有因果关系。因胡惟庸狱词和《大诰》所载，辗转附会，惟庸之通倭谋逆及明廷因之与日绝交数事，遂成信谳了。

《国朝列卿记》所记全用《实录》原文，明代向例于《实录》修成后即焚稿扃史馆中，不为外人所见。所以后来人的记载大部分可说都是根据《列卿记》这部书。

因为《皇明祖训》、《大诰》和《实录》中的记载，出于朝廷。后来的史家便都一致相信，以为事实。自郑晓、郎瑛、章潢、邓元锡、茅瑞征、茅元仪、陈仁锡、张复、叶向高、方孔炤、黄道周及《制御四夷典故》诸书，一致以为太祖朝之中日绝交，是因为如瑶贡舶事件，如《苍霞草》所记：

已复纳兵贡舶中助逆臣胡惟庸，惟庸败，事发，上乃著《祖训》示后世毋与倭通。

《吾学编》、《制御四夷典故》、《皇明世法录》、《图书编》诸书云：

十五年归廷用又来贡，于是有林贤之狱，曰故丞相胡惟庸私通日本，盖《祖训》所谓日本虽朝实诈，暗通奸臣胡惟庸，谋为不轨，故绝之也。是时惟庸死且三年矣。十七年如瑶又来贡，坐通惟庸，发云南守御。

渡边世祐《室町时代史》（页二三五）亦谓：

时明胡惟庸谋反，使宁波之指挥官请援于征西将军。征西府使僧如瑶率精兵四百余人伪入贡赴之。谋觉，胡惟庸伏诛，逮林贤狱起，我邦通谋事发觉，太祖大怒，尔后一时交通遂绝。

何乔远、郑若曾、严从简诸人记林贤与如瑶之事迹较详尽，《名山藏·王享记》云：

丞相胡惟庸得罪惧诛，谋诸倭不轨，奏调金吾卫指挥林贤备倭明州。阴遣宣使陈得中谕贤送日本使出境，则诬指为寇以为功。贤听惟庸计，事觉，惟庸伴奏贤失远人心，谪居之倭中。既惟庸请宥贤复职，上从之。惟庸以庐州人李旺充宣使召贤，且以密书奉日本王借精锐人为用，王许之。贤还，王遣僧如瑶等率精锐四百余人来，诈献巨烛，烛中藏火药兵器。比至惟庸已败，上犹未悉贤通惟庸状，发四百余人云南守御……十五年惟庸事觉，上追怒惟庸，诛贤磔之。于是名日本曰倭，下诏切责其君臣，暴其过恶天下，著《祖训》绝之。

所记恰与《大诰》合。《筹海图编》亦采此说，而误以胡惟庸为枢密使，为王士骐所讯。且以为先于洪武十六年诏绝日本，二十年如瑶事发，时代与各书歧异。日人辻善之助据之以为怀良亲王已于前四年卒，足证使非征西所遣。书中标明日使为归廷用，足补何氏之缺：

日本使归廷用入贡方物，厚赏回还，明州备倭指挥林贤在京随驾，时交通枢密使胡惟庸，潜遣宣使陈得中密与设谋，令将归廷用诬为倭寇，分用赏赐。中书省举奏其罪，流贤日本。洪武十六年诏绝日本之贡。贤流三年，逆臣胡惟庸暗遣人充宣使，私往日本取回，就借练精兵四百，与僧如瑶来献巨烛，中藏火药兵具，意在图乱，上大怒，磔贤于市，乃降诏责其君臣，绝其贡。

《殊域周咨录》本之，而以为十三年发如瑶云南守御，林贤事发则在洪武二十年。日人饭田忠彦、荻野由之、辻善之助、栗田元次及木宫泰彦和德人希泊鲁秃（Sicboldt）诸人所记大率根据以上所引。

李开先所记则与诸书微异，其所撰《宋素卿传》云：

自洪武年间因胡惟庸通倭密谋进寿烛，内藏刀箭。将夷以铜甑蒸死，绝其进贡。

这是他把永乐三年十一月日本使者自治倭寇的记载和如瑶贡舶事件混在

一起误为一事的错误。

以上诸家所记都属于胡惟庸使林贤通倭，如瑶伪贡事件。王世贞一流的史家所记，则与此异：

日本来贡使，私见惟庸，乃为约其王，令舟载精兵千人，伪为贡者，及期会府中，力掩执上，度可取，取之；不可，则掠库物泛舸就日本有成约。

以下便接着叙云奇事件，把这两件事发生连带关系。他在另一记载中又说：

十三年丞相胡惟庸谋叛，令（日使）伏精兵贡艘中，计以表裹挟上，即不遂，掠库物，乘风而遁。会事露悉诛。而发僧使于陕西四川各寺中，著训示后世，绝不与通。

又把这事件和如瑶发生关系。陈仁锡、朱国桢诸人都相信这一说，引为定谳。稍后谷应泰、夏燮等，便兼采两家矛盾之说，并列诸事，作最完备之记录。

读了以上诸家记述之后，最后我们试一持与当时的官书一核，看到底哪些史料是可靠的，哪一些是不可靠的，《大诰三编》说：

前明州卫指挥林贤出海防倭，接至日本使者归廷用入贡方物。其指挥林贤移文赴都府，都府转奏，朕命以礼送来至京。廷用王事既毕，朕厚赏令归，仍命指挥林贤送出东海，既归本国。不期指挥林贤当在京随驾之时，已与胡惟庸交通，结成党弊。及归廷用归，惟庸遣宣使陈得中密与设计，令林指挥将廷用进贡舡只，假作倭寇舡只，失错打了，分用朝廷赏赐，却仍移文中书申禀。惟庸佯奏林指挥过，朕责指挥林贤就贬日本。居三年，惟庸暗差庐州人充中书宣使李旺者私往日本取回，就借日本国王兵，假作进贡来朝，意在作乱。其来者正使如瑶藏主左副使左门尉右副使右门尉，率精兵倭人带甲者四百余名——倭僧在外——比至，胡惟庸已被诛戮，其日本精兵，就发云南守御。洪武十九年朕将本人命法司问出造反情由，族诛了当。呜呼人臣不忠者如此！

又云：

其指挥林贤年将六旬，又将辅人为乱，致黔黎之不宁，伤生所在，岂不得罪于天人者乎！遂于十九年冬十月二十五日将贤于京师大中桥及男子出幼者皆诛之，妻妾婢之。

我们且不推敲这事件的本身是否可靠．明太祖这样一个枭桀阴忮的人的话——一面之辞是否可信．光和其他的记载比较，至少以下几件事是明太祖或胡惟庸所未曾想及的。这几点是：

（一）诈献巨烛，烛中藏火药兵器的聪明主意。

（二）日本贡使私见惟庸，约贡千人相助绑票的事。

（三）时间的矛盾。

（四）归廷用十五年之再贡发觉事。

（五）奏调林贤备倭明州事。

（六）三年前惟庸初由右丞改左，正得宠眷而反惧诛事。

四、胡惟庸之罪状

洪武十三年正月胡惟庸被诛时的罪状是：

（一）毒死刘基。

（二）阻隔占城贡使。

（三）私给文臣以没官妇女。

（四）枉法挠政，朋比为奸。刘基事据《明史》本传说：

基在京病时，惟庸以医来，饮其药，有物积腹中如拳石。其后中丞涂节首惟庸逆谋，并谓其毒基致死云。

据《胡惟庸传》，则惟庸之毒基，实为太祖所遣：

御史中丞刘基亦尝言其短，久之，基疾，上遣惟庸挟医视，遂以毒中之。

据《行状》所述，基未死前且曾以被毒状告太祖，太祖不理：

洪武八年正月，胡丞相惟庸以医来视疾，饮其药二服，有物积腹中如拳石，遂白于上，上亦未之省也，自是疾遂笃。三月上以公久不出，遣使问之，知其不能起也，特御制文一通，遣使驰驿送公还乡，里居一月而薨。

即由史臣纂修之《实录》，也说太祖明知刘基被毒事：

御史中丞涂节言前诚意伯刘基遇毒死，广洋宜知状。上问广洋，广洋对以无是事。上颇闻基方病时，丞相胡惟庸挟医往候，因饮以毒药。乃责广洋欺罔，不能效忠为国，坐视废兴……

　　由上引诸记载，参以《明史·刘基传》所叙胡惟庸与基之宿怨，乘隙中伤，太祖对基怀疑事。可知胡惟庸之毒基，确受上命，所以刘基中毒后，虽质言情状，亦置不理。并且派人看他会不会死，直到确知他必定要死，方派人送他回家。我们看汪广洋之死是为涂节告发，胡惟庸之被罪，也和刘基死事牵连，但在宣布胡氏罪状时，却始终没提起这事。由此可见"欲盖弥彰"，涂节之所以与胡惟庸骈戮东市，其故亦正在是。

　　关于阻隔占城贡使事，《明史》云：

　　洪武十二年占城贡便至都，中书不以时奏，帝切责丞相胡惟庸、汪广洋，二人遂获罪。《实录》载此事较详，其文云：

　　十二年九月戊午，占城国王阿答阿者遣其臣阳须文旦进表及象马方物，中书臣不以时奏。内臣因出外，见其使者以闻，上亟召见，叹曰："壅蔽之害，乃至此哉！"因敕责省臣曰："朕居中国，抚辑四夷，彼四夷外国有至诚来贡者，吾以礼待之。今占城来贡方物既至，尔宜以时告，礼进其使臣，顾乃泛然若罔闻知，为宰相辅天子出纳帝命，怀柔四夷者固当如是耶！"丞相胡惟庸、汪广洋等皆叩头谢罪。

　　《明史》言："帝怒，切责省臣，惟庸及广洋顿首谢罪，而微委其咎于礼部，礼部又委之中书，帝益怒，尽囚诸臣，穷诘主者。"《高皇帝文集》卷七载《向中书礼部慢占城入贡第二敕》云：

　　敕问中书礼部必欲罪有所证。古有犯法者犯者当之，此私罪也。今中书礼部皆理道出纳要所，九月二十五日有慢占城入贡事，向及省部，互相推调，朕不聪明，罪无归著，所以囚省部，概穷缘由，若罪果有所证，则罪其罪者，仍前推调，未得释免。

旨意极严重，接着就是涂节上变告反，由此可见惟庸已于十二年九月二十五日下狱，到十二月又发生汪广洋姜陈氏从死事，再下法司取勘，涂节窥见太祖有欲杀之意，逢迎上变，遂于次年正月被诛。

　　庚午诏书中所指的"枉法朋比"，《明史》所记无实事可征。李善长狱后数年方发觉，此时当不能预为周纳。惟吴伯宗事别见其本传云：

　　胡惟庸用事，欲人附己，伯宗不为屈。惟庸衔之，坐事谪居凤阳，上书谕时政，因言惟庸专恣不法，不宜独任，久之必为国患，辞甚剀切。帝得奏召还，赐衣钞。

则伯宗自以坐事谪徙，亦未尝得"危祸"也。刘崧事见《高皇帝文集》七《召前按察副使刘崧职礼部侍敕》云：

奸臣弄法，肆志跳梁，拟卿违制之责。迩者权奸发露，人各伏诛。卿来，朕命官礼部侍郎，故兹敕谕。

其朋比事，当时人的记载，《国初事迹》中，有这样一条：

杨宪为御史中丞。太祖尝曰："杨宪可居相位。"数言李善长无大才。胡惟庸谓善长曰："杨宪为相，我等淮人不得为大官矣。"宪因劾汪广洋不公不法，李善长奏排陷大臣，放肆为奸等事，太祖以极刑处之。

刘辰曾佐太祖戎幕，所记当得之见闻，较可征信。且善长、惟庸均为淮人，惟庸之进用，又为善长所援引，为保全禄位树立党援计，其排斥非淮系人物，又为势之所必至。不过据这一条史料的引证，也仅能证明惟庸之树党而已。《高皇帝文集》卷十六《跋夏珪长江万里图》文中有指摘惟庸受赃语，不过尽他所能指摘的也还不过是一幅不甚著名的图。其文云：

洪武十三年春正月奸臣胡惟庸权奸发露，令法司捕左右小人询情究源，良久，人报左丞赃贪淫乱甚非寡欲。朕谓来者曰：果何为实，以验赃贪？对曰：前犯罪人某被迁，其左相犹取本人山水图一轴，名曰《夏珪长江万里图》。朕犹未信，遣人取以验，去不逾时而至，吁！微物尚然，受赃必矣。

促成惟庸谋反的动机，据《明史》说是：

会惟庸子乘马于市，堕死车下，惟庸杀挽车者，帝怒，命偿其死。惟庸请以金帛给其家，不许。惟庸惧，乃与御史大夫陈宁、中丞涂节等谋起事，阴告四方及武臣从己者。

此文全据《实录》，而略其下一段。今补列如下：

上日朝，觉惟庸等举措有异，怪之，涂节恐事觉，乃上变告。

据上文所申述，我们知道惟庸于十二年九月下狱取勘，《实录》所记太祖自己在朝堂上觉察惟庸举措，事实上为不可能。《宪章录》、《皇明法传录》诸书因其矛盾，舍去不录，《明史》因之。我们如再细心检讨一下，就可以知道不但《实录》之事后增饰和《明史》诸书之截短取长是靠不住的，即其所记之惟庸子死事，也是同样的叫人不敢相信。如王世贞记惟庸狱起前之所谓促成谋反之动机云：

> 会其家人为奸利事，道关榜辱关吏，吏奏之，上怒，杀家人，切责，丞相谢不知乃已。

> 又以中书违慢，数诘问所由。惟庸惧，乃计曰："主上鱼肉勋旧臣，何有我耶！死等耳，宁先发，毋为人束，死寂寂。"

同样地是在叙述同一事件，并且用同一笔法，但所叙的事却全不相符，一个说是惟庸子死，一个说是惟庸家人被诛。显见这两种不同的记载是出于两种不同的来源，由此又可知胡惟庸事件在明嘉靖以前是怎样一个纷乱矛盾的样子了。

《高皇帝文集卷》七有《谕丞相枉序斑敕》，所谓丞相当即指惟庸言，但细绎敕意，亦只是责其刑罚不中而已。敕云：

> 传曰：刑罚不中，则民无所措手足。今日序斑奏，昨晚一使自山西至，一使自太仓来省，引进将至与姓名，且曰郎中教只于此处候丞相提奏引见，已而终不见，郎中复唤，于是不敢引见，是有丞相怪责，不由分诉，刑及二十而肤开，甚枉之。因序斑奏枉，试释之，若为上者教人正其事而后罪人不行，此果刑罚之中乎？

总之，在上文所引述的史料中，我们找不出有"谋反"和"通倭"、"通虏"的具体的记载。这正好像一个故事，时代越后，故事的轮廓便越扩大，内容也越充实。到了洪武二十三年后胡惟庸的谋反便成铁案，装点得有条有理了。钱谦益引《昭示奸党三录》说：

> 自洪武八年以后，惟庸与诸公侯约日为变，殆无虚月，或候上早朝，则惟庸入内，诸公侯各守四门，或候上临幸，则惟庸扈从，诸公侯分守信地，皆听候惟庸调遣，期约举事。其间或以车驾不出而罢，或以宿卫严密，不能举事而罢，皆惟庸密遣人麾散，约令再举，五年之中，期会无虑二百余。

考《太祖本纪》胡惟庸以洪武六年七月壬子任右丞相，十年九月辛丑改左。其时惟庸正被恩眷，得太祖信任。《高皇帝文集》卷二载是时《命丞相大夫诏》："朕平天下之初，数更辅弼，盖识见浅薄，任非其人。前丞相汪广洋畏懦迂滑，其于申冤理枉，略不留意。以致公务失勤，乃黜为岭南广省参政，观其所施，察其自省。今中书久阙丞相，御史台亦阙大夫，揆古稽今，诚为旷典，特命左丞相胡惟庸为中书右丞相，中丞陈宁为右御史大夫。且惟庸与宁自广洋去后，独署省台，协诚匡济，举直措枉，精勤不怠，故任以斯职。播告臣民。"云云。据《奸党录》所言，则不特《实录》所记惟庸诸谋叛动机为子虚，即明人诸家所言亦因此而失其立足点。因为假使惟庸已蓄意谋叛，其行动且早至被诛之五年前，且屡试屡败，则何以史文又曲为之隐？于《奸党三录》所云"五年之中期会为变无虑二百余次"一事至不著一字！何以《明史》及《弇州别集》诸书仅著其"以祥瑞自喜有异谋"、"令费聚陆仲亨收集军马"、"收集亡命"、"通倭欸虏"、"被责谋起事"诸近疑似暧昧之刑法上所谓"意图"的记载，而及略其主要之已举未遂行为！

《实录》记李善长狱事，尤暧昧支离，使人一见即知其捏造。盖其所述谋反情事，皆援据当时狱辞，其不可信，又无待究诘。且即以所叙和《昭示奸党录》所条列善长诸招一校，亦有未核。《实录》云：

太仆寺丞李存义者，善长之弟，惟庸之婿父也。以亲故往来惟庸家。惟庸令存义阴说善长同起，善长惊悸曰："尔言何为者！若尔，九族皆灭。"存义惧而去，往告惟庸，惟庸知善长素贪，可以利动。后十余日，又令存义以告善长，且言事若成，当以淮西地封公为王，善长虽有才能，然本文吏计深巧，佯惊不许，然心颇以为然，又见以淮西之地王己，终不失富贵，且欲居中观望，为子孙后计，乃叹息起曰："吾老矣，由尔等所为。"存义还告，惟庸喜，因过善长，善长延入，惟庸西面坐，善长东面坐，屏左右欸语良久，人不得闻，但遥见颔首而已。惟庸欣然就辞出，使指挥林贤下海招倭军约期来会，又遣元臣封绩致书称臣于元，请兵为外应。

《明史》别据明人所记以为说善长以封王者为其故人杨文裕。于其冤抑，特载解缙所代草之王国用奏疏剖解甚明。钱谦益据当时招辞谓：

洪武十年九月惟庸以逆谋告李存义，使阴说善长，未得其要领。乃使其旧人杨文裕许以淮西地封王，是年十一月，惟庸亲往说善长，善长犹趑趄未许，即国史所记惟庸西面坐善长东面坐者是也。然此时善长未许，至十二年八月，存义再三往说，善长始有：我老了你每自做之语。

在上载的两项文件的矛盾中，最显著的是时间问题。《实录》说惟庸几经游说善长，得其赞许后，方进行通倭欸房二事，《实录辨证》据当时口供考定为洪武十二年八月事。惟庸被诛在次年正月，离定谋只是五个月间的事。下狱在九月，离定谋更仅一月。据《明史·日本传》、《名山藏·王享记》、《筹海图编》诸记载，惟庸先遣林贤为明州卫指挥，再佯奏其罪谪日本，使交通其君臣，再请宥贤复职，以李旺召之，且以密书奉日本王借精锐人为用。然后有如瑶藏主之贡舶事件。林贤在日本的时间，《大诰三编》和《筹海图编》都说是三年。其回国在洪武十六年后，这当然是不可靠的（郑若曾连胡惟庸卒年都弄不清楚，以为是洪武二十年间事）。不过无论如何，照那时代的航海情形，这一来一往总非一二月可办。据雷礼记如瑶第一次来华之时日为洪武十四年七月戊戌，正值惟庸败后一年，事颇巧合。不过我们所注意的是胡惟庸能否在死后再派人去召回林贤，在定谋和被诛的五个月中要容纳至少要三年以上的时间才办得到的事实是否可能？通倭事发的年月据《明史》说是在洪武十九年十月，但除当时的官书《大诰》外，我们翻遍《实录》也找不出有这项记载的存在。即在钱谦益所引胡党供辞中亦不及此事。同时在日本方面，除了引征中国的记载外，亦不著如瑶使节之任何事实。甚至在中日双方的若干记载中，有的连日本使者和派遣者的本身都有无数异说。这到底是什么缘故呢？很明显的，此种不被当事人所注意的时间问题，因为事实的本身，出于故意捏造或附会，事后编制，只图假题入罪，便不能顾及时间上的冲突。更因为所附会周纳的故事见于朝廷所颁发的《大诰》，大家不敢不相信，载诸记录，因讹传讹，遂成铁案了。

惟庸私通外夷的第二件事是通房。《明史》说：

遣故元臣封绩致书称臣于元嗣君，请兵为外应……二十一年蓝玉征沙漠，获封绩，善长不以奏，至二十三年五月事发，捕绩下吏，讯得其状，逆谋大著。

《李善长传》亦言：

将军蓝玉出塞至捕鱼儿海，获惟庸通沙漠使者封绩，善长匿不以闻。

嗣后王世贞、朱国桢诸人所记，均据之以封绩为元臣或元遗臣。这一些记载的根据都很有来历，《实录》记：

封绩河南人，故元臣来归，命之官，不受，遣还乡又不去，谪戍于边，故惟庸等遗书遗之。惟庸诛，绩惧不敢归。蓝玉于捕鱼儿海获绩，善长匿不以奏。

按《昭示奸党录》所载封绩供辞：

封绩招云："绩系常州府武进县人。幼系神童。大军破常州时被百户掳作小厮，拾柴使唤。及长，有千户见绩聪明，招为女婿。后与妻家不和，被告发迁往海南住。因见胡、陈擅权，实封言其非；为时中书省凡有实封到京，必先开视，其有言及己非者即匿不发。仍诬罪其人。胡丞相见绩所言有关于己，匿不以闻，诈传圣旨，提绩赴京。进刑部鞫问坐死。胡丞相著人问说，你今当死，若去北边走一遭，便饶了你。绩应允，胡丞相差宣使送往宁夏耿指挥（忠）、居指挥、于指挥（琥）、王指挥等处，耿指挥差千户张林、镇抚张虎、李用转送亦集乃地面，行至中途，遇达达人爱族保哥等就与马骑，引至火林，见唐兀不花丞相，唐兀不花令儿子庄家送至哈剌章蛮子处，将胡丞相消息备细说与：著发兵扰边。我奏了将京城军马发出去，我里面好做事。"

《国史考异》二引《庚午记书》亦云：

于琥（都督于）显男。先在宁夏任指挥时，听胡、陈吩咐，囚军封绩递送出京，往草地里通知消息。后大军克破胡营，获绩究问，二人反情，由是发觉。

与《实录》、《明史》、《弇州别集》、《开国臣传》及明代诸记载家如黄金、陈仁锡、何乔远、雷礼诸人所言无一相合。由是知不但封绩非元臣，非河南人，非胡惟庸亲信，且与李善长亦始终无涉。不但上述诸正史及野记无一可信，即上引之封绩供辞亦不必实有，因为明代兵制初不集中兵力于首都，而于沿边要隘及内部冲区设卫分镇，明初尤重视北边防务，以燕王棣守北边，隶以重兵，自后九边终明一代为防房重镇。即有侵轶，初无用于京军之调动，假使真有封绩使元这一件事，胡惟庸自身任军国大政，反说出这样荒谬绝伦的话，理宁可通！

由上引证，可知所谓通倭通房都是"莫须有"的事。上文曾说过：胡惟庸事件正像一个在传说中的故事，时间越后，故事的范围便越扩大。根据这个原则，我们试再检校一下胡惟庸私通外夷这一捏造的故事的范围的扩大。

在时代较前的记载中，胡惟庸私通外夷的范围，仅限明代一代所视为大患的"南倭北虏"。稍后便加上一个三佛齐，再后又加上一个卜宠吉儿，最后又加上一个高丽。

《太祖实录》洪武三十年中，载胡惟庸通三佛齐事：

三十年，礼部奏诸番国使臣客旅不通。上曰："……近者安南、占城……西洋、邦嗒剌等凡三十国，以胡惟庸谋乱，三佛齐乃生间谍，绐我使臣至彼。爪哇国王闻知其事，戒饬三佛齐，礼送还朝。是后使臣商旅阻绝，诸国王之意，遂尔不通……"

于是礼部咨暹罗王曰："……我朝混一之初，海外诸番莫不来庭。岂意胡惟庸造逆，通三佛齐，乃生间谍，绐我信使，肆行巧诈……可转达爪哇，俾以大义告于三佛齐，三佛齐原系爪哇统属，其言彼必信，或能改过从善，则与诸国成礼遇之如初，勿自疑也。"

永乐五年诏敕陕西官吏，又有通卜宠吉儿事：

八月敕陕西行都司都指挥陈敬等及巡按监察御史，禁止外交。

上曰："臣无外交，古有明戒，太祖皇帝申明此禁，最为严切。如胡惟庸私往卜宠吉儿，通日本等处，祸及身家，天下后世，晓然知也……"高岱记太祖朝事，说胡惟庸和高丽也有关系：

十七年甲子三月上因高丽使来不遵臣礼，以贿结逆臣胡惟庸，事觉，遣其使还。以敕谕辽东守将唐胜宗、叶升，令绝高丽，勿通使命。

这样，胡惟庸私通外夷，东通日本高丽，西通卜宠吉儿，南通三佛齐，北通沙漠，东西南北诸夷，无不与胡惟庸之叛逆，发生关系。

五、明初之倭寇与中日交涉

如瑶贡舶事件，记载纷纭，多不可信。举其矛盾处之显著者如使节之派遣者或以为征夷将军源义满，或以为征西将军怀良亲王。明人如郑晓、雷礼、章潢、何乔远、李言恭、陈仁锡、王士骐、邓元锡、茅瑞征、严从简、方孔炤诸人均以为助胡惟庸谋逆者为怀良亲王。茅元仪、叶向高诸人则以为派遣如瑶来华者为征夷将军。《日本考》云：

十三年再贡皆无表，以其征夷将军源义满所奉丞相书来，书倨甚，命锢其使。明年复贡，命礼臣为檄，数而却之。已复纳兵贡艘中助逆臣胡惟庸。惟庸败，事发，上乃著《祖训》示后世，毋与倭通。

此以贡舶之来为在十四年后，时胡惟庸已死垂二年，叶向高所记全同。日人松下见林采其说，谓：

明太祖答日本征夷大将军曰"前奉书我朝丞相"，丞相谓胡惟庸也。又《武备志》曰："征夷将军源义满所奉丞相书来，已复纳兵贡艘中助胡惟庸。"观此则义满助胡惟庸者也。

荻野由之反之，肯定如瑶为怀良所遣。希泊鲁秃则不特坚持怀良遣使之说，且著其遣使之年为元中元年（洪武十七年，1384）并云：

胡之谋图被发觉，诛三族，如琭（即如瑶，刊讹）不知入明，故被捕流云南，数年之后，被宥归国。

小林博氏亦主是说，且记此阴谋之发觉时间为弘和二三年间（明洪武十五、六年，1382—1383）。辻善之助则误据《筹海图编》所记，以贡舶为洪武二十年事，而断云：

时怀良亲王死已四年，良成亲王继任，无出兵海外之余裕，此事恐为边陲倭寇之首魁所为。

他知道怀良的卒年，因以断定贡舶非其所遣，同时他却忘记了胡惟庸也已死了八年，这事如何能同胡惟庸发生联系！木宫泰彦亦主二十年之说，且以怀良之遣使事为必有。他说：

此所指日本国王系指怀良亲王，细读《明史》，自能了解。此事不见于日本国史，但弘和元年曾有为亲王使者抵明之僧，由当时亲王对明之强硬态度，与弘安以来养成之冒险的风气推之，想必有此事也。

所说纯据想象，虚构楼阁，不足置信。

在另一方面的各家记载纷歧，也不一而足，如如瑶贡舶所纳兵士或以为四百人（《名山藏》、《明史》诸书），或以为千人（《弇州别集》、《献征录》诸书），通倭之经过，或以为使林贤下海招约（《明史》），或以为适日本贡使来因与私约（《弇州别集》），林贤狱具或以为在洪武十九年十月（《明史》），或以为在洪武十五年（《皇明书》、《制御四夷典故》、《皇明世法录》），或以为在二十年（《殊域周咨录》），如瑶末次来华或以为在十七年（《皇明书》），或以为在十九年（《大政记》），或以为在二十年（《筹海图编》）。如瑶末次来华之谪徙地方或以为发陕西（《明史纪事本末》），或以为发云南（《名山藏》、《殊域周咨录》），或以为发川陕（《日本国志》），如瑶所率精兵或以为尽被诛夷（《献征录》、《明史纪事本末》），或以为尽发云南守御（《皇明书》、《名山藏》）。种种歧异矛盾，指不胜屈。

如瑶贡舶事在《日本国史》既无足征，中籍所记又荒唐如此，由此可知这本是一件莫须有的事，如瑶即使真有其人，也不过只是一个通常的使僧，或商贩，和胡惟庸党案根本无关。

向来中日两方的记载都以为明初中日绝交的主要原因是如瑶贡舶事件。上文既已论及如瑶贡舶之莫须有，以下试略一述中日初期交涉之经过，以说明其绝交前后之情势，从反面证明在此情势中实无容纳如瑶贡舶事件之可能。

明初中日两方之所以发生外交关系，在中国方面是因为倭寇出没，请求制止，在日本方面则可说完全是基于经济的关系。

《明史》说：

明兴，高皇帝即位，方国珍、张士诚相继诛服，诸豪亡命往往纠岛人入寇山东滨海州县。

日本在王朝之末，纪纲大乱，濑户内海，海贼横行，至镰仓时代不绝。南北争乱之顷，其势逾逞。伊豫之住人村上三郎左卫门义弘者统一近海海贼为之首长，义弘死后，北昌显家之子师清代为首长，率其党以掠夺为事。入寇者以萨摩、肥后、长门、三州之人居多，其次则大隅、筑前、筑后、博多、日向、摄摩、津州、纪伊、种岛，而丰前、丰后和泉之人亦间有之，盖因商于萨摩而附行者，其来或因贡舶，或因商舶。随风所之，南至广东，北至辽阳，无不受其荼毒。由是海防成明代大政，设戍置寨，巡捕海倭，东南疲于奔命。

明廷要解决倭患，只有三个办法：上策是用全国兵力，并吞日本以为藩属，倭患不扫自除。中策是以恩礼羁縻，示以小惠，许以互市，以其能约束国人为相对条件。下策是不征不纳，取闭关政策，努力防海，制止入犯。在这三个办法中，最难办到的是下策。因为中国海岸线延长二万里，倭寇可以随处侵入，中国却没有这财力和兵力来到处设防，即使可能，兵力太单了也不济事。上策也感觉困难，因为中国是一个大陆国，没有强大的海军，要征服这一倔犟的岛国，简直办不到。并且基于过去隋、元二代的历史教训，也不敢轻易冒这大险。元吴莱曾作了一篇《论倭》的文章，反复地说明伐倭之无益和大海之阻隔，要征服它是不可能的事。他建议应当遣使往谕，以外交的手腕去解决倭寇问题。这篇文章影响到明代的对日政策，明太祖差不多全盘地接受了他对元朝的劝告和建议，毅然地抛弃上策，把日本列为十五不征之国之一，著在《祖训》。

但是，一个国家要能行使它的统治权，先决问题是这个国家的统一。不幸在这时期，日本国内却陷于南北分裂的对峙局面，政治上的代表人物，在北朝是征夷将军源义满，在南朝是征西将军怀良亲王，北朝虽愿和中国通商，解决它财政上的困难，南朝却以倭寇为利，且以政治地位的关系，也不肯让北朝和明有任何外交关系。以此，明廷虽经几度的努力，终归无效，结果仍不得不采取下策，行闭关自守之计。

第一次的倭寇交涉完全是恐吓性质，洪武二年三月明廷派吴用、颜宗鲁、杨载、吴文华使日，到征西府责以倭寇责任，诏书云：

……间者山东来奏，倭兵数寇海边，生离人妻子，损害物命，故修书特报正统之事，兼谕越海之由。诏书到日，如臣奉表来庭，不臣则修兵自固，永安境土，以永天休。如必为寇盗，朕当命舟师扬帆诸岛，捕绝其徒，直抵其国缚其王，岂不代天伐不仁者哉！惟王图之。

怀良的答复是杀明使五人，拘留杨载、吴文华两人三个月才放回。

三年三月又作第二次交涉，以莱州府同知赵秩往谕，委婉劝导中含有恐吓的意味，诏书说：

……蠢尔倭夷，出没海滨为寇，已尝遣人往问，久而不答，朕疑王使之故扰我民，今中国奠安，猛将无用武之地，智士无所施其谋，二十年鏖战精锐，饱食终日，投食超距，方将整饬巨舟，致罪于尔邦，俄闻被寇者来归，始知前日之寇，非王之意，乃命有司暂停造舟之役。

呜呼！朕为中国主，此皆天造地设，华夷之分。朕若效前王恃甲兵之众，谋士之多，远涉江海，以祸远夷安靖之民，非上帝之所托，亦人事之不然。或乃外夷小邦故逆天道，不自安分，时来寇扰，此必神人共怒，天理难容，征讨之师，控弦以待；果能革心顺命，共保承平，不亦美乎！……

一面又派前曾使日之杨载送还捕获之日本海贼僧侣十五人，想用示惠的手腕，使日本自动地禁捕倭寇。这一次的交涉，总算博得相当的成功。洪武四年十月怀良遣其臣僧祖来进表笺，贡方物，并增九人来朝。又送至明州、台州被掳男女七十余口。

日使祖来到南京后，明廷向之经过几度的咨询，才恍然知日本国内分裂情形，怀良并非日本国王，以前几次的交涉，不幸都找错了对手。

明廷于是改变方针，想和北朝直接交涉。洪武五年五月特派僧仲猷祖阐、无逸克勤为使，以日僧椿庭海寿、权中巽为通事，使者一行八人，送祖来回国。先是建德二年（洪武四年）肥后守菊池武光奉怀良亲王起兵谋复筑紫，与今川贞世（了俊）战于镇西，败绩，贞世寻为镇西探题，势力方盛。怀良由博多移于肥后之菊池。明使一登岸，新设的北朝守土官见其与祖来同来，以为是征夷府向中国乞师回来的使节，因加以拘辱。不久即遣送至京，滞留二月，始就归途。途经征西府，怀良愤其秘密入京，及颁示大统历有使奉正朔之意，复加拘辱。七年五月始还南京。

这一次对北朝交涉的结果，北朝因连年征战，帑藏奇绌，正盼能和中国通商，解决财政上的困难，所以明使一至京，便完全容纳禁倭之请，一面因征西府梗中日商道，派兵来攻。一面派僧宣闻溪（揔州太守圆宣）净业喜春备方物来贡，又送还所掳中国及高句丽民百五十人。这是征夷府第一次遣明的使节，不幸因无正式国书，征南之举又失败，道路不通，被明廷疑为商人假冒，以拒绝接待。

同年大隅守护之岛津氏久和征西府之菊池武政都遣使来贡，冀图通商，明廷以其非代表国家，且不奉正朔，均却之。又以频入寇掠，命中书移牒责之。

洪武八年七月征西府遣僧廷用文圭（归廷用，圭廷用）奉表贡马及方物，表词倨犟负固。此时明廷对日方有进一步之了解，他们知道日本南朝在利用倭寇，万不肯加以禁止，自闭财源。北朝虽极盼通商，并愿禁倭，但为南朝所阻，无力制止，其他派使入贡者又全是不能代表政府的大名藩士和唯利是图的商人。外交解决的途径至此全穷，在事实上不能不放弃中策，予日本以经济上的封锁，一面严修海防为自卫之计了。

明廷虽已决计绝日，但在表面上仍和日本派来的正式使节虚与委蛇，希望能得外交上的转机。洪武十三四年间和征夷、征西两方打了几次笔墨官司。征西府的挑战倨犟态度，给明廷以极大的侮辱。明廷极力容忍。以后通使较稀，但仍未完全断绝外交关系。1383年怀良亲王死，北朝势旺，忙于国内之统一运动，和明廷的关系因之暂时停止。

根据以上简约的叙述，可知明初即已列日本为十五不征之国之一，其地位和朝鲜、安南、爪哇、渤泥诸国同。明廷之所以决意绝日的原因是倭寇频繁，日政府不能禁止。无再向请求或恫吓之必要。且绝日的动机肇于洪武八年，在三次交涉失败之后，在胡惟庸死前五年。胡氏死后中日亦未完全断绝国交，时有使节往来。洪武十九年后的中日关系疏淡，则以倭患较稀，日本国内政治势力发生变化之故。由此可知一切关于胡惟庸和明初中日国际关系之传说，均系向壁虚造，毫无根据。

六、胡惟庸党案之真相

据上文所论证，我们知道关于中日关系部分：

（一）明初明廷通好日本的真正原因，纯为请其禁戢倭寇。在日本方面，征西府借海贼寇掠所得支撑偏局，一面虚与明廷委蛇，借得赏赐贸易之大利，故态度倨犟，有恃无恐。征夷府极盼能和明廷缔结正当的外交关系，盼能因而达通商的愿望，但因政局不统一，且阻于南朝之割据，没有禁倭的力量。兼之明廷数度来日的使节，都因不明国情而发生严重的误会。日本使节则因其非代表整个国家，不能禁倭，且有时无正式国书和商人冒名入贡因而入寇的暧昧，使明廷不敢接待。在明初十数年中虽努力交涉，用尽外交上恫吓讲理示惠的能事，但倭寇仍不因之少减，对方仍蛮不讲理，明廷不得已，改采下策，却仍藕断丝连，企图贯彻前策。

（二）明太祖列日本于十五不征之国，事在洪武六年以前，和如瑶贡舶及绝交事根本无关。

（三）如瑶贡舶事纯出捏造。即使有如瑶其人，亦与胡案无任何联属。

（四）林贤下海招倭事，据记载上之矛盾及时间上之不可能，亦可决为必无。虽证出官书，不足置信。

关于胡案部分：

（一）云奇事件出于中人附会，也许即由邵荣谋叛事转讹。

（二）刘基被毒，出于明太祖之阴谋。胡惟庸旧与刘基有恨，不自觉地被明太祖所利用，胡下狱后涂节窥见明太祖欲兴大狱之意旨因以此上告，商暠亦受朝廷指，发其阴事，胡案因起。同时涂节等因触明太祖私隐，亦被杀灭口。

（三）占城贡使事及汪广洋妾从死事都只是胡惟庸和廷臣连带下狱的偶然口实，不过借此使人知胡失宠，无形中示意言官使其攻击胡氏，因以罗织成狱的一个过程而已。

（四）李善长狱与封绩使元事根本无关系。《明史》诸书所记封绩事最荒谬不可信。李善长之被株连，其冤抑在当时解缙所代草之王国用疏辞辨之甚明。

胡惟庸的本身品格，据明人诸书所记是一个枭猾阴险、专权树党的人。以明太祖这样一个十足的自私惨刻的怪杰自然是不能相处在一起。一方面深虑身后子懦孙弱，生怕和他自己并肩起事的一般功臣宿将不受制驭，因示意廷臣，有主张地施行一系列的大屠杀，胡案先起，继以李案，晚年太子死复继以蓝案。胡惟庸的被诛，不过是这一大屠杀案的开端。

胡案的组织过程，根据当时的公私记载，很显然地摆露在我们的目前。在胡案初起时胡氏的罪状只是擅权植党，这条文拿来杀胡惟庸有余，要用以牵蔓诸勋臣宿将却未免小题大做。在事实上有替他制造罪状的必要。明代的大患是南倭北虏，人臣的大罪是结党谋叛，于是明太祖和他的秘书们便代替胡氏设想，巧为造作，弄一个不相干的从未到过北边的江苏人封绩，叫他供出胡惟庸通元的事迹，算作胡党造反的罪状。后来又觉得有破绽，便强替封绩改籍为河南人，改身份为元遗臣，又叫他攀出李善长，引起第二次屠杀。一面又随便拣一个党狱中人林贤，捏造出一串事迹，算他通倭。恰巧胡惟庸死后不久，日使或日商来华因无国书被明廷诘责，他们就把这两件事并为一事，装点成有因果关系，再加上洪武六年前所纂的《皇明祖训》中的文证，这反情便成铁案了。同时中日关系因倭寇问题恶化，明廷感于外交的失败，不得不采取下策，闭关自守，却又不愿自承失败，贻讥藩属，就大事宣传名正言顺地把绝倭的责任委在莫须有先生的如瑶头上。为取信于天下后世计，又把此事特别写在《大诰》中叫全国人读，一面又在《祖训》首章加入小注，于是胡惟庸之通虏通倭，成为信谳，明廷也从此脱卸了外交失败的耻辱。

除上文所说的政治的国际的关系之外，胡案构交的因素，还有经济的阶级的关系在鼓动着。

明初连年用兵，承元疲敝之后，益以兵荒天灾，国库奇绌。一面又因天下未定，不能不继续用兵。明太祖及其部属大抵都出身卑贱，自来就不满于一般专事克削的地主巨商，因此除不断用徙富民的政策以夺其田产以益军实外，又不断地寻出事来择肥而噬，屡兴大狱的目的只是措财筹款，最显著的如《明史·刑法志》所记郭桓事件：

郭桓吏部侍郎也。帝疑北平二司官吏李彧、赵全德等与桓为奸利，自六部左右侍郎下皆坐死。赃七百万，词连直省诸官吏，系死者数万人，覈赃所寄借遍天下，民中人之家大抵皆破。

只是一疑心，就筹出七百万的大款，这是一件最便当的生财大道。又如空印事件：

十五年空印事发。每岁布政司府州县吏诣户部覈钱粮军需诸事，以道远预持空印文书，遇部驳即改以为常。及是帝疑有奸，大怒，论诸长吏死，佐贰榜百戍边。

也只是一疑心，把天下的财政官长都杀了，杀头与籍没相连，这一疑心又自然地筹了一笔大款。胡案、蓝案的副目也不外此，在这一串党狱中，把一切够得上籍没资格的一起给网进去，除了不顺眼的文官，桀骜的宿将以外，他所特别注意的是由大地主充当的粮长和大富豪充当的盐商，如《大诰三编》所举出的于友、李茂实、陆和仲和他书所记的浦江郑氏、苏州沈氏诸狱，均足以证明此狱的动机。

另一方的明太祖自身出身寒贱，寄迹缁流，且又赋性猜嫌，深恐遭智识分子所讽刺。在他初起事的时候，不能不装作礼贤下士的神气，借作号召，及至大事已定，便不惜吹毛求疵，屡兴文字之狱。又恐知识分子不为所用，特颁《大诰》，立寰中士夫不为君用之目。一面算是严刑示威，一面却也不无带着一些嫉视的阶级意识。《大诰》中所列文士得罪者不下千人。在胡蓝二狱中所杀的几万人中大部是属于知识分子，其中之著者如宋濂以一代帝师匡翊文运，仍不惜曲为归纳，以其孙慎与胡党有连为辞，流之致死。其他同时诸文士，凡和明太祖稍有瓜葛的也都不得善终，赵瓯北《廿二史劄记》曾替他算过一笔草账。另一方面却极力设学兴教，进用宋讷一流刻薄寡恩的教师，用廪禄刑责造就出一批听命唯谨的新知识分子出来，作皇帝个人的驯仆，来代替老一辈的士大夫。这是明太祖巩固君权的方法，也是这几次大狱的起因。

原载《燕京学报》第十五期，1934年6月

明成祖仁宗景帝之死及其他

明世宗中年好道，斋醮无虚日，其后卒死于金石，固尽人知之。若成祖、仁宗、景帝均非善终，则以史多讳言，不尽为人知也。成祖死于仙，方晚年多暴怒，不能治事。《明史》卷二九九《袁珙传》："礼部郎周讷自福建还，言闽人祀南唐徐知谔、知海，其神最灵。帝命往迎其像及庙祝以来，遂建灵济宫于都城，祀之。帝每遘疾，辄遣使问神。庙祝诡为仙方以进，药性多热，服之辄痰壅气逆，多暴怒，至失音。中外不敢谏。忠彻一日入侍，进谏曰：'此痰火虚逆之症，实灵济宫符苓所至。'帝怒曰：'仙药不服，服凡药耶？'忠彻叩首哭，内侍二人亦哭。帝益怒，命曳二内侍仗之，且曰：'忠彻哭我，我遂死耶？'忠彻惶惧，趋伏阶下，良久始解。"灵济宫祀事详孙承泽《春明梦余录》。

仁宗之死，传闻异辞。或云死于雷，或云为宫人所毒，见皇甫录《明纪略》、杨仪《螭头密语》。陆钎《病逸漫记》则云："仁宗皇帝驾崩甚速，疑为雷震，又疑宫人欲毒张后，误中上。予尝遇雷太监，质之，云皆不然，盖阴症也。"

景帝之死，陆钎《病逸漫记》："景泰帝之崩，为宦者蒋安以帛勒死。"查东山《罪惟录》所记同。

明诸帝中最雄武残暴者无如太祖，衡石量书，初未尝溺于女色。顾中年时曾纳陈友谅妾，后颇以为悔，于所颁《大诰》中自白其事，忸怩作态，亦大可笑也。《大诰·谕官无作无为第四十三》："朕当未定之时，攻城略地，与群雄并驱，十有四年余，未尝妄将一妇人女子。惟亲下武昌，怒陈友谅擅以兵入境，既破武昌，故有伊妾而归。朕忽然自疑，于斯之为，色乎？

豪乎？智者监之。"

　　诸帝中最昏庸无识者莫如熹宗，顾熹宗实一无才之工程师，使其不为帝王，当为不世出之大匠。李逊之《三朝野记》卷二："上性好盖房屋，自操斧锯凿削，巧匠不能及。日与亲近之臣涂文辅、葛九思辈朝夕营造，造成而喜，不久而弃，弃而又成，不厌倦也。当其斤斫刀削，解衣盘薄，非素昵近者不得亲视。王体乾等每闻其经营鄙事时，即从旁传奏文书，奏听毕，即曰：'你们用心行去，我知道了。'所以太阿下移，魏忠贤辈操纵如意，而崔呈秀、魏广微辈通内者亦如桴鼓之旋踵也。"此所记出刘若愚《酌中志》卷一四。

（原载《文史杂志》第二卷第二期，1942年2月）

明代民族英雄于谦

有一首《石灰吟》：

千锤万击出深山，烈火焚烧若等闲，

粉骨碎身全不惜，要留清白在人间。

这首诗是明朝民族英雄于谦写的，经过千锤万击，不怕烈火焚烧，不怕粉骨碎身，要留下清白在人间，写的是石灰，同时也象征了于谦自己的一生。

于谦（1398—1457），字廷益，浙江钱塘（今杭州）人。小时候很聪明，性格坚强。明成祖永乐十九年（1421）二十四岁时中了进士。明宣宗宣德初年（1426）做了御史（监察官），明宣宗的叔父汉王高煦在山东造反，明宣宗亲自带兵讨伐，高煦投降，明宣宗叫于谦当面指斥高煦罪状，于谦义正词严，说得有声有色，明宣宗很赏识他，认为是个了不起的人才。接着于谦被派巡按江西，发现有几百件冤枉的案件，都给平反了。

宣德五年（1430），明朝政府为了加强中央的权力，特派中央比较能干的官员去治理重要的地方，五月间派况钟、何文渊等九人为苏州等府知府。到九月又特派于谦、周忱等六人为侍郎（中央的副部长），巡抚各重要省区。明宣宗亲自写了于谦的名字给吏部，破格升官为兵部右侍郎（国防部的副部长），巡抚河南、山西两省，宰相也支持这主张。明朝制度，除了南北两直隶（以北京和南京为中心的中央直辖地区）以外，地方设有十三个布政使司，每个布政使司（通称为省）设有布政使管民政赋税，按察使管刑名司法，此外还有都指挥使管军政，号称三司，是地方上三个最高长官，职权不同，彼此都不能互相管辖。布政使是从二品官，按察使是正三品官，都指挥使是正二品官，兵部右侍郎虽只是正三品官，却因为是中央官，又是皇帝特派的，奉有敕书（皇帝的手令）可以便宜行事，是中央派驻地方的最高官员，职权就在三司之上了。

于谦做河南山西巡抚，前后一共十九年（1430—1448），除周忱连任江南巡抚二十一年以外，他是当时巡抚当中任期最长的一个。

于谦极重视调查研究工作，一上任便骑马到处视察，所到地方都延请当地有年纪的人谈话，了解地方情况，政治上的得失利弊，老百姓的负担、痛苦，该办的和不该办的事，一发现问题，立刻提出具体意见，写报告给皇帝。遇有水灾、旱灾，也及时上报，进行救济。他对地方的情况很清楚，政治上的措施也很及时，因之，得到人民的歌颂和支持。

明英宗正统六年（1441），他向皇帝报告，为了解决缺粮户的暂时困难，当时河南、山西仓库里存有几百万石粮食，建议在每年三月间，由州县官调查，报告缺粮户数和所需粮食数量，依数支借，到秋收时归还，不取利息。对老病和穷极不能归还的特许免还。还规定所有州县都要存有预备粮，凡是预备得不够数的，即使任期满了也不许离任，作为前一措施的物质保证，这一款由监察官按时查考。皇帝批准了这一建议。这样一来，广大的缺粮户，在青黄不接的时候，就可以免除地主的高利贷剥削了，他为穷困的农民办了好事。

黄河经过河南，常常闹决口，造成水灾。于谦注意水利，在农闲时动用民力，加厚堤身，还按里数设亭，亭设亭长，负责及时督促修缮。在境内交通要道，都要种树、凿井，十几年间，榆树、柳树都成长了，一条条的绿化带，无数的水井，使行道的人都觉得阴凉，沿途都有水喝。

大同是边上要塞，巡按山西的官员很少到那里去，于谦建议专设御史监察。边地许多将领私自役使军人，为他们私垦田地，国家的屯田日益减少，边将私人的垦田却日益增加，影响到国家的收入和边防的力量，于谦下令没收边将的私田为国家屯田，供给边军开支。

于谦做了九年巡抚，政治清明，威信很高，强盗小偷都四散逃避，老百姓过上了比较安定的生活。由于他政治上的成就，明朝政府升他为兵部左侍郎，支二品俸禄，仍旧做巡抚的官。

在这九年中，于谦的建议到了北京，早上到，晚上就批准，是有其政治背景的。原来这时的皇帝是年轻人，明英宗当皇帝时才十岁，太皇太后和皇太后（皇帝的祖母和母亲）很敬重元老重臣三杨：杨士奇、杨溥、杨荣，这三个老宰相都是从明成祖时就当权的，比较正直，有经验，也有魄力，国家大事都由他们作主张。他们同意于谦做巡抚，对于谦很信任，于谦有了朝廷上三杨的支持，才能在地方办了一些好事。到了正统后期，正统五年（1440）杨荣死，七年杨士奇死，太皇太后死，十一年杨溥死，三杨死后，朝廷上不但没有支持于谦的力量，反对于谦的政治力量反而日益增加了，于谦的政治地位动摇了。

反对于谦的政治力量主要来自两方面，一是宦官，一是权贵。

宦官王振是明英宗的亲信，英宗做了皇帝，他也做了内廷的司礼监太监（皇帝私人秘书长）。英宗年轻，什么事都听他的，只是宫里有老祖母管着，朝廷上有三杨当家，王振还不大敢放肆。到了正统五年以后，太皇太后死了，杨荣也死了，杨士奇因为儿子犯法判死罪不管事，杨溥老病，新的宰相名位都较轻，王振便当起家来了，谁也管不住了，英宗叫他作先生，公侯勋贵叫他作翁父，专权纳贿，无恶不作。他恨于谦不肯逢迎，正统六年三月，趁于谦入朝的时候，借一个题目，把于谦关在牢里，判处死刑。关了三个月，找不出于谦的罪状，只好放了，降官为大理寺少卿。

另一种反对于谦的力量是权贵。照例地方官入朝，是要送礼以至纳贿赂给朝廷权贵的。于谦是清官，在山西、河南十九年，父母和儿子住在杭州，老婆留在北京，单身过着极清苦的生活。每次入朝，不但不送礼、纳贿，连普通的人事也不送，空手去，空手回。他有一首著名的诗，为河南人民所传诵的：

手帕蘑菇与线香，本资民用反为殃，

清风两袖朝天去，免得闾阎话短长。

他这样做，老百姓虽然很喜欢，朝廷权贵却恨死他了。

虽然如此，山西、河南的官吏和百姓却非常想念于谦，到北京请愿要求于谦回去的有一千来起。河南的周王和山西的晋王（皇帝的家族）也说于谦确是好官。朝廷迫于民意，只好让于谦再回去做巡抚。

这时，山东、陕西闹灾荒，流民逃到河南的有二十几万人，于谦请准朝廷，发放河南、怀庆两府的存粮救济，又安排田地和耕牛、种子，让流民安居乐业。

这十九年中，于谦的父母先后死了，照当时礼法，应该辞官在家守孝三年，父母两丧合计六年。朝廷特别命令他"起复"，不要守孝，回家办了丧事便复职。

正统十三年（1448）于谦被召入京，回到兵部左侍郎任上。

第二年发生"土木之变"。

瓦剌是蒙古部族之一，可汗脱脱不花，太师也先，知院阿剌各拥重兵，以也先为最强，各自和明朝通好往来，也经常和明朝发生军事冲突。照规定，每次来的使臣不超过五十人，明朝政府按照人数给予各种物资，也先为了多得物资，逐年增加使臣到两千多人，明朝政府要他减少人数，也先不肯。瓦剌的使臣往来，有时还沿途杀掠。到正统末年，也先西破哈密，东破兀良哈，威胁朝鲜，军事力量日益强大。明朝使臣到瓦剌的，也先提出各种无理要求，使臣怕事，一一答应，回来后又不敢报告，也先看到使臣所答应的事都没有下落，认为明朝背信，极不高兴。正统十四年也先派使臣三千人到北京，还虚报名额，交换的马匹也大多驽劣，礼部（管对外工作和朝廷礼仪的部）按实有人数计算，对提出要求的物资也只给予五分之一，还减了马价，也先大怒，决定发兵入侵。

正统十四年（1449）七月，瓦剌大举入侵，脱脱不花攻辽东，阿剌知院攻宣府（今河北张家口市宣化区），也先亲自领军围大同，参将吴浩战死，羽书警报，不断送到北京。

军事情况紧急，王振决策，由明英宗亲自率领军队阻击，朝廷大臣以吏部尚书王直和兵部尚书邝埜、兵部左侍郎于谦为首坚决反对，王振不听，命令英宗的弟弟郕王留守，带领朝廷主要官员和五十万大军向大同出发。邝埜随军到前方，于谦留在北京管理部事。

王振的出兵是完全没有计划的。他根本不会打仗，却指挥着五十万大军。大同守将西宁侯宋瑛、武进伯朱冕、都督石亨等和也先战于阳和（今山西阳高），为王振的亲信监军太监郭敬所制，胡乱指挥，全军覆没，宋瑛、朱冕战死，石亨、郭敬逃归。明英宗的大军到了大同，连日风雨，军中夜惊，人心恟惧，王振还要向北进军，郭敬背地里告诉他敌军情况，才决定退兵。路上又碰着大雨，王振原来打算取道紫荆关经过他的家乡蔚州（今河北蔚县），请明英宗到他家做客的，走了一程，又怕大军过境，会糟蹋他家的庄稼，又下令取道宣府，这样一折腾，闹得军士晕头转向。到宣府时，也先大军追上袭击，恭顺侯吴克忠拒战败死。成国公朱勇、永顺伯薛绶带四万人迎战，到鹞儿岭，敌军设下埋伏，又全军覆没。好容易走到土木堡（今北京市官厅水库附近），诸将商量进入怀来县城据守，王振要保护行李辎重，便下令就地宿营。这地方地形高，没有荫蔽，无险可守，掘地两丈还不见水，也先大军追到，把水源都占据了，军士又饥又渴，挤成一堆。第二天，也先看到明军不动，便假装撤退，王振不知是计，立刻下令移营，阵脚一动，瓦剌骑兵便四面冲锋，明军仓皇逃命，阵势大乱，敌军冲入，明军崩溃，死伤达几十万人，明朝政府的高级官员五十多人都被敌军所杀，王振也死在乱军中。明英宗被敌军俘虏。这次不光彩的战役就叫"土木之变"。

土木败报传到北京，北京震动。这时明军的精锐都已在土木覆没了，北京空虚，形势极为危急。翰林院侍讲（为皇帝讲书的官）徐珵是苏州人，在土木变前，看到局面不好，就打发妻子老小回苏州去了。败报传到后，郕王召集文武百官商量对策，徐珵大声说，从天文看，从历数看，天命已去了。只有南迁，才能免祸。这个主意是亡国的主意，当时要照他的意见办，明朝政府从北京撤退到南方，瓦剌进占北京，黄河以北便会全部沦陷，造成历史上南北朝和金宋对立的局面。于谦坚决反对说，北京是全国根本，一动便大事去了，宋朝南渡的覆辙，岂可重蹈。并且说主张南迁的人应该杀头。大臣胡濙、陈循和太监金英都赞成于谦的主张，郕王也下了坚守的决心，徐珵不敢再说话了，从此恨死了于谦。

明朝政府虽然决定坚守，但是北京剩下的老弱残兵不满十万人，上上下下都胆战心惊，怕守不住。于谦建议征调各地军队到京守卫，分别部署前方要塞军事，人心才稍稍安定。郕王十分信赖于谦，升他为兵部尚书（国防部长），领导北京的保卫战。

王振是土木败军的祸首，群臣提出要追究责任，王振的党羽马顺还倚仗王振的威风，当面叱责提出这主张的人，引起了公愤，给事中（官名，管稽察六部和各机关的工作）王竑抓住马顺便打，群臣也跟着打，把马顺打成肉泥，朝班大乱，连守卫的卫士也呼噪起来了。郕王吓得发抖，站起来要走，于谦赶紧上前拉住，并教郕王宣布马顺有罪应该处死，这才扭转了乱纷纷的局面。退朝时，于谦穿的衣裳，袖子和下襟都裂开了。吏部尚书（管选用罢免官员的部长）王直看到他，拉住手叹口气说，国家只靠着你！像今天的事，一百个王直也办不了。从此，郕王和朝廷大臣，京城百姓都倚靠于谦，认为他有担当，可以支撑危局。于谦也毅然决然把国家的事情担当起来。

英宗被俘，他的儿子还是小孩子，当时形势，没有皇帝是不行的。大臣们商量立郕王为皇帝，郕王再三推辞。于谦说，我们是为国家着想，不是为了任何个人。郕王才答应。九月，郕王即位为皇帝，是为明景帝。

于谦建议景帝，瓦剌得胜，一定要长驱南下。一要命令守边诸将协力防守；二要分道招募民兵；三要制造兵器盔甲；四要派遣诸将分守九门，结营城外；五要迁城关居民入城，免遭敌军杀掠；六要派军队自运通州存有的大量粮食作为军饷，不要被敌人利用。又保荐一些有能力的文官出任巡抚，军官用为将帅。景帝一一依从，并命令于谦提督各营军马，统帅全军。

也先带着明英宗，率军南下，每到一个城池，便说皇帝来了，要守将开门迎接，守将遵从于谦的指示，说我们已经有了皇帝了，拒不接受。也先利用明英宗要挟明朝政府不成功，很丧气。明朝北部各个城池虽然因此保住了，明英宗却也因此对于谦怀恨在心。

瓦剌大军突破紫荆关，直入包围北京。都督石亨主张收兵入城，坚壁拒守。于谦反对，认为怎么可以向敌人示弱，使敌人越发轻视呢。下令诸将统兵二十二万分别在九门外拒守，亲自率领石亨和副总兵范广、武兴列阵德胜门外，和也先决战。通告全军，将不顾军，先退者斩其将，军不顾将，先退者后队斩前队。将士知道只有决战才有生路，都奋勇争先。由于于谦保卫北京的主张是和北京人民的利益一致的，获得了广大人民的支持。也先原来认为北京不战可下，一见明军严阵以待，便泄气了，派人提出要大臣出迎明英宗，要索金帛，和于谦等大臣出来商议等条款，都被拒绝，越发气沮。进攻德胜门，明军火器齐发，也先弟中炮死。转攻西直门，又被击退。进攻彰义门，当地的老百姓配合守军，爬上房顶呐喊，投掷砖石，又被击退。相持了五天，敌军始终没有占到便宜，听说各路援军就要到达，怕归路被截断，只好解围退兵，北京的保卫战就此胜利结束。景帝以于谦功大，加官为少保（从一品），总督军务。

景泰元年（1450），大同守将报告也先派人来讲和，于谦严令申斥守将，从此边将都坚决主战，没有一个人敢倡议讲和的。

也先看到明朝有了新皇帝，不承认明英宗，便在蒙古重立英宗为皇帝，来和明朝对抗，结果明朝政府置之不理，这个法宝也不灵了。俘虏到皇帝，不但没有用处，还得供养，成了累赘，便另出花招，派使臣声明愿意送还皇帝，制造明朝统治阶级的内部矛盾。明朝大臣都主张派使迎接，景帝很不高兴，说我本来不愿做皇帝，是你们要我当的。于谦说，皇位已定，不可再变。也先既然提出送回皇帝，理当迎接，万一有诈，道理在我们这面。景帝一听说皇位不再更动，忙说依你依你。派六臣接回英宗，一到北京，就把这个皇帝关在南宫里。

从景泰元年到景泰七年（1450—1456），于谦在兵部尚书任上，所提的意见，明景帝没有不同意的。朝廷用人，也一定先征求于谦意见，于谦不避嫌怨，有意见便说，由此，有些做不了大官的人，都恨于谦，有些大官作用比不上于谦的，也恨于谦，特别是徐理，他一心想做大官，拜托于谦的门客，想做国子祭酒（大学校长），于谦对景帝说了，景帝说，这人倡议逃亡，心术不正，怎能当这官，败坏学生风气。徐理不知于谦已经推荐，反而以为是于谦阻挠，仇恨越发深了。改名有贞，等候机会报复。大将石亨原先因为打了败仗削职，于谦保荐领军抗敌立了功，封侯世袭。他嫌于谦约束过严，很不乐意。保卫北京之战，于谦是主帅，功劳最大，结果石亨倒封了侯爵，心里过意不去，写信给景帝，保荐于谦的儿子做官。于谦说国家多事，做臣子的照道理讲不该顾私恩。石亨是大将，没有举荐一个好人，一个行伍有功的，却单单举荐我的儿子，这讲得过去吗？而且我对军功，主张防止侥幸，决不敢以儿子冒功。石亨巴结不上，反而碰了一鼻子灰，越发生气。都督张轨打仗失败，为于谦所劾。太监曹吉祥是王振门下，也深憾于谦。这批人共同对于谦不满，便暗地里通声气，要搞倒于谦，出一口气，做升官的打算。

于谦性格刚直，处在那样一个时代，遇事都有人出来反对，只靠景帝的信任，做了一些事。他在碰到不如意事情的时候，便拍胸叹气说：这一腔热血，竟洒何地？他又看不起那些庸庸碌碌的大臣和勋臣贵戚，语气间时常流露出来，恨他的人便越发多了。他坚决拒绝讲和，虽然明英宗是因为明朝拒和，也先无法利用才被送回来的，心里却不免有些不痛快。这样，在明景帝统治的七年间，在表面上，于谦虽然权力很大，在另一面，却上上下下都有人对他怀恨，只是不敢公开活动而已。

于谦才力过人，当军务紧急，顷刻变化的时候，他指挥若定，眼睛看着报告，手头屈指计算，口授机宜，合于实际，底下的工作人员看着，不由得不衷心佩服。号令严明，不管是勋臣宿将，一有错误，便报告皇帝行文申责，几千里外的守将，一得到于谦指示，无不奉行。思虑周密开阔，当时人没有能比得上的。忧国忘身，虽然立了大功，保住了北京城，接还了皇帝，却很谦虚，口不言功。生性朴素俭约，住的地方才蔽风雨，景帝给他一所西华门内的房子，几次辞谢不许才搬过去。土木之变后，索性住在办公室里不回家。晚年害了痰病，景帝派人去看，发现他生活过于俭约，特别叫宫内替他送去菜肴。有人说皇帝宠待于谦太过了，太监兴安说，这人日日夜夜为国家操心，不问家庭生活。他要去了，朝廷哪儿能找得这样的人！死后抄家，除了皇帝给的东西以外，更没有别的家财。

景泰八年正月，明景帝害了重病，不能起床。派石亨代他举行祭天仪式。石亨认为景帝活不长久了，便和徐有贞、曹吉祥、张轨等阴谋打开南宫，迎明英宗复位，史称夺门之变。明英宗第三次做了皇帝，办的第一件事就是把于谦和大学士（宰相）王文关在牢里。石亨等诬告于谦、王文谋立外藩（明朝皇帝的本家，封在外地的），法司判处谋逆，应处死刑。审案时，王文据理申辩，于谦笑着说，这是石亨等人的主意，申辩有什么用。判决书送到明英宗那里，英宗还觉得有些过意不去，说于谦实在有功。徐有贞说，不然，不杀于谦，夺门这一着就说不出名堂来了。于谦、王文同时被杀，明景帝也被绞死，这一年于谦六十岁，明景帝才三十岁。

于谦死后，家属被充军到边地。大将范广，贵州巡抚蒋琳也因为是于谦所提拔的牵连被杀。还刻板通告全国，说明于谦的罪状，这个板子一直到成化三年（1467）才因有人提出意见毁掉。

曹吉祥是于谦的死对头，可是他的部下指挥朵儿却深感于谦的忠义，到刑场祭奠痛哭，曹吉祥大为生气，把他打了一顿。第二天，朵儿又去刑场祭奠了。都督同知陈逵冒着危险，收拾于谦的尸首殡葬，过了一年，才归葬杭州。

广大人民深深悼念于谦，当时不敢指名，作了一个歌谣：

鹭鸶冰上走，何处觅鱼嗛？

鱼嗛是于谦的谐音，这个英雄民族的形象是永远留存在人民的记忆中的。明末抗清民族英雄张煌言有一首诗：

国亡家破欲何之？西子湖头有我师，

日月双悬于氏庙，乾坤半壁岳家祠。

于谦的事迹直接教育了这个有骨气的好汉，宁死勿屈，保持了民族的正气。

石亨的党羽陈汝言代于谦做兵部尚书，不到一年就撤职抄家，有很多金银财宝，明英宗叫大臣们参观，并说，于谦在景泰朝极被亲信，死后没有一点家业，陈汝言怎么会有这么多！石亨听了，说不出一句话。过些日子，边方传来警报，英宗很发愁，恭顺侯吴瑾在旁边说，要是于谦在的话，不会有这情况。英宗听了也说不出一句话。

于谦的政敌都先后失败，徐有贞充军云南，石亨下狱死，曹吉祥造反灭族。

明宪宗成化初年（1465），于谦的儿子于冕遇赦回家，写信给皇帝申冤，明宪宗恢复了于谦的官位，派人祭奠，祭文中说："当国家之多难，保社稷以无虞，惟公道之独持，为权奸所并嫉，在先帝已知其枉，而朕心实怜其忠。"这几句话，传诵一时。于谦的名誉恢复了。明孝宗弘治二年（1489）谥于谦为肃愍，并建立祠堂，号为旌功。明神宗万历时又改谥忠肃。杭州、开封、山西和北京的人民都建立了他的祠堂，广大人民永远纪念这个保卫北京城的民族英雄，永垂不朽！

于谦的著作流传到今天的有《于肃愍公集》八卷，《少保于公奏议》十卷。演绎他的故事的小说有孙高亮所著的《于少保萃忠全传》十卷。

原载《新建设》第6期，1961年

海　瑞

一、海瑞的故事

海瑞的时代，是明封建王朝从全盛走向衰落的时代。他生在正德九年，死于万历十五年（1514—1587），一生经历了正德、嘉靖、隆庆、万历四个皇帝。这几十年中，社会情况发生了很大变化，土地更加集中了。皇帝侵夺百姓的土地，建立无数皇庄，各地亲王和勋戚、贵族、大官僚都有庄田，亲王的庄田从几千顷到几万顷。嘉靖时的宰相严嵩和徐阶都是当时最大的地主。万历时期有一个地主的田地多到七万顷。农民的土地被地主所侵夺，沦为佃农、庄客，过着牛马般的生活。庄园的庄头作威作福，欺侮百姓。贵族和官僚的家里养着无数的奴仆，有的是用钱买的，有的是农民不堪赋役负担，投靠来的。他们终年为主人服役，除家庭劳役外，有的学习歌舞，演戏，有的纺纱织布，四出贩卖，有的替主人经营商业，开设店铺，没有工资，也没有自由，世代子孙都陷于同一命运。国家所控制的人口减少了，因为一方面农民大量逃亡，流散四方，另一方面一部分人口沦落为奴仆，户口册上的人口数字日渐减少。同时土地的数字也减少了，这是因为农民流亡，田地抛荒；庄田数目越来越大，庄田主的贵族和官僚想法不交或少交钱粮，这样，向国家缴纳地租的土地就越来越少。更严重的是中小地主和上中农为了逃避赋役，隐蔽在大地主户下，大地主的土地越多，势力越大，把应出的赋役分摊在农民的头上，农民的负担便越重，阶级矛盾便越尖锐。

这个时期，是阶级矛盾日益尖锐的时期。

贪污成为政治风气，正德时刘瑾和他的党羽焦芳等人，公开索取贿赂；

嘉靖时的严嵩父子、赵文华、鄢懋卿等人，从上到下，都要弄钱，不择手段。以知县来说，附加在田赋上的各项常例[1]就超过应得的薪俸多少倍；上京朝见，来回路费和送京官的贿赂都要农民负担。徐阶是当时有名的宰相，是严嵩的对头，但是，他家就是松江最大的富豪，最大的地主，也是最大的恶霸。

京官、外官忙于贪污，水利没有人关心了，许多河流淤塞了。学校没有人关心了，府县学的生员名为学生，到考试时才到学校应付。许多农民产业被夺，田地没有了，却得照旧纳税，打官司的人愈来愈多了。

这个时期是政治最为腐败，贪污成为风气的时期。

也正是这个时期，倭寇（日本海盗）猖獗，沿海一带，经常受到倭寇的威胁。浙江、福建两省被倭寇侵略最严重。明朝政府集中了大量兵力，把这两省合成一个防御性的军事体系，设总督[2]管辖军事。军队增加了，军饷相应增加，这些负担也自然落在农民身上。

大地主的兼并，官吏的贪污，倭寇的侵略，使得农民生活日益困苦。表面上熙熙攘攘，一片繁荣景象，骨子里却蕴藏着被压抑的千千万万农民的愤怒，一触即发。

海瑞的时代就是这样一个时代。

海瑞任浙江淳安知县的时候，总督是严嵩的亲信胡宗宪。

淳安是山区，土地贫瘠，老百姓都很穷，山上只产茶、竹、杉、柏，山下的好田地都被大族占了，老百姓穷得吃不上饭。这个县又处在新安江下游，是水陆交通的枢纽，朝廷使臣，来往官僚过客，都要地方接待。例如经过一个普通官，就要用银二三十两；经过巡盐御史、巡按御史等监察官员[3]，要用银一二百两；巡抚[4]出巡，则要用银三四百两。这都要百姓赔垫。他们坐船要支应船夫，走陆路要支应马匹夫役。地方穷，负担重。

有一次，胡宗宪的儿子经过淳安，仗着是总督公子，作威作福，嫌驿站（传递文书的站）的马匹不称心，供应不周到，大发脾气，喝令跟人把驿吏捆了，倒挂在树上。驿站的人慌了，跑到县衙要办法，海瑞说："不慌，我自有主张。"他带人走到驿站，一大堆人在围着看热闹。鲜衣华服的胡公子还在指手画脚骂人，一看海瑞来，正要分说。海瑞不理会，径自进驿站去，一看胡公子带的大箱子小箱子几十个，都贴着总督衙门封条，就有了主意。立刻变了脸色，叫人把箱子打开，都沉甸甸的，原来装着好几千两银子呢。海瑞对着众人说："这棍徒真可恶，竟敢假冒总督家里人，败坏总督官声！上次总督出来巡查时，再三布告，叫地方上不要铺张，不要浪费。你们看这棍徒带着这么多行李，这么多银子，怎么会是胡总督的儿子，一定是假冒的，要严办！"把几千两银子都充了公，交给国库，写一封信把情由说了，连人带行李一并送交胡宗宪。胡宗宪看了，气得说不出话，怕海瑞真个把事情闹大，自己理屈，只好算了，竟自不敢声张。

海知县拿办总督公子的新闻轰动了淳安，传遍了东南，老百姓人人称快，贵族官僚子弟个个头痛，骂他不识时务。

更使人高兴称快的是另一件事：海瑞挡了都御史的驾，拒绝他入境。这在当时说来，是件了不得的骇人听闻的大事。

鄢懋卿是当时宰相大奸臣严嵩父子的亲信，嘉靖三十五年（1556年）以左副都御史的身份，出京来总理两浙（浙东、浙西）、两淮（淮南、淮北）、长芦、河东盐政。

都察院左副都御史是朝廷最高级的监察官员之一，出巡地方时是钦差[5]，掌握着进退升降官吏的建议权。总理盐政是名目，实质上是皇帝要钱用，叫他从产盐、卖盐上打点主意，多搞些钱。

鄢懋卿以监察官、钦差大臣的身份，加上有严家父子做靠山，一到地方，威风得很，利用职权，收受贿赂，给钱的是好官，给多的便答应升官，给少的便找题目磨难，非吃饱了不走。总之，不管官大官小，什么地方，什么官，非给他钱不可，非给够了不走。不这样做，除非不打算做官才行。

不只送贿赂，还要大大地铺张供应、迎送。地方长官巡抚、按察使、知府[6]、知县，大大小小都得跪着接送。吃饭要供应山珍海味，住处要张灯结彩。在扬州，地方请吃饭，一顿饭就花了一千多两银子。他还带着老婆一起，老婆坐五彩搭的轿子，用十二个女子抬。连厕所都用锦缎做垫，便壶都用银子做。

一天，轮到要巡查严州（今浙江建德）了，要路过淳安。全县人都焦急，不知怎么办才好。

钦差、监察官、地方长官到地方巡查，照例都要发一套条约或告示，说明来意和地方应注意事项，并且大体上也都按着老规矩，照前任的抄一遍。告示内少不得要说些力戒铺张，务从节俭等冠冕堂皇的话。海瑞研究了好久，一想对了，即以其人之话还治其人之身。便对差官说，淳安地方小，百姓穷，容不下都老爷的大驾，请从别处走吧，省得百姓为难。他亲自写一封信给鄢懋卿，信上说：

细读您的布告，知道您一向喜欢简朴，不喜欢逢迎。您说："凡饮食供应，都应俭朴，不要过分奢侈，浪费人民钱财。"您又说："现在民穷财尽，宽一分，人民就得一分好处，一定要体谅。"您的种种恳切的教导，说得很多。我相信您的话是为国为民，是从心里说出来的，决非空话。

但是，您奉命南下以后，沿途情况，浙江派的前路探听的人都说，各处都办酒席，每席要花三四百两银子，平常火食都是山禽野味，不易弄到的东西。供应极为华丽，连便壶都用银子做。这种排场，是和您颁行的布告大大相反的。

都察院长官出来检查盐政，是少有的事。因为少有，所以百姓有疾苦的要求告状，有贪酷行为的官要改正，百姓也会得到少有的好处。现在情况是州县怕接待不周到，得罪都察院长官，极力买办。百姓为出钱伤脑筋，怨声不绝。百姓没有得到少有的好处，反而苦于少有的破费。这可能是地方官属奉承您，以为您喜欢巴结，不喜欢说实话，揣摩错了您的真正用心吧。

盐法毛病，我晓得一些，没有全盘研究，不敢乱说。只是这一件事，是我耳闻目见的。您如来了，东西准备了，纵使您一概不受，但是东西既然买了，必然要用许多钱，百姓怨恨，谁当得起？地方官属以今时俗例来猜测您，我又很怕您将来会因为地方官属瞎张罗，不利于执守礼法，而后悔不及。这个害比盐法不通还要大，所以敢把这些意见一一告诉您。

义正词严，话又说得很委婉。鄢懋卿看了，气得发抖，想寻事革掉他的官，但他是清官，名声好，革不得。就此过去，又气不过。只好放在心中，把这封信藏起来，批"照布告办"，严州也不去了。

严州知府正忙着准备迎接，听说都老爷忽然不来了，正在纳闷，怕出了什么岔子。后来才知道是海知县写了信，惹了祸。怕连累自己，大怒，海瑞一进来，就拍桌子大骂："你多大的官儿，敢这样！"骂不停口。海瑞不说一句话，等骂完了，气稍平了，作了一个揖就走，以后也不再说什么。等到鄢懋卿巡查完了，走了，严州府上下官员一个也没出事，知府这才放了心，过意不去，见海瑞时连说："好了淳安百姓，难为了你，难为了你！"

鄢懋卿恨极海瑞，要报复，叫他管下的巡盐御史袁淳想主意。袁淳也是恨海瑞的，他巡查地方时，海瑞照规矩迎送，迎得不远，送得也不远，供应不丰富，有什么需索，也是讨价还价。这回正好一举两得，也报了自己的私仇。这时海瑞已得朝命升任嘉兴通判（知府的副职），便找一个公文上的手续不对，向朝廷告发，把海瑞降职为江西兴国知县。

海瑞从江西调到北京，后来又调到南京做了几年官，在隆庆三年（1569年）六月才被派为江南巡抚，巡抚衙门设在苏州。第二年四月被革职回家，只做了半年多巡抚。

他最恨贪污，一上任，便发出布告，严禁贪污，打击豪强。他敢说敢做，连总督、都御史都不怕，谁还敢不怕他。属下的地方官员有贪污行为的听说他来了，吓得心惊胆怕，罪恶较大的赶忙自动辞官。有的大族用朱红漆大门，一听海都堂要来，怕朱红大门太显耀，连夜把大门改漆成黑色。管织造的太监，常时坐八人轿子，这时吓得减去一半。大地主们知道海瑞一向主张限田，要贯彻均平赋税的主张，实行一条鞭法[7]，也都心怀鬼胎，提心吊胆，时刻不安。

他在做江南巡抚的几个月中，主要做了两件大事。一件是"除弊"，一件是"兴利"。

除弊，主要的是打击豪强，打击大地主，要他们把非法侵占农民的田地退出一部分还给农民。

擒贼要先擒王，江南最大地主之一是宰相徐阶，这时正罢官在家。海瑞要他家退田，徐阶只好退出一部分。海瑞不满意，写信给徐阶，要他退出大半，信上说：

看到您的退田册，更加钦佩，您是这样使人意想不到的大贤大德。但是已退的田数还不很多，请您再加清理，多做实际行动。从前有人改变父亲的做法，把七个屋子储藏的钱，一会儿便都散光了。您以父亲的身份来改正儿子的做法，有什么做不到的呢？

把非法侵占民田的责任算在他儿子账上，给他留点面子。

这样做，朝廷大官和地方乡官都怕了，人人自危，怨声四起。海瑞在给李石麓阁老信中说：

存翁（徐阶）近来受了许多小人的累，很吃了点苦头。他家产业之多，真叫人惊奇，吃苦头是他自取的。要不退出大半，老百姓是不会甘心的。有钱人尽干坏事，如今吃了苦头，倒是一条经验。我要他退出大半田产，也正是为他设想，请不要认为奇怪。

官僚舆论说他矫枉过直，搞得太过火了，他说并不过火。在给谭次川侍郎的信上说：

矫枉过直，是从古到今一样的道理，不严厉的改革，便不能纠正过错。我所改革的都不是过直的事，一定会办好，请放心。

又说：

江南粮差之重，天下少有，古今也少有。我所到过的地方，才知道所谓富饶全是虚名，而苦难倒很严重，这中间可为百姓痛苦，可为百姓叹息的事，一句话是说不完的。

他不但要坚持下去，还要进一步解除百姓的痛苦，可惜几个月后，他便被革职丢官了。

徐家的田退出，徐阶的弟弟徐陟，做过侍郎，为非作歹，残害百姓，海瑞把他逮捕了依法制裁。地方官奉行政令，不敢延误，大地主们走不动的只好依法退田，有的便逃到别的地方避风头。穷人田地被夺的都到巡抚衙门告状申诉，海瑞一一依法判处。老百姓欣喜相告，从今以后有活路了。地主官僚却非常恨海瑞，暗中组织力量，制造舆论，要把他赶走。

退田只是帮助穷民办法的一种，另一种有效的办法是清丈，把土地的面积弄清楚了，从而按每块土地等级规定租税。以此，海瑞做知县，做巡抚，都以清丈为第一要事，在这基础上，贯彻一条鞭的法令，在一条鞭规定所应征收的以外，一毫不许多取。这对当时农民来说，是减轻徭役，明确负担，提高生活，发展生产的有效措施，是对人民的德政。

兴利是兴水利。江苏的吴淞江泄太湖之水，原来沿江的田亩，都靠这条江水灌溉。年代久了，没有修治，江岸被潮水冲蚀，通道填淤，一有暴雨，便成水灾，淹没田亩，水利成为水害。海瑞在亲自巡行调查之后，决定修治，正月兴工，同月又修治常熟县的白茆河、杨家滨等河，结合赈济饥民，用工代赈；他亲自坐小船往来江上，监视工程的进行，不久就都完工了，人民大得好处。原来老百姓是不敢指望开河的，一来想这样的政府不会做这样的好事，二来想要做也无非要老百姓出钱。因此流传的民谣中有两句话说："要开吴淞江，除是海龙王"。意思是永世也开不了。现在人民的愿望实现了，河修好了，没有花老百姓一个钱。

在朝官僚，在野的乡官大族都恨海瑞。过往官僚因为海瑞裁节交通机构过多的费用，按制度办事，奉朝命该供应马匹和交通工具的只按制度供应，节约民力和费用，凭人情但是不合制度的一概不供应，不管你是什么来头，这样一来，这些人受了委屈，也恨海瑞。他们先后向皇帝告状，说他偏，说他做得太过火，说他包庇坏人，打击乡绅，只图自己有个好名声，破坏国家政策。海瑞成为大官僚、大地主的公敌，被夺去巡抚职权，改督南京粮储，专管粮饷。这时，高拱做宰相，海瑞骂过他，他也是恨海瑞的，又把管粮的职务归并到南京户部[8]，这样，海瑞的职权全被剥夺，只好告病回家了。

在排挤、污辱、攻击海瑞，保卫自己的利益的这群朝官中，吏科给事中[9]戴凤翔是个代表人物。他向皇帝告状，说江南在海瑞的治理下，百姓成为老虎，乡官是肉，海瑞叫百姓拿乡官当肉吃，把乡官弄苦了。海瑞很生气，立刻回击，也上疏[10]给皇帝说：

华亭县（今上海市松江区）乡官田宅特别多，奴仆特别多，老百姓十分怨恨。这种情况，恐怕在全国各地都找不出……老百姓告乡官霸占田产的有几万人……二十年以来，地方府县官都偏听乡官、举人、监生[11]的话，替他们撑腰，弄得老百姓的田产一天天少下去，乡官却一天天富起来……凤翔说百姓是老虎，乡官是肉。他却不知道乡官已经做了二十多年老虎，老百姓做了二十多年的肉。今天乡官的肉，本是老百姓原有的肉；原先被抢走，如今还出来，本来也不是乡官的肉啊！何况过去乡官抢占老百姓十分，如今只还一分，还得并不多，却就大叫大闹了。我看凤翔在家乡，也是这样的乡官。

话说得非常锋利，有力量，既说明了情况，也指出了问题。乡官二十多年来做老虎吃老百姓，你们不说话。如今只要乡官还给老百姓原来属于他们自己的一点田地，而且只还了十分之一，你们就说老百姓是老虎吃乡官了。就说是肉吧，也是老百姓原有之肉，先前你们硬夺老百姓的肉，如今就该还，这有什么值得大惊小怪的。末了，一针见血地指出，戴凤翔替乡官诉苦，这些是乡官的话，也是戴凤翔自己的话。戴凤翔要是不在朝，住在家里，也一定是只专吃老百姓的老虎。

海瑞不断遭到乡官在朝代言人的攻击，很愤慨。他给人的信中说："一切计划，只有修治吴淞江的水患，因进行得快而成功了，其他都是将近成功就中止，怎么办，怎么办！这等世界，做得成什么事业！"给皇帝告养病的疏中说，在他巡抚任上所行兴利除害的一些办法，都是采访人民意见、研究过去制度而规定的，要求不要轻易改变。并说宰相光听一些不负责任的话，多议论，少成功，靠不住；满朝大官都是妇人，皇帝不要听信他们。用"妇人"骂人，是封建时代的错误看法。用"妇人"骂人，而且把满朝大官一概骂尽，也是很不策略的。但是由此可见他的愤慨程度，同时也说明了海瑞这次罢官以后，在朝掌权的人一连十几年都没有理会他，连万历初年名相张居正也不肯起用他的原因。

是的，像海瑞这种爱护人民，一切为老百姓着想，不怕封建官僚势力，不要钱，不怕死的清官，在靠剥削人民存在的封建社会里，又怎么能站得住脚，做得成什么事业呢！

原载《中国历史小丛书·海瑞的故事》，中华书局1963年第2版

注释

[1] 常例是一种附加税，津贴知县用费，变相的但又是合法的贪污行为。

[2] 总督是地方的最高长官，辖一省或两三省，总揽军民要政。

[3] 都察院是朝廷负责纠察弹劾的衙门，都御史、左右副都御史是都察院的正副长官，其下有佥都御史，这些都是都察院的高级监察官员。另外对地方各道派有监察御史，按其工作性质分巡按御史（管司法）、巡盐御史（管盐政）、提学

御史（管教育）等。巡按御史出巡时亦称按院。

[4] 巡抚是比总督低一级的地方高级官员，管一省的军事和政治。也称抚台、都堂。

[5] 钦差是由皇帝特派出京，代表皇帝查办政务的官员。

[6] 明朝的时候，办理一省刑政和检查官员纪律的机关叫提刑按察使司，简称按察司，长官叫做按察使。明时一省分几个府，一府管几个州、县，府的长官叫知府。

[7] 一条鞭法是明朝万历年间，把丁役、土贡等都归并在田赋内，按亩征收的一种收税办法。

[8] 明朝自永乐皇帝迁都北京后，仍在南京保留中央政府的组织，和北京同时设有吏、户、礼、兵、刑、工六部，分管各有关的政务。各部的长官叫做尚书，副长官叫做侍郎。户部是管财政经济的。

[9] 管检查吏部工作的官员。

[10] 封建时代臣下向皇帝陈述事情的报告叫"疏"。

[11] 科举取士制度，规定每隔三年开一次乡试，应乡试的是有秀才或监生资格的人，乡试取中的就称为举人。监生，即是对有入国子监读书资格的人的简称。

二、海瑞骂皇帝

在封建时代，皇帝是不可侵犯的，连皇帝的名字都要避讳，一个字不幸成为"御讳"，就得缺笔闹残废，不是缺胳膊，就是缺腿，成为不全的字。[1] 人们不小心把该避"御讳"的字写了正字，就算犯法，要吃官司，判徒刑。至于骂皇帝，那是很少听说过的事。真正骂过皇帝，而又骂得非常痛快的是海瑞。海瑞骂嘉靖皇帝最厉害的几句话说："现在人民的赋役要比平常多许多，到处都是这样。您花了许多钱，用在宗教迷信上，而且一天比一天多，弄得老百姓都穷的光光的，这十几年来闹到极点。天下人民就用您改元的年号嘉靖，取这两个字音说，'嘉靖'皆净，家家穷得干干净净，没有钱用。"这样大胆直接骂皇帝的话，不仅嘉靖当了几十年皇帝没有听见过，就是从各朝各代的古书上也很难找到。但却句句刺痛了他的要害，嘉靖又气又恼，十分冒火。

原来嘉靖做皇帝时间长了，懒得管事，不上朝，住在西苑，成天拜神作斋醮（宗教仪式），上青词。青词是给天神写的信，要写得很讲究，宰相严嵩、徐阶都因为会写青词得宠。政治腐败到极点，朝臣中有人提意见的，不是杀头，便是革职，监禁，充军，吓得没人敢说话。海瑞在嘉靖四十五年（公元1566年）二月上的治安疏，便是针对当时的问题，向皇帝提出的质问，要求改革。他在疏中说：

"你比汉文帝[2]怎么样？你前些年倒还做些好事。这些年呢，只讲修道，大兴土木。二十多年不上朝，滥派官职给人。跟两个儿子也不见面，人家以为你薄于父子。以猜疑诽谤杀戮臣下，人家以为你薄于君臣。尽住西苑不回宫，人家以为你薄于夫妇。弄得天下吏贪将弱，到处有农民暴动。这种情况，你即位初年也有，但没有这样严重。现在严嵩虽然罢相了，但是没有什么改革，还不是清明世界。我看你远不如汉文帝。"

嘉靖自比为尧，号尧斋。海瑞说他连汉文帝也不如，他怎么能不冒火。海瑞接着又说：

"天下的人不满意你已经很久了，内外大小官员谁都知道。

"你一意修道，只想长生不老，你的心迷惑了。过于苛断，你的性情偏了。你自以为是，拒绝批评，你的错误太多了。你一心想成仙得道，长生不老。你看尧、舜、禹、汤、文王、武王[3]哪个活到现在？你的老师陶仲文教你长生之法，他已经死了。他不能长生，你怎么能求长生呢？你说上天赐你仙桃、药丸，那就更怪了，桃、药是怎么来的呢？是上天用手拿着给你的吗？

"你要知道，修道没有什么好处，应该立即醒悟过来，每天上朝，研究国计民生，痛改几十年的错误，为人民谋些福利。

"目前的问题是君道不正，臣职不明，这是天下第一件大事。这事不说，别的还说什么！"

嘉靖看了，大怒，把奏本丢在地下，叫左右立刻逮捕海瑞，不要让他跑了。宦官黄锦在旁边说："听说这人自知活不了，已向妻子作临死告别，托人准备后事，家里的佣人都吓得跑光了，他不会逃。这个人素性刚直，名声很大，居官清廉，不取官家一丝一粟，是个好官呢！"嘉靖一听海瑞不怕死，倒愣住了，又把奏本捡起来，一面读，一面叹气，下不了决心。过了好些日子，想起来就发脾气，拍桌子骂人。有一天发怒打宫婢，宫婢私下哭着说："皇帝挨了海瑞的骂，却拿我们来出气。"嘉靖又派人私下查访，有谁和海瑞商量出主意的。同官的人都怕连累，看到海瑞就躲在一边，海瑞也不以为意，在家等候坐牢。

嘉靖有时自言自语说："这人真比得上比干[4]，不过我还不是纣王。"他叫海瑞是畜物，口头上和批处海瑞案件的文件上都不叫海瑞的名字。病久了，又有气，和宰相徐阶商量，要传位给太子，说："海瑞的话都对，只是我病久，怎么能上朝办事呢？"又说："都是自己不好，不自爱惜，闹了这场病。要是能上朝办事，怎么会挨这个人的骂。"下令逮捕海瑞下狱，追查主使的人。刑部论处海瑞死刑，嘉靖也不批复。过了两个月，嘉靖死了，新皇帝即位，才放海瑞出来，仍回原职，作户部主事[5]。

海瑞大骂皇帝，同情他和支持他的人到处都是，他的名声越来越大了。万历十四年（公元1586年），海瑞被人向皇帝诬告，青年进士[6]顾允成、彭遵古、诸寿贤替他辩诬申救，写的文章中说："我们从十几岁时，就听说海瑞的名声，认为是当代的伟人，永远被人瞻仰，这是任何人都不能赶得上的。"这是当时青年人对他的评价。

刘勉之

（原载《人民日报》，1959年6月16日）

三、清官海瑞

海瑞反对浪费，反对贪污，廉洁俭朴，是明朝著名的清官，也是封建时代著名的好官。

他以举人任福建延平府南平县儒学教谕[7]，一到任便申明教约：学生除参见拜揖外，不许送礼；送酒食请先生吃的俗例，一概不许举行。上官觉得很奇怪，后来弄清楚了，对他十分敬重。

提学御史到学宫行礼，县官和县学训导都跪着迎接，只有海瑞站着，不肯跪，说这是学校，是师长教学生的地方，不是衙门，不应该跪。他正好站在两个训导中间，人们传开了，叫他作"笔架博士"。

嘉靖三十七年（公元1558年）他升任浙江淳安知县。研究了县里情况，知道人民痛苦万状，叹气说："天下事都被秀才官做坏了。不止是不才的官，贪污残暴，专门弄钱，就是好官，也是公道和私心，时时在心中斗争，常常搜括民脂民膏来拉拢朋友，博取好名声。百姓穷了，又都说是朝廷赋税重。我看不可以这样说，因为赋税虽重，还有定额，离十中收一不远；可是额外的无名的负担却多得不得了，这并不是朝廷规定的，是地方上自己规定的！"明朝制度，知县薪俸不多，但按田粮里甲征收的常例却很多。海瑞把常例革了，只领应得的薪水。过去供应县衙都是里甲负担，每人每年要出四五两银子，海瑞算了账，每人只收两钱银子，一切用度，都在这笔钱上开销。上官下命令要县里送钱给境内的乡官，从前是要多少就得给多少的，海瑞却不然，看罚款积存情况，有就送一点，没有就不送。按当时规矩，知县上京朝见，要带许多金银绸缎，分送有关京官。老百姓都说，朝见年是京官收租的年头。这笔贿赂来源，旧例每年由百姓摊派，每里一两，淳安县有八十里，三年合计银二百四十两。外加朝见年的特别摊派，每人出银二钱，共银一百六十两。临行时，各里还得送礼。县官还可以从罚款和其他杂项中想主意，加上其他摊派，做为上京本钱。其中要送七十二两给知府，十二两给府里的官员，六两给府吏，其他便是知县自己的了。海瑞在任内上京两次，只用路费银四十八两，送吏十二两，造户口册十一两七钱五分，其他旧例，一概革除。巡抚、按院出巡，地方官必须送钱给这两个衙门的师爷，不这样做，会出祸事。海瑞坚决不肯，说："充军也好，死罪也好，都甘心忍受，这等小偷勾当却干不得。"京中要人要送礼物，外官入京讲"交际"（实际是贿赂），当时人认为要做官，不这样做是不行的。海瑞说："全天下的官都不给上官行贿，难道就都不升官？全天下的官都给上官行贿，又难道都不降官？怎么可以拿这个来自欺欺人呢！"他只靠月薪过活，穿的是布袍子，吃的是粗米饭，衙门里有空地，自己种菜，家人上山砍柴。他为母亲过生日，买了两斤肉；总督胡宗宪当作新鲜事，到处告诉人。

他离开淳安任所到吏部听调，大冷天还穿着一件破丝棉袍子，吏部[8]侍郎朱镇山劝他做件官服，才买了一件黄绢的袍子。

海瑞一生除有祖田十余亩以外，自己没有添置过田产。有人假冒海瑞的名义在他家乡琼州（在广东海南岛澄迈以东，会乐以北地带）一带放债买田，海瑞听到后便写信给琼州知府说："我从做官到现在，从未回过家，俸金收入，仅仅足用，此外别无分文放债，也没有添什么田产。"请琼州知府严加查办。海瑞从作教谕到巡抚，做了十八年官，只买了一所值一百二十两银子的住宅，还是从薪俸节余的钱存起来的，此外便什么也没有添置。田产只有祖传田十亩。清丈时县吏照顾他，少算一亩八分，他知道了，不答应，一定要照实在田亩算。一家吃用，都从这祖传的十亩田里出，时常吃不饱。同乡青年来谈学问，讲经义，实在饿很了，只好用手按着肚子，一面还谈着话，客人走了，边谈边送，不让人知道他挨饿。

万历十三年（公元1585年）海瑞被起用为南京吏部右侍郎，这时他已经七十二岁了。到任后，发现兵马司随便开票要坊（街）上人办公宴和其他支应。一调查，各衙门有三百多张票，都是要地方上供应，不付钱的。他叹一口气说："南京人民，要支应南京千百个官员出入用度，这怎么得了，难怪百姓苦了。吏部是六部之首，怎么可以不为百姓设想。"立刻出布告禁革，连办事官吏共同凑的份子和新任贺礼，一概革除。不久，升南京都察院右都御史。万历十五年（公元1587年）十月十四日，死在任上。死前三天，兵部送来柴火银子，多算了七钱，还叫人扣回去。死后，同官替他清点遗物，全部家财只有俸金十多两银子，绫、绸、葛各一匹，清苦得比一般寒士还不如。金都御史王用汲看了，忍不住哭出声来，和同官商量，大家凑一点钱，替他办丧事。

海瑞一生刚直，反对模棱两可，圆滑处世，自号刚峰，人们都称他刚峰先生。死后谥[9]忠介。在明朝末年，海忠介公是全国皆知的人物，特别是苏州、松江一带的人民，一提起海都堂，便喜笑颜开。恨他骂他的人也有，是少数人，是吃过他苦头的大地主和乡绅。

赵彦

（原载《北京日报》，1959年7月22日）

注释

[1] 例如宋太祖名叫赵匡胤，"胤"字在其他地方用时要避"御讳"，少写一笔，写作"𦙍"。

[2] 西汉皇帝。他执行减轻租役的政策，免收全国赋税十二年，促进了社会生产的发展，国家开始呈现富饶的景象。

[3] 尧、舜、禹、汤、文王、武王都是我国上古时代或古代传说中的贤君。

[4] 比干是殷纣王的叔父，因为谏纣王的荒淫残暴，而被剖心杀害。

[5] 是户部的官员。

[6] 科举取士制度，在乡试的次年由取得举人资格的人，于北京举行会试。会试合格的，再由皇帝亲自主持一次考试叫做殿试。殿试结果，分为三甲，一甲仅三名，是状元、榜眼、探花，称"进士及第"；二甲称"进士出身"；三甲称"同进士出身"；统称进士。

[7] 明代各府、州、县设立有儒学，管理本地的学务。县学的正教官叫做教谕，副教官叫做训导。

[8] 吏部掌管全国官吏的任免、升降等职务。

[9] 封建时代按照一定的规则和条件，给死人立个名号，来表彰他的生平，叫做谥。一般是指的皇帝给死去的大臣取的号。忠介是海瑞死后的谥号。

四、论海瑞

看过《三女抢板》（或《生死牌》）的人，大概都记得那个挺身出来反对豪强，救了两家人性命的巡抚海瑞。这是民间流传关于海瑞的许多故事中的一个。海瑞究竟是什么样的一个人呢？

海瑞（1515—1587，明武宗正德十年至神宗万历十五年）是我国十六世纪有名的好官、清官，是深深得到广大人民爱戴的言行一致的政治家。他为了巩固封建统治阶级的长远统治，减轻农民市民的负担，向贪婪腐朽的封建官僚、大地主斗争了一生。

明朝人论海瑞

为了了解海瑞，让我们先看看当时的人们是怎样评论他的。

总的评论是当时的人民说他好，当时的大地主说他不好。

但是，有点奇怪，反对海瑞的人中间，有不少人也还是不能不称赞海瑞是好官，是清官；他是为民的，想做好事的，而且，也做了好事。

就明朝人的记载来看海瑞，梁云龙所作海瑞行状，除了叙述他的清廉，为百姓办好事的政绩以外，并说：

呜呼！公之出、处、生、死，其关于国家气运，吾不敢知。其学士大夫之爱、憎、疑、信，吾亦不敢知。

第以公之微而家食燕私，显而莅官立朝，质诸其所著《严师教戒》，一一契券，无毫发假。孔子所谓强哉矫，而孟子所谓大丈夫乎！古今一真男子也。

论者概其性甘淡薄，有采薇之风，天挺忠贞，有扣马之节，谓道似伯夷．信矣。然其视斯民由己饥寒，耻厥辟不为尧舜，言动必则古昔、称先王，莅官必守祖宗成宪，挫折不磨，鼎镬不避，即伊尹奚让？望之如泰山壁立，就之如春风太和，接谈无疾言，无遽色，临难无郁气，无怨容，箠楚子弟臧获，亦不见其厉色严声，即柳下惠奚加？

特其质多由于天植，学未进于时中，临事不无或过，而隘与不恭，盖亦有焉。

全面地评价海瑞，指出海瑞是这样一个人，言行一致，他的日常生活和政治作为，和所著《严师教戒》文章对证，一一符合，没有丝毫的假。是"强哉矫"，是大丈夫，是古往今来一个真男子。

他生活淡薄，性格忠贞，看到百姓的饥寒认为是自己的过失，以他的皇帝不像尧舜那样为耻辱。一言一动都要说古代如何，先王如何。作官办事则坚守祖宗朝的成法。不怕挫折，不怕牺牲。又严峻，又温和，谈话的时候，说得不太快，也不摆出一副难看面孔，遭遇危难也不表现那样忿慨抑郁。连打小孩、打奴婢，也看不到他的厉色严声。

像伯夷，像伊尹，像柳下惠。他的本性是天赋的，但是修养还没有到家，未得中庸之道。作事有时过了一些，窄了一些，以至有些不恭，这些毛病都是有的。

因为海瑞是被攻击谩骂，死在任上的，所以梁云龙很含蓄地说，这个人和时代的关系，他的出、处、生、死，和国家的关系如何，我不敢知道。学士大夫（封建统治阶级）对他的爱、憎、疑、信，对他的评价到底怎样，我也不敢知道。

梁云龙是海瑞的同乡，海瑞侄女的儿子，和海瑞关系很深，作行状时他在湖广巡抚任上，最了解海瑞。对海瑞的评价大体上应该是可信的。

此外，王宏诲的《海忠介公传》对海瑞也是大赞特赞的，但在末后又说上一句："乃海公之砥节砺行，而缙绅（官僚地主阶级）又多遗议，何也？"这样的好官、清官，为什么官僚地主阶级又多说他不好呢？是什么道理呢？

王宏诲也是海瑞的同乡，琼州定安人。海瑞在因批评皇帝而坐牢以前，王宏诲正在北京，作翰林院庶吉士，海瑞去看他，托其料理后事，关系也很深。

这两个人是海瑞的亲戚、同乡，也许会有人说他们有偏见。再看何乔远所作《海瑞传》，和李贽的《海忠介公传》，何乔远和李贽都是福建晋江人，他们的评价和梁云龙、王宏诲是一致的。清修《明史》，对海瑞一般很称赞（王鸿绪《明史稿》和《明史》一样），末后论断，也说他："意主于利民，而行事不能无偏云。"用意是为人民谋福利，但是有些偏差。汪有典的《史外》歌颂他的政绩以后，又说他：尝时以为朝廷上的人懦弱无为，都像妇人女子，把人骂苦了。有人恨极了，骂他大奸极诈，欺世盗名，诬圣自贤，损君辱国。他还是不理会。

人民是爱戴海瑞的，他做了半年多应天巡抚（应天府今南京，巡抚是皇帝派遣到地方，治理一个政区的行政长官，巡抚有弹劾地方官吏之权，有指挥驻军之权，权力很大），罢职的时候，老百姓沿街哭着送别，有些人家还画了他的像供在中堂里。死在南京右都御史（中央监察机关的长官）任上的时候，百姓非常哀痛，市面停止了营业，送丧穿戴着白色衣冠的行列，夹着江岸悼祭哀哭的百里不绝。

他晚年到南京作官，被御史（监察官）房寰弹劾，也就是汪有典所引的十六字罪状，引起了统治集团内部一部分青年知识分子的公愤，提出抗议，向皇帝写信申救。吏部办事进士顾允成、彭遵古、诸寿贤这三个人代表这一批人说：

南直隶提学御史房寰本论右都御史海瑞，大奸极诈，欺世盗名，诬圣自贤，损君辱国。……朝野闻之，无不切齿抱愤。……不意人间有不识廉耻二字如房寰者。

臣等自十余岁时即闻海瑞之名，以为当朝伟人，万代瞻仰，真有望之如在天上，人不能及者。

瑞剔历胘仕，含辛茹苦，垂白之年，终不使廪有余粟，囊有赢金。

瑞巡抚南畿时，所至如烈火秋霜，搏击豪强，则权势敛迹，禁绝侵渔，则民困立苏，兴水利，议条鞭，一切善政，至今黄童白叟，皆雅道之。近日起用，海滨无不曰海都堂又起，转相告语，喜见眉睫。

近在留都，禁绝馈送，裁革奢侈，躬先节俭，以至百僚，振风肃纪，远近望之，隐然有虎豹在山之势，英风劲气，振江南庸庸之士风，而濯之以清冷之水者，其功安可诬也。

说他们在十几岁时就知道海瑞是当代伟人，万代瞻仰的人物。海瑞作了多年大官，可是生活朴素，头发白了，没剩什么粮食，也没剩什么钱。作巡抚作为像烈火，像秋霜，打击豪强，有权势的人安分了，禁绝贪污，老百姓可以喘一口气了。兴修水利，贯彻一条鞭新法，这些好事，到现在地方上的老老小小都还想念他。听说海都堂又来了，人们互相告诉，非常喜欢。在南京，他禁止送礼，裁革奢侈，带头节俭，做出榜样，整顿纪纲，远近的人看着，有虎豹在山之势，英风劲气，像一股清冷的水，把江南庸庸碌碌的士风都改变了。这样的功绩，谁能抹杀？

房寰的攻击海瑞，把朝野的人都气坏了。想不到人世间有不识廉耻像房寰这样的人！

据后来另一营救海瑞的徐常吉的揭发，弹劾海瑞的房寰是什么样人呢？

官是提学御史（管教育的监察官），人呢？是个大贪污犯。海瑞看到南京官员作风拖拉，偷懒，很不像话，下决心整顿，依明太祖的规矩，把一个犯规的御史打了一顿。御史们怕极了，想法子要赶走这个厉害上司。房寰借出外考试学生的机会，让儿子和亲家大收贿赂，送钱多的就录取，名声极坏。怕海瑞弹劾，先下手为强，就带头反对海瑞，造谣造得简直不像话。

乡官（退休居乡的官僚）是反对海瑞的，因为乡官恨他为百姓撑腰，强迫乡官把侵占的田地退还百姓。

大地主是反对海瑞的，因为海瑞一辈子贯彻一条鞭法，依新法，徭役的编派，人丁居四分之一，田粮居四分之三，农民人口多，大地主田地多，这样就减轻了贫农和中农的负担，大地主占地多，按地完粮，负担自然相应加重了，这怎么能不恨？海瑞一辈子主张清丈，重新丈量田地，把大地主少报的隐瞒的田地都清查出来了，要按地纳税，这怎么能不恨？

现任官员也不满意海瑞，因为赋役银两实行官收官解以后，省去一道中间剥削，百姓虽然得些便益，衙门里却少了一笔收入了，连北京的户部（管税收、财政的部）也很不高兴。海瑞坚持"此事于各衙门人诚不利，于百姓则为甚利"。至于禁止贪污、送礼，直接损害了现任官员们的利益，那就更不用说了。

从嘉靖（世宗）后期经隆庆（穆宗）到万历前期，从海瑞作官之时起，一直到死，这三十多年间，朝廷的首相是严嵩、徐阶、李春芳、高拱、张居正等人，除了严嵩是个大奸臣，李春芳庸庸碌碌以外，其他三个都是有名的宰相，尤以张居正为最。

严嵩不必说了，这个人是不会喜欢海瑞的，其他三个名相为什么也反对这个好官清官呢？

徐阶是严嵩的政敌，是他指使一批中级官员把严家父子参倒的，是他取严嵩地位而代之的。因为搞垮严嵩，很得人心。嘉靖帝死后，他又代草遗诏（遗嘱），革去嘉靖帝在位时一些敝政，名誉很好。但是，这人正是海瑞所反对的乡愿，凡事调停，自居中间，逃避斗争，不肯批评人，遇风转舵，作事圆滑，总留有后路，不肯负责任做好事，也怕坏事沾了边，好比中药里的甘草，什么病都可加上一味，治不好，也坏不了。正因为这样，才能保住禄位，严嵩挤他不掉。也正因为这样，官员们学了样，成为风气。海瑞痛恨这种作风，曾经多次提出批评意见。

当海瑞因批评嘉靖帝而坐牢的时候，嘉靖帝很生气，迟疑了好久，和徐阶商量，徐阶说了些好话，算是保全了海瑞的生命。嘉靖帝死后，海瑞立刻被释放，仍旧作户部主事，不久调兵部，又改任尚宝司丞（管皇帝符玺的官），大理寺丞（管审判的官），升南京右通政（管接受文件的官），外任为应天巡抚。

徐阶草遗诏改革敝政，是件好事，但是没有和同官高拱商量，高拱很有意见。又有人弹劾高拱，高拱以为是徐阶指使的，便两下里结了仇。公元1567年有个御史弹劾徐阶的弟弟和儿子都是大恶霸，有凭有据，海瑞没有搞清楚，以为是高拱指使，故意陷害徐阶，便和其他朝臣一样，给皇帝写信大骂高拱，要求把他罢斥。不久，高拱就免职了。高拱以后又回来作首相，对海瑞当然痛恨。

徐阶年纪太老，又得罪了当权的太监，1568年7月告老还乡。上一年冬天海瑞到南京，1569年6月任应天巡抚。经过近两年的调查研究，他明白自己偏听偏信，徐阶被弹劾的罪状是确实的。徐家有田四十万亩，是江南第一大地主，徐阶的弟弟和儿子都是人民所痛恨的大恶霸，大部分田地都是侵占老百姓的。他一上任就接到无数告徐家的状子，便立刻下令退田。徐阶也知道海瑞不好惹，勉强退出一部分，海瑞不满意，亲自写信给徐阶，一定要退出大半，才能结案。

徐阶虽然很看重海瑞，但是强迫退田，刺痛了心，恨极了。家人作恶，都有罪证，案是翻不了的。千方百计，都想不出办法，又忍不了这口气。最后有人出主意，定下釜底抽薪之计，派人到北京，走新的当权太监的门路，又重贿了给事中（管弹劾的官）嘉兴人戴凤翔，买他出头弹劾海瑞。戴凤翔家也是地主，亲戚朋友中一些人正在怕海瑞强迫退田。这一来，内外夹攻，戴凤翔弹劾海瑞支持老百姓，凌虐缙绅，形容老百姓像虎像狼，乡官像鱼像肉，被吃得很惨，"鱼肉缙绅"的罪状，加上有内线作主，硬把海瑞赶出了巡抚衙门。

也正是海瑞任应天巡抚这一年，高拱在年底被召还入内阁（拜相），第二年升次相，1571年5月首相李春芳退休，高拱任首相。

1572年6月，高拱罢相，张居正任首相。

在徐阶和高拱的政治斗争中，海瑞对这两个人的看法是不正确的，对徐阶只看到他好的一面，对高拱呢，恰好相反，没有看到他好的一面。许多年后，海瑞自编文集，在骂高拱的信后附记："一时误听人言，二公心事均未的确。"改变了对两人的看法，也承认了自己的错误。

1572年张居正作了首相，一直到1582年病死为止。

张居正是1567年2月入阁的。1569年海瑞在应天巡抚任上时，他在内阁中是第三名，对海瑞的行政措施不很赞成。虽然张居正在贯彻一条鞭法这一方面和海瑞一致，但是，用行政命令强迫乡官退田，却不能同意。写信给海瑞说：吴中不讲三尺法已经很久了，你一下子要矫以绳墨，当然他们受不了，谣言沸腾，听的人都弄糊涂了。底下说他不能帮什么忙，很惭愧。意思是嫌海瑞太性急，太过火了。1577年张居正父亲死了，按封建社会礼法，是必须辞官回家守孝的，他不肯放弃权位，叫人说通皇帝，照旧在朝办事，叫做"夺情"。这一来激怒了那些保卫封建礼法的正人君子们，认为是不孝，纷纷抗议。海瑞名气大，又敢说敢为，虽然远在广东琼州，苏州一带的文人们却假造了海瑞反对张居正的弹劾信，到处流传。到后来虽然查清楚和海瑞无关，张居正却也恨极了海瑞。有人建议重用海瑞，他都反对。

尽管如此，高拱对海瑞的评论说：海瑞做的事，说是都好，不对。说是都不好呢？也不对。对他那些过激的不近人情的地方，不加调停（纠正）是不好的。但是，要把他那些改革积弊、为民作主的地方都改掉了，则尤其不可。张居正也说："海刚峰（刚峰是海瑞的字）在吴，做的事情虽然有些过当，而其心则出于为民。"

地主阶级反对海瑞是当然的，例如何良俊，是华亭（松江）的大地主，父亲是粮长，徐阶的同乡。本人是贡生，是个乡官。他家大概也吃过海瑞的苦头，对海瑞是有意见的，说海瑞性既偏执，又不能和人商量（不和大地主商量），喜自用。而且改革太快，所以失败。不说他做的事情好不好，只骂他搞快了。又说海瑞有些风颠，寡深识，缺少士大夫风度。说海瑞只养得些刁诈之人（贫农、中农），至于数百为群，阗门要索，要索不遂，肆行劫夺。若善良百姓（富农、地主），使之诈人，尚然不肯，况肯乘风生事乎！此风一起，士夫之家，不肯买田。不肯放债，善良之民，坐而待毙，则是爱之实陷之死也。怎能说是善政呢？幸亏海公转任了，此风稍息，但是人心动摇，到今天还没有安定下来。骂他搞糟了。

何良俊的《四友斋丛说》序文写于1569年，正是海瑞任应天巡抚这一年。他写的这几条批评，按语气应在1570年和1571年，书大概是这年以后刻的。他尽管站在大地主立场，骂了海瑞，但毕竟不能不说几句公道话："海刚峰不怕死，不要钱，真是铮铮一汉子！"又说："前年海刚峰来巡抚，遂一力开吴淞江，隆庆四年、五年（1570、1571）皆有大水，不至病农，即开吴淞江之力也。非海公肯担当，安能了此一大事哉！"松江一带乡官兼营工商业，海瑞要加以限制，何良俊认为"吾松士大夫工商不可谓不众矣，民安得不贫哉！海刚峰欲为之制数度量，亦未必可尽非"。

海瑞也还有几个支持他的朋友，一个是1565年入阁的李春芳，第二年升次相，1568年任首相。海瑞疏浚吴淞江和救灾等工作都曾得到李春芳的支持。另一个是朱衡，从任福建提学副使时，就很器重海瑞，后来作吏部侍郎（管铨叙官吏的副部长）推荐海瑞作兴国知县，户部云南司主事；到作了工部尚书（管建筑工程的部长），还支持海瑞大搞水利。一个是陆光祖，海瑞从兴国知县内调，就是他当吏部文选司郎中（吏部的司长）时的事。

在海瑞闲居家乡的时候，有些支持他的人，纷纷建议起用。这些人虽然不一定是他的朋友，但在事业上可以这样说，是同情和崇敬海瑞的。

海瑞是同官僚地主作斗争的。既然如此，为什么官僚地主中又有人称赞他呢？这一方面是由于海瑞在人民中间的威望，一方面也是由于海瑞的斗争究竟还没有突破封建制度所能容许的限度。海瑞在主观上和客观上都还是忠君爱国的，所以何良俊说："海刚峰之意无非为民，为民，为朝廷也。"他和官僚地主有矛盾的一面，但也有一致的一面，因之，有些官僚地主们在大骂、排挤、攻击之后，也还是说海瑞一些好话。

斗争的一生

海瑞的一生是斗争的一生，他反对坏人坏事，不屈不挠，从不灰心丧气，勇敢地把全生命投入战斗。

海瑞，广东琼山人。先世是军人，祖父是举人，作过知县。父亲是廪生，不大念书也不大理家的浪子，在海瑞四岁时便死去了。叔伯四人都是举人，其中一个中了进士，作过御史。

海瑞虽然出生在这样一个官僚家庭，但家境并不好，祖上留下十多亩田地，光收些租子是不够过活的。他母亲谢氏生性刚直严肃，二十八岁死了丈夫，便自己抚育孤儿，做些针线贴补过日子。教儿子读《孝经》、《大学》、《中庸》这些书。儿子长大了，尽心找严厉通达的先生，督责功课很严格。

这样，海瑞虽然出身于地主阶级，但生活并不宽裕，和穷苦人民接触的机会多，同情贫农、中农，对大地主有反感。另一面，他受了严格的封建教育，遵守封建礼法，在政治上也必然道往古、称先王，维护封建统治阶级的利益。

他不是哲学家，但深受王阳明的影响。当时正是王学盛行的时代，师友中有不少人是王派学者。王学的要点除了主要方面是唯心主义以外，还有提倡知行合一、理论和行动一致的积极方面。海瑞也主张德行属行，讲学属知，德行好的道理也会讲得好，真实读书的人也不肯弃身于小人，知和行决不是两件事。因此，他一生最恨的是知和行不一致的人，这种人明知是好事而不敢做，明知是坏事而不敢反对，遇事站在中间，逃避斗争，甚至脚踏两头船，一味讲调停，和稀泥。这种人他叫作乡愿，客气一点叫甘草。在《乡愿乱德》一文中说："善处世则必乡愿之为而已。所称贤士大夫，不免正道、乡愿调停行之。乡愿去大奸恶不甚远。令人不为大恶，必为乡愿，事在一时，毒流后世，乡愿之害如此！"他以为孟子之功，不在禹下，以恶乡愿为第一。到处揭露乡愿的罪状，在坐牢以前，去看同乡翰林院庶吉士王宏诲，痛心地说："现在医国的只一味甘草，处世的只两字乡愿。"这时候当国的首相便是徐阶。后来他在给徐阶的儿子信里也说："尊翁以调停国手自许，然调停处得之者少，调停处失之者多。"

在《严师教戒》文章中，他指出批评的好处，要求批评，接受批评："若人能攻我之病，我又能受人之攻，非义友耶？"自问自答，提出作人的标准，不白白活下去的意义："有此生必求无忝此生，而后可无忝者。圣人我师，一一放而行之，非今所竞跻巍科，陟肮仕之谓也。……入府县而得钱易易焉，宫室妻女，无宁一动其心于此乎？昔有所操，今或为恼恼者一易之乎？财帛世界，无能屹中流之砥乎？将言者而不能行，抑行则愧影，寝则愧衾，徒对人口语以自雄乎？质冕裳而有媚心焉，无能以义自亢乎？参之衣狐貉而有耻心焉，忘我之为重乎？或疚中而气馁焉，不能长江大河，若浩然而莫御矣乎？小有得则矜能，在人而忌，前有利达，不能无竞心乎？讳己之疾，凡有所事，不免于私己乎？穿天地、亘古今而不顾者，终亦不然乎？夫人非无赇之患，而无令德之难。于此有一焉，下亏尔影，上辱尔先矣。天以完节付汝，而汝不能以全体将之，亦奚颜以立于天地间耶？俯首索气，纵其一举，而终已于卿相之列，天下为之奔趋焉，无足齿也。呜呼！瑞有一于此，不如此死！"大意是："人不要白活着，要照着圣人的话，一一学着做。不白活着并不是说要中高科，作大官。你到了府县衙门，弄钱很容易，好房子，美丽的妇女，你会动心吗？从前怎么说的，会动摇吗？钱财世界，你挺得住吗？或者只会说可不会做，白天看自己的影子，晚上在床上都觉得惭愧，只会对人说空话充好人？看见大官想巴结，在穿狐皮袍子的人群中觉得自己寒伦，心虚气馁，说的话不成气派；小有成绩便骄傲起来，别人做了顺利的事，便想抢先；掩盖自己的毛病，干什么都存私心；顶天立地的事业，想也不肯想，要知道没钱不是毛病，没德才是毛病！这些事只要有这么一条，便对不住自己，也对不住祖先！上天生你这个人是完全的，但是你把它弄残缺了，毁了自己，你还有脸活在天地间吗？做了这些事，即使作到卿相，天下人都为你奔走，也是不值得的。唉！我要是犯了以上任何一条过错，还不如死的好。"这是他在作县学教谕时对学生的教约，此后几十年，他的生活、行事都一一照着检查自己，照着做，没有一句话没有做到。

他是个唯心主义者，认为"君子之于天下，立己治人而已矣。立己治人孰为之？心为之，心自知之。若得失，心自致之。虽天下之理无微不彰。"在教学上学王阳明，把"训蒙大意"作为教育方针，在行政措施上，也采用了王阳明的保甲法。

中了举人以后，作福建南平县学教谕（校长），主张学校是师长教学生的地方，教师有教师的尊严，不该向上官磕头。提学御史到学校来了，别的人都跪下，只有他站在中间，像个笔架，以后得了外号，叫笔架博士。

升任浙江淳安知县，反对大地主。

淳安山多地少，地方穷苦。地主往往有三四百亩的田产，却没有分毫的税，贫农收不到什么粮食，却得出百十亩的税差。由之富的愈富，穷的就更穷了。徭役也是十分繁重，每丁少的出一两二钱银子，多的要十几两，弄得"小民不胜，憔悴日甚"。解决的办法是清丈，根据实有土地面积，重新规定赋役负担；是均徭，均是按照负担能力分配，按力量多少分配，没有力量就不要负担了。这样，农民的负担才减轻了些，地主们可不乐意了。

此外，他还做了不少事，改革了许多敝政。几年后，他总结经验，把这些措施编成一部书，叫作《淳安政事》。

特别传诵一时的有两件事。

一件是拿办总督胡宗宪的公子。这位少爷路过淳安，作威作福，吊打驿吏。海瑞没收他带的大量银子，还报告胡总督说：此人冒充总督公子，胡作非为，败坏总督官声。弄得胡宗宪哭笑不得，只好自认倒霉。

一件是挡了都御史鄢懋卿的驾。鄢懋卿是严嵩的党羽，以都御史奉命出来巡查盐政，到处贪污勒索，还带着小老婆，坐五彩舆，地方疲于供应。海瑞检了鄢懋卿牌告上两句照例官话，说淳安地方小，容不下都老爷的大驾。牌告说："素性俭朴，不喜逢迎。"但是听到你以前所到地方，铺张供应，并不如此。怕是地方官瞎张罗的缘故。一封信把鄢懋卿顶回去，绕道过去，不来严州了。

连总督、都御史都敢惹，海瑞的名声逐渐传开了。封建时代的老百姓是怕官的，更怕大官。如今居然有不怕大官，敢顶大官的小官，敢替老百姓撑腰说话的小官，这个官自然就得到老百姓的爱戴了。

加上，海瑞很细心，重视刑狱，审案着重调查研究，注意科学证据和人情事理，几年中平反了几件冤狱。上官因为他精明，连邻县的疑难案件也调他会审了。这些案件的判决书后来都收在文集里，小说家剧作家选取了一些，加以渲染，几百年来在舞台上为人民所欣赏。《大红袍》、《小红袍》、《生死牌》、《五彩舆》和一些公案弹词在民间流传很广，叫作公案小说。也正因为公案小说的流传，海瑞在政治上的作为反而被公案所掩盖了。

因为得罪了胡宗宪、鄢懋卿，虽然治理淳安的政绩很好，还是被排挤调职。1562年海瑞升嘉兴通判，鄢懋卿指使党羽弹劾，降职为江西兴国知县。

在兴国一年半，办了不少好事，清丈了田亩，减少了冗官，减轻了人民的负担。其中最快人心的事是反对乡官张鳌。

张鳌作过兵部尚书，在南昌养老享福。张鳌的侄子张豹、张魁到兴国买木材，作威作福，无恶不作。老百姓气苦得很。海瑞派人传讯，他们倚仗叔父威势，不肯来。一天忽然又跑到县衙门大闹。海瑞大怒，拿下张豹，送到府里，反而判处无罪。张鳌出面写信求情，海瑞不理。张鳌又四处求情设法，这两个坏蛋居然摇摇摆摆回家去了。海瑞气极，写信向上司力争，终于把这两个坏蛋判了罪。

1564年海瑞作了京官，户部云南司的主事。（户部按布政使司分司，云南司是管这一政区的税收的。）

两年以后，他弄清了朝廷的情况，写信给嘉靖帝，提出严厉批评，指斥皇帝迷信道教，妄想长生，二十多年不上朝，自以为是，拒绝批评，弄得君道不正，臣职不明，吏贪将弱，暴动四起。你自号尧斋，其实连汉文帝也赶不上。嘉靖帝看了，气得发昏，丢在地下，想了又想，又捡起来看，觉得说中了毛病。叹口气说："这人倒比得上比干，只是我还不是纣王啊！"

海瑞早就准备好后事，连棺材都托人买了。嘉靖帝一听说这样，倒愣住了。不过后来还是把他关在牢里。嘉靖帝死后，海瑞被释出狱。

1569年6月，海瑞以右佥都御史巡抚应天十府。应天十府包括现在江苏安徽两省大部分地方，巡抚驻在苏州。

海瑞投身到一场激烈的斗争中，他要对大地主，对水灾进行斗争。

这一年江南遭到严重水灾，夏秋多雨，田地被淹，粮食涨价，农民缺粮逃亡，情况很不好。

江南是鱼米之乡，号称全国最富庶的地方。但实际上百姓生活很困苦，因为历史的关系，粮、差的负担特别重，加上土地集中的现象这二十年来特别显著，大地主占有的土地越多，人民的生活便越困苦。特别是松江，乡官田宅之多、奴仆之众，两京十二省找不出第二个。一上任，告乡官夺产的老百姓就有几万人。"二十年来，府县官偏听乡官、举人、监生，民产渐消，乡官渐富。"真是苦难重重，数说不完。

怎么办？一面救灾，一面治水。

怎么办？要大地主退田，还给老百姓；贯彻一条鞭法。

救灾采工赈办法，把赈济和治水结合起来。闹灾荒粮食不够吃，请准朝廷，把应该解京的粮食留下一部分当口粮。闹水的原因，经过亲自勘察，是多年来水利不修，吴淞江淤塞了，太湖的水排不出去，一遇特大雨量，便泛滥成灾，得立刻疏浚。说做就做，趁冬闲开工，他坐上小船，到处巡视督工，灾民一来上工有饭吃，二来工程搞好可以解决水患，变为水利，热情很高，进度很快，不到一个月就完工了。顺带地把吴淞江北面常熟的白茆河也疏浚了。这两项工程对人民，对生产好处很大。并且用的钱都是海瑞从各方面张罗来的，没有加重人民负担。以此，人民很喜欢，很感激。

这样，他战胜了灾荒，也兴修了水利。

最困难的还是限制大地主的过分剥削。要大地主退还侵占农民的田地，等于要他们的命；不这样做，农民缺地无地，种什么，吃什么？海瑞采用了擒贼先擒王的办法，先从松江下手，先拿江南最大的地主乡官徐阶兄弟作榜样，勒令退田。这一来，乡官和大地主害怕了，着慌了，有的逃到外州县躲风头，有的只好忍痛退田。李贽记载这一件好事，加以总结，赞扬说："海瑞卵翼穷民，而摧折士大夫之豪有力者，小民始忻忻有更生之望矣！"老百姓有活路了，大地主们却认为是死路。好事才开头，便被徐阶釜底抽薪，海瑞罢职了。贼没全擒到，反而丢了官，这是海瑞所没有预料到的，也是封建社会统治阶级利益所决定的必然的下场。

解决人民生活问题的关键，在海瑞看来，无过于贯彻执行一条鞭法。这个办法不是海瑞创始的，已经有好几十年历史了，并且各地办法也不尽相同。主要的方面是把过去田赋的各项各款，均徭、力差、银差、里甲等等都编在一起，通计一省丁、粮，通派一省徭役，官收官解，除秋粮以外，一律改折银两交纳。简言之，就是把复杂的赋役制度简化了，把实物赋税的大部分改为货币赋税。这个办法不止可以减轻农民的负担，还可以增加国家的收入，并且，在经济发展过程中也是有进步意义的。例如过去南粮北运，由于当时交通困难，运费由农民负担，往往超过正税很多，现在改折银两，省去昂贵的运输费用，人民的负担也就相应减轻了。又如徭役，实行新法以后，不问银差、力差，只要交了钱，由官府雇工应差，农民也就可以安心生产，不再受徭役的挂累了。这样做，对生产的促进是有好处的。只是对大地主不大好，因为按照新法，大地主有些地方的负担，不是减轻，而是加重了，反对的意见很多。海瑞不顾地主们的反对，坚决执行，终于办成了。成绩是田不荒了，人不逃了，钱粮也不拖欠了，生产发展了。当时的人民很高兴，很感激。后来史家的记载也说："行条鞭法，遂为永利。"

应该指出，一条鞭法并不是摧毁封建剥削制度的办法。但是，这个办法简化了项目和手续，比较地平均了土地的负担，特别是减轻了贫农、中农和城市平民的某些负担，对生产的发展是有益的，因而，也是有民主意义和进步意义的。因此，海瑞是当时人民心目中的好官，是历史上有地位的政治家。

海瑞只做了七个月巡抚，便被大地主阶级撵下台，在家乡闲居了十六年。

万历十年（1582）六月，张居正死。万历十三年，海瑞已经七十二岁了，被荐任用为南京都察院右佥都御史，还没到任，又调任南京吏部右侍郎。照一般道理说，七十多岁的老人该退休了，但是，他想了又想，好容易才有着实作一点事的机会，虽然年纪大了，精力差了，还是一股子干劲，高高兴兴到南京上任。

明朝体制，南京是陪都，虽然也和北京一样，有五府、六部、都察院等衙门，但不能决定国家大政，是安排年老的和政治上失势官员的地方，比较清闲。海瑞却并不因为闲官就无所作为，一到职就改革敝政，把多年来各衙门出票要街道商户无偿供应物品的陋规禁止了。他说："要南京五城的百姓，负担南京千百个官员的出入用度，难怪百姓苦了！吏部是六部之首，怎么能不先想到百姓？"

当时贪污成为风气，严嵩父子虽然垮了，但从宫廷到地方，依然贿赂公行，横征勒索。海瑞一辈子反对贪污，从作教官时起，就禁止学生送礼，作县官革去知县的常例（摊派在田赋上补贴县官的陋规，一种合法的贪污）。拒绝给上官行贿，有人劝他随和一些，他愤然说："全天下的官都不给上官行贿，难道就都不升官？全天下的官都给上官行贿，又难道都不降官？怎么可以为了这个来葬送自己呢？"又说："充军也吧，死罪也吧，都甘心忍受。这等小偷行径，却干不得！"知县上京朝觐，照例可以从里甲、杂项摊派四五百两银子以至上千两银子，以便进京行贿，京官把朝觐年看成是收租的年头。海瑞在淳安任上两次上京，只用了路费银四十八两，其他一概裁革。作巡抚时，拒绝人家送礼，连多年老朋友送的人情也婉言谢绝。作了多年官，过的依然是穷书生的日子。在淳安，有一天买了两斤肉，为他母亲过生日，总督胡宗宪听见了，大为惊奇，当作新闻告诉人。罢官到京听调，穿的衣服单薄破烂，吏部的熟人劝他，才置了一件新官服。祖上留下十多亩田地，除了母亲死时，朋友送一点钱添置一点墓田以外，没有买过一亩地。买了一所房子，用银一百二十两，是历年官俸的积余。死前三天，兵部送来柴火银子，一算多了七钱银子，立刻退回去。死后，同官替他清点遗物，全部家财只有新俸银一百五十一两（一说只有十多两），绫、绸、绢各一匹，连丧事都是同官凑钱办的；看见这种情景，人们都忍不住掉下眼泪。

海瑞一生积极反对贪污，反对奢侈，主张节俭，生活朴素，是言行一致的极少见的清官。他恨极了贪官污吏，认为这是人民遭受苦难的根源，要根绝贪污，非用重刑不可。相反，像过去那样，准许贪污犯用钱赎罪，是解决不了问题的。建议恢复枉法赃满八十贯（千）处绞的法律。还提到明朝初年，严惩贪污，把贪污犯剥皮的故事。这一来，贪官污吏恐慌了，着急了，生怕海瑞剥他们的皮，联合起来，反对海瑞。

升任都察院右都御史以后，海瑞整顿纪纲，援引明太祖时的办法，用板子打御史。贪污犯寰怕海瑞揭发，弹劾海瑞，把海瑞骂得不像人，引起了三进士的抗议。攻击的和为海瑞申雪的人吵开了，统治阶级内部发生严重争论，当国的宰相呢，依然是徐阶的手法，两面都不支持，也不得罪，不参加斗争，希望"调停"了事。最后，房寰的贪污事实被全盘揭露，遮盖不得了，才把他免职，这已经是海瑞死后的事了。

明末人谈迁记这场争论说："时人大为瑞不平，房寰今传三世而绝。"说房寰绝后是因为做了坏事。这虽然是迷信的说法，但是也可以看出当时和以后，有正义感的知识分子是同情海瑞，支持海瑞，歌颂海瑞的。

从当教官时不肯跪接御史时起，一直到建议严惩贪污，海瑞度过了他斗争的一生。

他反对乡官、大地主的兼并；反对严嵩、鄢懋卿的败坏国事，也反对徐阶的"调停"、"圆融"；他反对嘉靖帝的昏庸，只求无望的长生，不理国家政事；也反对地方官的额外需索，增加人民痛苦；他反对奢侈浪费；反对乡愿，总之，他反对坏人坏事。虽然他所处的是那样一个时代，还是坚持自己的信念，不屈不挠地斗争到死。

当时人对他的看法，不是说他做的全不对，而是说过火了一些，做过头了，偏了，矫枉过直了！他不同意，反而说就是要过火，就是要过直，不如此，风气变不过来。在给人的信中说："矫枉过直，古今同之。不过直，不能矫其枉。然生之所矫者，未见其为过直也。"而且："江南粮差之重，天下无有，古今无有。生至地方，始知富饶全是虚名，而苦楚特甚。其间可为百姓痛哭，可为百姓长太息者，难以一言尽也。"这种情况，光是要大地主退还一点非法侵占的田地，又怎么能说是过火，过直呢？应该说是不够，而不是什么过直。就当时当地的情况说，就当时苦楚特甚，可为痛哭，可为长太息的百姓说，过直应该是好得很，而不是糟得很。

当时农民暴动已经发生了。他把农民暴动的原因，明确指出是因为官坏："广寇大都起于民穷，民穷之故多端，大抵官不得其人为第一之害。"慨叹地说："今人居官，且莫说大有手段，可为百姓兴其利，除其弊。止是不染一分一文，禁左右人不得为害，便出时套中高人者矣。"把对官的要求降低到不求做好事，只要不做坏事，不贪污，也就难得了。又说："今人每谓做官自有套子，比做秀才不同，不可苦依死本。俗人俗见，谬妄之甚！区区惟愿……执我经书死本，行己而已。如此不执，虽熟人情，老世故，百凡通融，失己失人，全无用处。"痛斥当时的社会风气，在思想上进行坚决的斗争。

当然，光是执我经书死本，说往古，道先王，是解决不了当前的问题的。要求官吏不落时套，不做坏事，不贪污，不讲人情世故，不百凡通融，而不从社会的根本变革出发，也是不可能成功的。同样，不改变生产关系，简单地要求大地主退还侵占农民的部分田地，少剥削些，农民的苦楚减轻一些，无论事实上做不到，即使做到了，也还是封建的剥削的社会，地主剥削农民的关系依然不变，问题还是没有解决，也是不可能解决的。在当时情况下，这是不可能解决的社会矛盾。海瑞虽然感觉到问题严重，必须坚决地和坏人坏事进行斗争，但是，他没有也不可能从本质上认识和解决这个矛盾。这是时代的矛盾，也是海瑞被大地主阶级的代表们所排挤、攻击，而又取得另一部分地主阶级同情、支持的道理。

海瑞是封建统治阶级的左派，和右派及中间派进行了长期的斗争。尽管遭受多次失败，有时候很愤慨，说出了"这等世界，做得成甚事业！"的气话。但在闲居十六年以后，有重新作事业的机会，他又以头童齿豁的高年参加了。不气馁，不服老，不怕挫折，真是"铮铮一汉子"。

海瑞的历史地位

海瑞在当时，是得到人民爱戴，为人民所歌颂的。

他反对贪污，反对奢侈浪费，主张节俭，搏击豪强，卵翼穷民，主持清丈田亩，贯彻一条鞭法，裁革常例，兴修水利，这些作为对农民，特别对贫农、中农是有利的。农民爱戴他，歌颂也是很自然的。他对城市人民，主要是商户，裁减里甲负担，禁止无偿供应物品等等，这些措施对减轻城市工商业者的负担，是有好处的。城市人民爱戴他，歌颂他，也是很自然的。此外，他还注意刑狱，特别是人命案件，着重调查研究，在知县和巡抚任上，都亲自审案，处理了许多积案，昭雪了许多冤狱。对农民和地主打官司的案件，他是站在农民一边的。海知县、海都堂是当时被压抑、被欺侮、被冤屈人们的救星。他得到广大人民的称誉、赞扬，被画像礼拜，被讴歌传颂，死后送丧的百里不绝。他的事迹，主要是审案方面的故事，一直到今天，还流传在广大人民中。

尽管海瑞在他的时代，曾经遭受攻击、排挤、辱骂，坐过牢，丢过官，但是，就封建统治阶级内部来说，他也还是被一部分人所歌颂的，赞扬的。不只是有些青年人仰慕他，以为是当代伟人，连某些反对他的人，大地主阶级的某些代表人物，如高拱、张居正、何良俊等人，都不能不对他说一些好话。死后，被谥为忠介，皇帝派官祭奠，祭文里也说了一大堆赞扬肯定的话。当时的史家何乔远、李贽都写了歌颂他的传记。清修《明史》也把他列入大传，虽然说他行事不能无偏，有些过火，但又说他从作知县一直到巡抚，作的事用意主于利民，也是肯定的。

海瑞在历史上是有地位的。

这样的历史人物，从今天来说，建设社会主义的新时代，该不该肯定，该不该歌颂？

答案是应该肯定，应该歌颂。

评价历史人物，应该从当时当地的情况出发，应该从这个人的作为是否有利于当时的人民、当时的生产出发。从以上的分析，从明朝嘉靖到万历初期这几十年间，从当地，海瑞作过官的地区，江苏、安徽、浙江、江西、福建，那时代那地区的人民，以至更广大地区的人民，是爱戴、歌颂海瑞的。反对他的人也有，只是极少数的大地主大官僚。他的主张和措施，有利于当时人民，有利于当时生产，而不利于某些大地主的兼并，不利于某些大地主的逃避赋役，转嫁给穷苦人民的恶劣勾当。

为广大人民所爱戴、歌颂，为少数大地主大官僚所攻击、反对，这样的人物，难道还不应该为我们所肯定，所歌颂吗？

我们肯定、歌颂他一生反对坏人坏事；肯定、歌颂他一生反对贪污，反对奢侈浪费，反对乡愿；我们肯定、歌颂他一生处处事事为百姓设想，为民谋利；我们肯定、歌颂他一生不向困难低头，百折不挠的斗争精神；我们肯定、歌颂他一生言行一致，里外如一的实践精神。这些品质，都是我们今天所需要学习和提倡的，而且只有社会主义时代，这些品质才能得到充分的发扬，虽然我们今天需要的海瑞和封建时代的海瑞在社会内容上有原则的不同。

在今天，建设社会主义社会的今天，我们需要站在人民立场、工人阶级立场的海瑞，为建成社会主义社会而进行百折不挠斗争的海瑞，反对旧时代的乡愿和今天的官僚主义的海瑞，深入群众、领导群众、鼓足干劲、力争上游的海瑞。

这样，封建时代的海瑞，还是值得我们今天学习的。

但是，决不能也不许可假冒海瑞，歪曲海瑞。海瑞是为当时人民办好事的，一生反对坏人坏事，从没有反对过好人好事。即使在徐阶和高拱的斗争中，他没搞清楚，对徐阶只看到好的一面，不知道他坏的一面，对高拱只知道他的缺点，没有弄明白他的政治品质好的一面，作了错误的支持和抨击。但是，几年以后，弄清楚了，就自己检查，承认了错误，并且在行动上改正了这个错误。

今天有些人自命海瑞，自封"反对派"，但是，他们同海瑞相反，不站在今天人民方面，不站在今天的人民事业——社会主义事业方面，不去反对坏人坏事，却专门反对好人好事，说这个搞早了，搞快了，那个搞糟了，过火了，这个过直了，那个弄偏了，这个有缺点，那个有毛病，太阳里面找黑子，十个指头里专找那一个有点毛病的，尽量夸大，不及其余，在人民群众头上泼冷水，泄人民群众的气。这样的人，专门反对好人好事的人，反对人民事业的人，反对社会主义事业的人，不但和历史上的海瑞毫无共同之点，而且恰好和当年海瑞所反对而又反对海瑞的大地主阶级代表们的嘴脸一模一样。广大人民一定要把这种人揪出来，放在光天化日之下，大喝一声，不许假冒！让人民群众看清他们的右倾机会主义的本来面目，根本不是什么海瑞！

这样看来，研究海瑞，学习海瑞，反对对于海瑞的歪曲，是有益处的，必要的，有现实意义的。

1959年9月17日

况钟和周忱

一、从《十五贯》说起

1956年浙江昆苏剧团上演了改编的昆曲《十五贯》之后，各地其他剧种也纷纷改编上演，况钟这个封建时代的好官，逐渐为成千上万的观众所熟识了。这戏中另一个好官周忱，是况钟的上司和同乡，也被赋予和况钟不同的性格，成为舞台上的人物。

《十五贯》成功地塑造了况钟这个历史人物，刻画了他的性格、思想感情。他通过具体分析，进行现场调查研究，得出正确结论，终于纠正了主观主义、官僚主义的错误判断，平反了冤狱，为人民办了好事。这个戏形象地突出了反对主观主义、反对官僚主义这个主题，是具有现实的教育意义的，是个好戏。

但是，《十五贯》这个故事，其实和况钟并不相干。

《十五贯》的故事出自《宋元话本》的《错斩崔宁》，大概是宋朝的故事。明朝末年，有人把这故事编在一部书里，题名为《十五贯戏言成巧祸》，清初的戏剧家朱素臣又把它改编为《十五贯传奇》。现在上演的本子，是根据朱素臣的本子改编的。从故事改编的发展来说，一次比一次好，迷信成分去掉了，复杂的头绪减少了，人物的形象更典型了，深刻了，也就更生动了；艺术感染力量更强烈了；教育主观主义、官僚主义者的效果也就更好了。

那么，问题就来了，《十五贯》既然是宋朝的故事，况钟却是明朝人，从宋末到明前期，相差有一百几十年，为什么戏剧家一定要把这故事算在况钟名下呢？

这是因为况钟的确是历史上的好官，也的确替当时负屈的老百姓伸过冤，救活了不少人命，在当时人民中威信很高。其次，朱素臣是苏州人，对《十五贯》的故事和况钟这个人物的传说都比较熟悉。戏剧家为了集中地突出故事情节，集中地突出历史人物，把民间流传已久的《十五贯》故事，和当时民间极有威望的好官况钟结合起来，一方面符合人民对于清官好官的迫切要求，一方面也反映了一定时期的历史情况，是完全可以允许的艺术处理。

正因为如此，这故事不但得到广大人民的喜爱，连况钟的子孙也认为确有其事了。况钟九世孙况延秀编的《太守列传编年》上说：

> 折狱明断，民有奇冤，无不昭雪。有熊友兰、友惠兄弟冤狱，公为雪之，阖郡有包龙图之颂，为作传奇，以演其事。惜一切谳断，不能尽传于世。

二、况青天

封建时代的官僚，被人民表扬为青天，是很不容易的事。

由于封建统治阶级一贯剥削、虐待人民，和人民对立，老百姓在平常时候，是怕官的。老百姓和官的关系是，一要完粮，二要当差，三呢，遭到冤枉要打官司。这三件事都使老百姓怕官，一有差错，就得挨板子、上夹板，受到种种非刑，关进班房，以至充军、杀头等等，老百姓怎能不怕？

但是，一到了阶级矛盾十分尖锐，老百姓忍无可忍，团结起来暴动的时候，情况就完全改变了。人民自己已有了武装，也有了班房，那时候，老百姓就不再怕官了，害怕发抖的是官。以此，历史上每次农民起义，矛头总是首先针对着本地的官员，口号总有杀尽贪官污吏这一条。

由于封建统治阶级的统治基础是建立在对广大农民的剥削、掠夺上面的，封建官僚是为了地主阶级利益服务的；一切政治设施的最后目的，都是为了巩固和加强封建统治。这样，也就不难理解在封建官僚的压迫、奴役下，广大人民对于比较清明、宽大、廉洁政治的向往，对于能够采取一些措施，减轻人民负担，申雪人民冤枉的好官的拥护了。对于这样的好官，人民作了鉴定，叫做青天。

也正由于封建时代的青天极少，所以历史上屈指可数的几个青天，也就成为箭垛式的人物，许多人民理想中的好事都被堆砌到他们身上了。像宋朝的包拯，明朝的况钟和海瑞，都是著名的例子。

也还必须指出，尽管历史上出现了几个青天，是当时人民给的称号。但是，也决不可以由此得出结论，以为青天就是站在人民立场的政治家。不是的，恰恰相反，他们都是为封建统治阶级利益服务的官僚，在这一点上，也和当时其他封建官僚一样，是和人民对立的。不过，由于他们的出身和其他关系，比较接近人民，了解人民的痛苦，比较正直，有远见，为了维持封建统治阶级的长远利益，缓和阶级矛盾，在不损害封建统治阶级的根本利益前提下，有意识地办了一些好事。这些好事是和封建统治阶级的长远利益一致的，也是和被压迫被剥削的广大人民当前利益一致的，对当时的生产发展，对历史的进展有好处的。因此，他们在当时被人民叫做青天，在历史上也就应该是被肯定的，值得纪念的，在某些方面，还是值得今天学习的人物。

况钟（1383—1442），江西靖安人。从1430年起任苏州知府，一直到1442年死在任上，连任苏州知府十三年。

苏州地方殷富，人口稠密，土地集中，人民贫困，阶级关系比较紧张。在况钟以前，做知府的不要说久任，连称职能够做满任期的也没有一个。况钟以后，也还出过几个好官，不过都比不上他这样有名，为人民所爱戴歌颂。

从唐宋以来，封建王朝任命官僚，主要是用科举出身的人，上过学，会写一定格式的诗、文，通过考试，成为叫做进士或者举人的知识分子。一般在衙门里办事的吏（科员），地位很低，只能一辈子做吏，是做不了官的。明朝初期，科举出身的人还不够多，官和吏的区别还不十分严格，以后就不同了。况钟的父亲是一家地主的养子。况钟从小也念过一点书，但没有考上学校。到成年以后，1406年被选作靖安县的礼曹（管礼仪、祭祀一类事务），一直做了九年的吏。他为人干练精明，通达事务，廉介无私，为县官所重视。也正因为他做了多年的吏，直接和人民打交道，不但了解民间痛苦，也深知吏的贪污害民行径，到后来做了官，便有办法来制裁这些恶吏了。

靖安知县和当朝的礼部尚书（管礼仪、祭祀、考试的部长）是好朋友，当况钟做满九年的吏，照例要到吏部（管任免、考核官员的部）去考绩的时候，靖安知县便写信给这个朋友，推荐况钟的才能。礼部尚书和况钟谈了话，也很器重，便特别向皇帝推荐。明成祖召见况钟，特任为礼部仪制司主事，以后升为郎中，一连做了十五年京官。

在这十五年中，况钟和当时许多有名的政治家来往，成为朋友，交换了对政治上的许多看法。其中主要的是江西同乡的京官。在封建时代，交通很不方便，官僚们对同乡是很看重的，来往较多，政治上也互相影响，这种关系称为乡谊，是一种封建关系。况钟的同乡中有许多是当权的大官，有声名的政治家，况钟深受他们的影响，在况钟以后的政治活动中，也得到他们的支持。

明成祖在打到南京，做了皇帝以后，任命七个官员替他管理机密事务，叫做"入阁"，后来叫做"拜相"。这七个人中有五个是江西人，其中泰和人杨士奇和况钟关系最深，南昌人胡俨、湖北石首人杨溥也是况钟的朋友。此外，江西吉水人周忱和况钟也很要好。

明成祖死后，三杨当国，三杨就是原来七人内阁中的三个，是杨士奇、杨溥和杨荣。这三人都是有能力的政治家，在他们当国时期，政治是比较清明的。

1430年，明封建王朝经过讨论，为了进一步加强统治，增加财政收入，认为全国有九个大府，人众事多，没有管好，其中特别是苏州府，交的税粮比任何一省都多，政治情况却十分不好，官吏奸贪，人民困苦，欠粮最多，百姓逃亡。要百官保举京官中有能力而又廉洁的外任做知府，来加强控制。礼部和吏部都推荐况钟，首相杨士奇也特荐况钟做苏州知府。为了加重况钟的权力，明宣宗还特别给以"敕书"（书面命令），许以便宜行事，并特许他可以直接向皇帝写报告，提建议。

我国在过去漫长时期是农业国，封建王朝的经济基础是农业。王朝的全部收入百分之九十以上出自农民交纳的粮食，服兵役和无偿劳役的也主要是农民。要是农民交不起粮或者少交粮了，农民大量逃亡外地，不当差役了，便会发生严重的政治危机，危害封建王朝的统治地位。

由于宋元以来的历史发展，东南地区的农业经济大大发展了，显出一片繁荣气象。况钟所处的十五世纪前期，正是明王朝的全盛时期。但是，这个地区的繁荣，这个时期的全盛都只是表面上的，内部却包含着严重的危机。

危机是农民负担过重。

就东南一带而说，农民负担之重居全国第一。这时全国的实物收入，夏税秋粮总数约三千万石，其中浙江一省占二百七十五万多石，约占全国收入十分之一弱。苏州一府七个县却占二百八十一万石，比浙江一省交的粮还多。松江府一百二十一万石，也很重。以苏州而论，垦田数只有九万六千五百零六顷，占全国垦田数百分之一点一，交纳税粮呢，却占全国税收的百分之九点五。

为什么江南地区的农民负担特别重呢？这是因为从南宋以来，由于这一带土地肥沃，经济发展，贵族、官僚用种种方法兼并土地，到了政治局面发生变化，旧的贵族、官僚被推翻了，他们所占有的土地就被没收为官田，经过多次变化，官田就越来越多，民田就越来越少了。到明太祖取得这带地方以后，又把原来的豪族地主的田地没收为官田，并且按私租收税，这样，这带地方的官田租税就特别重了。

民田的租税虽然也很重，但是农民向地主交租，多在本地，当天或者几天就可以来回，一改为官田，不但田租特别重，而且收的粮食要交官了，得由农民运送到指定的仓库交纳。在交通不便的情势下，陆运、水运，要用几个月以至更多时间，不但占用了大量劳动力，不能投入生产，而且交纳一石官粮，往往要用两三石以至四五石的运费，有时候遭风翻船了，或者被人抢劫，都得重新补交，所有这些巨大的运费和意外的赔垫，都要由农民负担，农民怎么负担得起？苏州农民因为官田特别多，负担就特别重。

苏州七个县完纳的二百八十一万石税粮中，民粮只有十五万石，官田田租最重的每亩要交三石粮。官粮中有一百零六万石要远运到山东临清交纳，有七十万石要运到南京交纳，运到临清的每一石要用运费四石，运到南京的也要六斗。这样残酷的剥削使人民无法负担，在况钟到苏州以前，四年的欠粮数就达到七百六十多万石。老百姓完不了粮是要挨板子，坐班房的，农民要活下去，就只好全家逃亡，流离外地了。

占全国税粮近十分之一的苏州，欠粮这样多，人口大量外流，是不能不严重地影响到封建王朝的统治基础的。首相杨士奇提出补救方案：蠲免欠粮，官田减租，清理冤狱，惩办贪官，安抚逃民，特派知府等六项措施。况钟就是在这样情况下，被特派到苏州执行这些措施的。

官田减租是得到明宣宗的同意，用诏书（皇帝的命令）下达全国的。但是，有人认为，减掉了租，就减少了王朝的收入，遭到封建统治阶级内部的反对，没有能够贯彻；蠲免欠粮，也同样行不通。隔了两年，还是没有解决。尽管明宣宗和杨士奇为了缓和阶级矛盾，巩固统治基础，下了极大决心要办，并且严厉申斥户部官员，不奉行减租免粮命令的就要办罪，还是办不了，办不好。

况钟在苏州坚决执行封建王朝的政策，在巡抚周忱的支持下，他多次提出官田减租和蠲免欠粮的具体办法，都被户部批驳不准。况钟并不妥协，坚持要办，一直到1432年3月，才得到批准，减去官田租七十二万一千六百多石，荒田租十五万石，官粮远运临清的减去六十万石，运到南京的改为驻军到苏州自运，连同其他各项。每年减省了苏州人民一百五十六万石的负担，假如连因此而省掉的运费、劳力计算，数目就更大了。这对苏州人民来说，确是一件了不起的大好事，对明王朝的统治来说，也确是起了巩固作用。而且，官田虽然减了一些租，因为不欠粮了，王朝的实际收入比前几年反而增加了。

由于官田田租减轻了，逃民回来后复业的就有三万六千六百多户。人民的生活虽然还是很苦，但是毕竟比过去稍微好了一些，生产情绪也提高了。他们欢欣鼓舞，感谢况钟的恩德，到处刻碑纪念这件好事。

况钟在人民中间的威信日益提高，主要的是他还办了以下这几件事：

第一是惩办贪吏。况钟是从吏出身的，精于吏事。在上任以后，却假装不懂公事，许多吏拿着案卷请批，况钟问他们该怎么办，都一一照批。吏们喜欢极了，以为这知府真好对付，以后的事好办了。况钟在经过充分的调查研究，弄清情况以后，过了一个多月，突然叫官员和吏们都来开会，当场宣读"敕书"，其中有"属员人等作奸害民，尔即提问解京"的话，就问这些吏，那一天你办了什么事，受了多少贿赂，对不对？——问过，立时杀了六个。官员中有十二个不认真办事，疲沓庸懦的，都革了职。另外有几个贪赃枉法的，拿到京师法办。这一来，官吏们都害怕了，守法了，老百姓也少吃苦头了。人们叫他做青天。

苏州人民好容易有了一个青天，松了一口气。第二年，况钟的继母死了，按封建礼制辞官回家守孝。这一来，苏州的天又黑了，风气又变了，官们吏们又重新做坏事了，百姓又吃苦头了。他们想了又想，都是况钟不在的缘故，三万七千多人便联名请求况钟回来。隔了十个多月，况钟又被特派回到苏州，这一回用不着调查了，立刻把做坏事的官吏们都法办了，天又变好了，况钟更加得到人民的支持。

第二是清理冤狱，苏州有七个县，况钟每天问一个县的案，排好日程，周而复始，不到一年工夫，清理了一千五百多件案子，该办的办，该放的放，做得百姓不叫冤枉，豪强不敢为非，老百姓都叫他是包龙图再世。现在舞台上演唱的《十五贯》，虽然事实上和况钟无关，但确也反映了他在这一方面的工作作风，取得的成绩和威信，是符合历史实际的。

第三是抑制豪强。明朝制度，军民籍贯是分开的，军户绝了，要勾追原籍本家男丁补缺。封建王朝派的清军御史蛮横不讲道理，强迫平民充军，弄得老百姓无处诉冤，况钟据理力争，免掉一百六十个平民的军役，免掉一千四百多平民的世役，只是本身当军，不累及子孙。七县的圩田设有圩长圩老九千多人，大部分都是积年退役（在衙门做过事）的恶霸，这制度和这些人得到大官的支持，为非作恶，况钟不管上官的反对，也把它一起革除了。沿海沿江有些地方的军官，借名巡察河道，劫掠商船，为害商旅，况钟都一一拿办。

第四是为民兴利。苏州河道，淤塞成灾，况钟把它疏浚了，成为水利。人民因粮重贫困，向地主借高利贷，弄得卖儿卖女，况钟想法筹划了几十万石粮食，建立济农仓，每到农民耕作青黄不接的时候，便开仓借贷，每人二石，到秋收时如数偿还，遇有灾荒，也用这粮食赈济。又推广义役仓制度，用公共积累的粮食，供应上官采办物料的赔垫消费，免去中间地主们的剥削和贪污，从而减轻人民的负担。

况钟刚正廉洁，极重视细小事件，设想周密，不怕是小事，只要有利于百姓就做，对百姓有害的就加以改革。兴利除害，反对豪强，扶持良善，百姓敬他爱他，把他看做天神一样。第一次回家守孝，百姓想念他，作歌说：

况太守，民父母，众怀思，因去后，愿复来，养田叟。

又有歌说：众人齐说使君贤，只剪轻蒲为作鞭，兵仗不烦森画戟，歌谣曾唱是青天。

三年任满，到京师朝见，百姓怕他升官，很担心，到回来复任，百姓又唱道：

太守朝京，我民不宁，太守归来，我民忻哉！

到九年任满，又照例到吏部候升，吏部已经委派了新的苏州知府了，苏州人民不答应，有一万八千多人联名保留况钟，结果，况钟虽然升了官，又回到苏州管知府的事。

况钟做了十三年知府，死的时候，老百姓伤心痛哭，连做生意的也罢市了。送丧的沿路沿江不绝。苏州和七个县都建立了祠堂，画像祭祀，有的人家甚至把他的画像供在家里。

生性俭朴，住的房子没有什么陈设，吃饭也只用一荤一素。做官多年，没有添置过田产，死后归葬，船上只有书籍和日用器物，苏州人民看了，十分感动。做官办事，不用秘书，一切报告文件都亲自动手，文字质直简劲，不作长篇大论，说清楚了就算。在请求官田减租的报告上，直率批评皇帝失信，毫不隐讳。

和巡抚周忱志同道合，他每次有事到南京，上岸时虽然天黑了，周忱也立刻接见，谈到深夜。况钟在苏州办的许多好事是和周忱的支持分不开的，周忱在巡抚任上办的许多好事，也有况钟的贡献在内。

三、周忱

周忱（1381—1453）从1430年任江南巡抚，一直到1451年，前后共21年，是明朝任期最长的封疆大员，最会理财最能干的好官。

他是进士出身，在刑部（管司法、审判的部）做了二十多年的员外郎（官名，专员），不为人所知。直到大学士（宰相）杨荣推荐为江南巡抚、总督税粮，才出了名。

周忱不摆官僚架子，接近人民，倾听群众意见，心思周密，精打细算，会出主意，极会办事，人民很喜欢他。

江南其他各府县，也和苏州一样，欠了很多税粮。周忱首先找老年农民研究，问是什么缘故。农民们说，交粮食照规矩得加"耗"（附加税），因为仓库存的粮食日子久了分量就减少了，加上麻雀老鼠都要吃粮食，这样，就会有耗损。官府把预计必有的耗损分量在完粮时附加交纳，叫做"耗"。但是，地主们都不肯交纳，光勒掯农民负担全部耗损，农民交纳不起，只好逃亡，税粮越欠越多了。

周忱弄清原因，就创立平米法，把完粮附加的耗米，合理安排，不管是地主是农民，都一律负担，又进一步由工部（管工程的部）制定铁斛，地方准式制造，凡是收放粮食都用同一的标准量器，革除了过去大斗进小斗出的弊病。农民交粮，一向由粮长（地主）经手存放运输，制度紊乱，粮长巧立名目，从中取利，农民负担便越发重了。周忱经过细心研究，制定一套办法，大大减少了粮长做坏事的机会，也减少了耗损。又精打细算，改进了粮食由水路运到北京的办法，节省了人力和粮食。把这些节约的粮食和多出的附加耗米单独设仓贮存，叫做余米，逐年积累，作为机动用费。又和况钟举办了济农仓，减免了苏州和其他各府的官田租粮。经过亲自考察，发现松江、嘉定、上海一带的河流淤塞，就用余米动工疏浚，兴办了许多水利工程。通过这些措施，人民负担减轻了，加上遇有天灾，可以得到及时的救济，不但荒年不必逃荒，连税粮也不欠了，仓库富足了，民生也安定了。

周忱遇事留心研究，找出关键问题，提出解决办法，随时改革不适用的旧办法，适应新的情况。他有便宜行事的职权，地方性和局部性的问题，可以全权管理，以此，他在江南多年，先后办了不少好事。

他有良好的工作习惯，每天都记日记，除记重要的事项以外，也记下这一天的气候，阴、晴、风、雨。有一回，有人谎说，某天长江大风，把米船打翻了。周忱说不对，这一天没有风，一句话把这案子破了。又有一回，一个坏人故意把旧案卷弄乱，想翻案。周忱立刻指出，你在某天告的状，我是怎么判决的。好大胆子，敢来糊弄人！这个坏人只好服罪。江南钱粮的数目上千上万，都记得很清楚，随时算出，谁也欺骗不了他。

也有全局观点，对邻近地区遇事支援。有一年江北闹大饥荒，向江南借米三万石，周忱算了一下账，到明年麦子熟的时候，这点粮食是不够吃的，借给了十万石。

1449年10月瓦剌也先败明军于土木（今河北怀来县），明英宗被俘，北京震动。当国的大臣怕瓦剌进攻，打算把通州存的几百万石粮食烧掉，坚壁清野。这时恰好周忱在北京，他极力主张通州存粮可以支给北京驻军一年的军饷，何不就命令军队自己去运，预支一笔军饷呢？这样，粮食保全住了，驻军的粮饷也解决了。

周忱还善于和下属商量办事，即使对小官小吏，也虚心访问，征求意见。对有能力的好官，如苏州知府况钟、松江知府赵豫、常州知府莫愚、同知赵泰等，则更是推心置腹，遇事反复商量，极力支持，使他们能够各尽所长，办好了事。正因为他有这样好的作风，他出的主意，想的办法，也都能通过这些好官，贯彻执行下去。

他从不摆大官架子，有时候有工夫，骑匹马沿江到处走，见到的人不知道他是巡抚。在江南年代久了，和百姓熟了，像一家人一样，时常到农村去访问，不带随从，在院子里，在田野里，和农夫农妇面对面说家常话，谈谈心，问问有什么困难，什么问题，帮着出主意。

周忱最后还是被地主阶级攻击，罢官离开江南。他刚离开，户部立刻把他积储的余米收为官有，储备没有了，一遇到灾荒、意外，又到处饿死人了。农民完不起粮，又大量欠粮了，逃亡了。百姓越发想念他，到处建立生祠，纪念这个爱民的好官。

过了两年，周忱郁郁地死去。

（原载《人民文学》，1960年9月号）

戚继光练兵

戚继光（公元1528—1587）是十六世纪后期抗倭的名将，谁都知道。但是他后来在北边十六年，训练边兵，保障国境安宁这一段史事，却为他自己以前抗倭的功绩所掩盖了，不大为人所知。

隆庆二年（公元1568），戚继光以都督同知被任命为总理蓟州、昌平、保定三镇练兵事，负责北边边防。

在抗倭战争时代，卫所官军腐朽了，不能打仗了。戚继光招募浙江金华义乌一带农民，教以击刺法，长短兵迭用；又以南方多水田数泽，不利于驰逐，就根据地形，制定阵法；讲求武器精利，练成一支敢战能战的精兵，当时戚家军屡战屡胜的威名，是全国皆知的。

现在，他到北方来了，面对的地形有平原，有半险半易的地形，有山谷仄隘，各种地形都有。敌人呢，是擅长骑马射箭的，也和倭寇不同。用在南方打仗的一套办法来对付新的情况行吗？

经过调查研究，深思熟虑，他制定了一套新的训练办法。首先针对边军畏敌、争功的毛病，把军队重新加以组织，节制严明，有功必赏，有过必罚。行伍、旌旗、号令、行军、扎营都逐一规定了制度。每天下场操练，务要武艺娴熟。他指出："教练之法，自有正门，美观则不实用，实用则不美观。"专拿应付上官检阅那一套来对付敌人是不行的。

为了在防御战上取得优势，他采用了骑、步、车、辎重结合的战术。还制定了阵法，在不同地形都可运用。吸收了和倭寇作战的经验，采用了敌人的武器倭刀和鸟铳，把原来的火器"大将军"、佛朗机、快枪、火箭等都加以改进和提高。长短兵迭用的原则进一步得到发挥。

更重要的是使将士和全军都有共同的目标和信念，在练了两年兵，修筑了防御工事以后，他大会诸将，登坛讲话，三天之内把所有问题都讲透了，要诸将回去以后，传与军士，要人人信服，字字遵守，万人一心。同时编了一部书叫《练兵实纪》分发给每队，每队择一识字人诵训讲解，全队口念心记，充分地做好思想教育工作。

为了给废弛已久的边兵以纪律的榜样，他调来浙江兵三千，刚到便在郊外等候检阅，恰好这天下大雨，从早到晚一刻不停，三千兵像墙一样站着，没有一个乱动的，边军看了，大吃一惊，才懂得什么叫军令、军纪。

在戚继光以前，守边的将军十七年间换了十个，大都是打了败仗换的。戚继光在边镇十六年，敌人不敢入侵，北边安定。他走了以后，继任者继承他的成规，也保持了边方几十年的安定。

经验是从实践得来的，经过总结，提高成为理论。但是实际情况又千差万别，拿此时此地的经验硬应用于彼时彼地，就非碰壁不可。这里又有因时、因地、因人制宜的问题。戚继光在南方、北方军事上的成功，原因是善于从实践总结经验，更重要的是不以成功的经验硬用于不同的地点和敌人，而宁愿从头做起，以具有普遍性的理论原则来指导实践。在这一点上，戚继光练兵的故事在今天说来也还是可以给我们一些启示的。

（原载《人民日报》，1962年5月29日）

衍圣公和张天师

明王世贞《弇山堂别集》记明宪宗成化二年（公元1466），中国两个最有历史最受朝野尊敬的家族族长的故事。第一个是孔子的嫡系子孙衍圣公孔弘绪：

三月癸卯，衍圣公孔弘绪坐奸淫乐妇四十余人，勒杀无辜四人，法当斩。以宣圣故，削爵为民，以弟弘泰代官。

第二个是张道陵的嫡系子孙正一嗣教大真人张元吉：

四月戊午，正一嗣教大真人张元吉坐僭用器物，擅易制书，强奸子女，先后杀平人四十余人，至有一家三人者。坐法当凌迟处死。下狱禁锢。寻杖一百，戍铁岭。而子玄庆得袭。元吉竟以母老放归。

一个在山东，一个在江西，生在同一时代，同一罪名，奸淫杀人，而且判决书上还写着杀的是无辜平民。都因为有好祖宗，不但不受法律处分，连官也不丢，一个给兄弟，一个给儿子。这叫做法治？这叫做中国式的民主？

没有好祖宗，得硬攀一个。再不然，也得结一门好亲戚，此之谓最民主的国家之国情有别。

这两个故事也被记载在《明史》，不重引。

献身于祖国地理调查研究工作的徐霞客

要做好任何工作，都要有调查，有研究。

我国古代有不少著名学者，他们之所以能够取得成就，就是因为认真做好了调查研究工作。

十七世纪前期的地理学家徐霞客，以他的一生贡献给地理、地质科学的调查研究工作，写的《徐霞客游记》不但科学性强，文艺水平也很高，是研究祖国自然面貌的最珍贵的遗产。

徐霞客（公元1586—1641），名宏祖，字振之，霞客是他的别号，江苏江阴人。他家世世代代都是大地主，曾祖分家时分得田一万二千五百九十七亩，到祖父时家道中落，父亲和母亲时又成为大地主。霞客因为家庭生活优越，才能和当时的许多名人学者结交，收藏很多书籍，旅行各地，专心作地理、地质科学的调查研究工作。

霞客从二十二岁（公元1607）这年开始，便出外旅行，到过太湖、泰山、北京、南京、落迦山、天台山、雁宕（荡）山、白岳、黄山、武夷、九曲、庐山、仙游、嵩山、太华山、太和山、荆溪、勾曲、福建、罗浮山、盘山、五台山、恒山、江西、湖南、广西、贵州、云南等地，其中有些地方还去过多次，一直到死前几个月才因病从云南回家。概括地说，他的调查研究工作一直坚持了三十四年之久。

他有文学修养，文章和诗都写得好，但是，和一般地主家庭子弟不同，不参加考试，也不想做官。从儿童时起便喜欢读书，特别是地理书籍，心想到长大了便去游历名山大川，增长知识。到成年以后，认为过去的山经、地志，其中有些记载，由于没有经过实际调查，错误不少。特别是边疆地区，问题更多。要认识祖国的真正面貌，科学地记录地形地貌，一定要经过亲身观测考察。怀抱着这样的志愿，他开始了长期的艰苦的旅行生活。

他身体瘦长，面孔黑黑的，平时说话很少，但只要谈到山经、水脉、地理形势，便滔滔不绝了，像换了个人似的。有人告诉他什么地方应该去，他不说一声，第二天拔腿就走，过些日子回来，人家才知道他又旅行了一次了。在途中每天都写日记，详细记载这天所看到的事物，有时连续赶路，来不及每天写，也是抓住间息的机会补写。从他的游记看，五十二岁那年，还每天记千把字。当时著名学者钱谦益劝朋友印他的书，赞扬他："闻其文字质直，不事雕饰，又多载米盐琐屑，如甲乙账簿，此所以为世间真文字，万万不可改换，失却本来面目也。"从游记的文字看来，确是文字质直，生动流利，够得上世间真文字的评价。至于多载米盐琐屑如甲乙账簿，则不是事实。

潘耒序他的游记也说："向来山经地志之误，厘正无遗；奇踪异闻，应接不暇。然未尝有怪迂侈大之语，欺人以所不知，故吾于霞客之游，不服其阔远而服其精详，于霞客之书，不多其博辨而多其真实。"精详、真实、实事求是地记录所见，是徐霞客研究学问最可宝贵的特色。

当时交通条件是很困难的，除了水路坐木船，陆路有时可以骑马以外，主要是靠步行。霞客身体好，很能走路。一根手杖，一副被服就上路，不一定走官路，只要有值得去的地方，便迂回屈曲去找，先看清山脉如何去来，水脉如何分合，了解大势以后，再一丘一壑，支搜节讨。登山不一定要有路，荒榛密菁，穿着过去；渡水也不一定在渡口，冲湍恶泷，走着过去；越是危峰，越要爬到峰顶；越是深洞，也不放过一个支洞，像蛇行猿挂那样，都要走到；走到没有路时也不害怕，耽误了时间不后悔；没地方睡就睡在树底下，石头边边，饿了吃草木的果实；不避风雨，不怕虎狼，不算时间，也不要伴侣；也能忍饿几天，不挑嘴吃，什么东西都可以吃饱。遇见困难不丧气，在西南旅行时，几次被强盗抢劫，跟的人也偷跑了，盘缠没有了，也不肯半途而废。同游僧静闻被强盗杀伤病死，遗嘱希望葬在云南鸡足山，不管怎样困难，他完成了亡友的志愿。沿途遇见正直的文人、官吏、僧侣都一见如故，政治品质不好的便拒绝来往。盘缠断绝了，接受朋友的馈赠，但是，有一个官僚要送他使用国家交通工具的邮符（免票），却毫不迟疑地拒绝了。

徐霞客有坚定的决心和毅力，不达目的决不罢休。游雁宕（荡）山时，拿一根手杖，在深草中攀援，一步一喘，爬到顶上。游黄山时，山上很陡，雪很深，背阴处结了冰，滑得无法上，他首先上去，拿手杖凿冰，凿了一个孔，容一只脚，再凿一个容另一只脚，就这样，一面凿孔一面上，终于上了最高峰。游武夷山时，看到一个岩山很奇怪，上下都是绝壁，只有一个横坳可以通过，他便伏身蛇行，盘旋而入，胸背都抵住岩石，毕竟爬过去了。游嵩山时，到了炼丹台，再上便是石脊，没有寸土，危崖万级，他手脚并用，爬了七里，才到主峰。游湖南时，为了调查潇郴二水的水源，上了三分岭石麓，峻削得站不住脚，只好攀援深菁，不能抬头，也不能平行，爬了十里路，天快黑了，只好找棵松树，除去丛菁，开辟块巴掌大地方休息。山高没有水，有火也煮不了饭，只好砍除大木，烧起营火，到天黑时，吼风大作，火星飞舞空中，火焰忽高忽低，忽左忽右，确是奇观，连肚子饿也忘记了。一会儿下雨了，雨越大，风越强，伞遮不住，幸亏火大，还受得住，一直下到快天亮，火也灭了。这一年霞客已经是五十二岁的人了。到云南游石房洞，远远看到层崖上面，有个东向的洞，想爬上去没有路，不上去呢又舍不得，还是决心仰攀而上，崖面陡削，爬了半里之后，土松站不住脚，就用手攀草根，过一会草根也松了，幸而有了石头，可是不扎实，踩着就碎，抓住也碎，费了好大事，爬上一块稍粘的石壁了，全身贴着，一动也不能动，要上抓不住东西，想下也下不来。霞客一辈子经历过多少危险，都比不上这次，因为别处有峭壁，却没有这样松的土，流土也有，却没有这样松的石头。紧张了好一会，试着两手两脚挨的石头都不动了，才悬空移一只手，跟着悬空移一只脚，再接着移一只手、一只脚，幸好石头不松了，但是，全身力气却使完了，要掉下来了，这时，霞客使尽全身力气，拼命攀登，最后，他上去了。

他不信神鬼，例如游茶陵麻叶洞时，找了向导，拿了火把，却没有人敢带路，说是洞里有神龙奇鬼，没有法术是进去不得的。最后用很多钱说服了一个向导，要脱衣服时，向导知道霞客是读书人不是法师，吓了一跳说：

我以为你是法师，才敢领路，你不是，我这条命赔不起！又不干了。霞客不管，就自己拿火把进去，作了精密的观察。回到洞口时，火把也灭了，在洞口看的几十人都说奇怪，以为霞客好久不出来，准是被鬼吃掉了。霞客向众人道了谢，却认为这个洞入口虽窄，里面的情况，却好到从来没有见过，不知道本地人为什么这样害怕。游郁林白石山时，记载说山北有漱玉泉，靠晚时庙里敲钟打鼓，泉水就会沸腾起来，钟鼓声停，泉水就安定下来了。霞客认为奇怪，到了白玉寺，才知道寺里的人连漱玉泉的名字都不知道，更不用说泉水沸腾了。

曲靖的白石江，流量少，只有几丈宽，霞客在亲身检验了以后，指出历史记载明初沐英在这里战败敌军，关于地势险要的描写是夸大的，不符合实际的。

在西南地区的考察，广西、贵州、湖南西南部、云南东南部的山都是纯质石灰岩，支水多潜流，山成圆锥形，他用"石峰离立，分行竞奋"来形容这种现象。从南宁到新宁的水路，他注意到："不特石山最胜，而石岸尤奇，盖江流击山，山削成壁，流回沙转，云根迸出，或错立波心，或飞嵌水面，皆洞壑层开，肤痕縠绉，江既善折，岸石与山辅之恐后，益使江山两擅其奇。"说出了河流侵蚀的原理。

经过实地调查研究，他写了有名的《盘江考》，有了新的发现，改正了过去记载的若干错误。又指出腾越的打鹰山，山顶有潭，是火山的遗迹。

由于到云南丽江、大理等地的考察，他第一次发现礼社（红河）、澜沧、潞江是三个江，分道入南海。知道了金沙江的北源。订正了旧记载上许多水系的错误。特别是他的《江源考》第一次指出金沙江是扬子江的上游，是我国地理学地图学上最重要的发现。综合这些发现，他指出弄清水系的一条原理："分而歧之名愈紊，会而贯之脉自见。"

徐霞客是个乐观主义者，在云南各地旅行时，曾两次绝粮，毫不着急，有朋友请他喝酒，他回信说，一百杯酒抵不上一升粮，还是送点吃的吧。爬石房山这一天，他只有三十个铜钱，只够一天吃的。不料爬山下来，钱丢光了。只好拿身上的褶、袜、裙三件东西，挂在寓所门口拍卖。等了好久，才有人拿二百多钱买了绸裙子去。霞客很高兴，立刻买酒买肉，吃饱了，又趁傍晚去探尖峰之胜了。

在云南鸡足山时，跟他多年的顾姓家人，突然把他的所有东西都卷逃了，有人劝派人去追，他说："不必，一来追不上，二来追上了也不能强迫使其回来，只好算了。只是离家三年了，两人形影相依，忽然把我丢在万里之外，也未免太狠心了。"据游记的题记说，游记有一段缺了十九天，这些天的情况，曾经问过霞客从游的人。由此看来，这个顾姓是逃回家去的，徐霞客回去以后，看来也没有对这件事加以追究。

徐霞客的一生精力，完全用于地理、地质科学的调查研究上，他细心，认真，实事求是，刻苦钻研，走遍万里路，扩大了眼界，提高了当时这门科学的水平，正如潘耒所称赞的："亘古以来，一人而已。"又说他在西南地区的考察，"实中土人创辟之事"。是前人所从来没有做过的事业。

今年是徐霞客逝世的三百二十周年，我们纪念这个著名的学者，就应该学习他的献身于学术研究，认真作调查研究工作，实事求是，努力提高科学水平的优良学风，和文字质直、生动流利的文风。

（原载《北京日报》，1961年5月5日）

谈迁和《国榷》

一、爱国的历史家谈迁

公元1647年，是清朝顺治四年。四年前的五月初一，清摄政王多尔衮入北京。同一天明宗室福王入南京，过了十二天作了皇帝，改次年年号为弘光。第二年五月清军入南京，弘光被俘，明朝亡国。

丁亥（1647年）八月间，浙江海宁县的一个村落麻泾，村边一片枣林里，住着一位老秀才谈迁，此人既老且穷，半夜里忽然被小偷光顾，破衣烂衫，什么也没有动，只偷走一部文稿，叫做《国榷》。

这部书是谈迁编的明朝编年史，从公元1328年到公元1645年，每年按月按日编的大事纪。内容主要根据明朝的实录和一百多家明朝史家的著作，经过细心的编排考订，写了改，改了再写，一连改了六次才编成的一部大书。

他是一个穷秀才，买不起书，当时也没有图书馆可以借书。明朝实录是记载每一皇帝在位时的编年史，没有刻本，只有少数的大官僚家里才有传抄本。他为了研究明朝历史，托人情、拉关系、左求右求，好容易才求通了邻县的几家大乡绅，经常跑一百多里路，带着铺盖伙食去抄书，抄了多少年，费了多少精力，终于把这部五百多万字的大书编成了，十分得意。纵然刻不起版，不能传布开去，但是，只要有了稿子，将来总会有机会出版的。

他为什么要编这部书？公元1621年，他二十九岁，那一年，母亲死了，在家守孝。他原来对历史有兴趣，读了不少书，积累了丰富的历史知识，恰好得到一部陈建著的《皇明通纪》，便仔细阅读，不料越读越生气，书里记载的史事有很多错误，见解也很肤浅，心想这样的书不是害人吗，不但糟塌人的时间，还给人以错误的史实和看法。便下决心自己编写。编书的主要根据是明朝实录，经过仔细研究，有几朝实录也很不可靠，例如《明太祖实录》是经过三次改写的，改一次便隐没了不少历史真相。明孝宗的实录是正德时的奸臣焦芳编的，凡是他所不满意的好人都乱骂一通，把白的说成黑的，很不可靠。为了求得历史事实的比较真实可靠，他便发愤通读所能借到抄到的一百几十家明朝历史家的著作，互相对证比较，一条条的札记，按年月分别放在有很多抽屉的柜子里，再按年月按事综合研究，择善而从，编成这部书。总之，他原来编《国榷》的目的是从历史的真实性出发的，要通过自己的辛勤劳动，编成一部可信的国史。

不料1644年清人入关，1645年弘光被俘，这一年他已经五十三岁了。亡国之恸，十分悲愤，在所著《枣林杂俎》里写上一段题记说："我的祖先，因南宋亡，避难搬到海宁的枣林。如今不到四百年，又是南宋亡国时的局面了。我年纪大了，说不上哪个早上晚上死去，能逃到哪里去呢？桃花源在哪里呢？只好在枣林算了！"崇祯、弘光这两朝是没有实录的，他便根据当时的《邸报》（政府公报）继续编写，认为国虽亡了，但史不可亡，保存故国的真实历史，是亡国遗民应尽的责任。从此，他的著作，署名为江左遗民，原来他名以训，字观若，也改名为迁，字孺木，纪念亡国的哀痛。

书写成了，慢慢传开了。他家虽穷，侭这部书却是件大财富。当时有的人有钱有地位，却缺少社会名望，很想有部书出版，流传后代。但写书要有学问，要花苦工夫。知道谈迁生性耿介，拿钱是买不动的，便只好偷了。结果，这部花了二十七年时间、改了六次才编成的书被偷走了，谈迁一生的精力白费了。

谈迁遭受了这样严重的打击，伤心得很，在大哭一场之后，下定决定：我的手不是还在吗？再从头干吧！

为了保存祖国的真实历史，也为了通过历史给后代人以深刻的教育，于是，这位五十多岁的老人，满头白发，背着雨伞、包袱、干粮、纸笔，跑到嘉善、归安、吴兴、钱塘，向乡绅大族说好话求情，借书抄书，读遍了有关的参考书，抄得了所需要的材料，不顾严寒，不顾酷暑，以炽盛的精力，像三十年前一样又投身到学术的战斗中。

这样，经过了四年，他已经六十岁了，又第二次完成了《国榷》的初稿。

但是，还有困难。南方虽然有许多大乡绅，有些史书可以借读借抄，毕竟他们注意的是举业，更多收藏的是八股帖括之类。有好多性质较为专门的书对他们没有用，因之也就看不到。更重要的是万历到崇祯这几十年的史事，由于党争翻复，各人的立场不同，记载也就是非不一，同一事有许多不同的说法，差别很大。崇祯一朝史事，有许多记载是得之传闻的，很不可信。要多找书读，要多找人谈，特别是找身经其事的人谈，要达到这样要求，就非到北京不可。

北京怎么能去呢？没有路费，即使借到钱，到北京后的吃住又怎么办呢？

谈迁过去的职业是当官僚的幕友，替东家代写些应酬文字，办些文墨事务。例如1642年他就胶东高弘图之聘，做高的记室，一直到1645年高弘图罢相为止，在当时官僚中有些名气。1653年义乌朱之锡进京做弘文院编修，聘谈迁做记室，约他一路从运河坐船进京，谈迁多年来的愿望实现了，一口答应。在北京朱家住了两年半，除了替朱之锡做些文墨工作以外，便用全力搜集史料和访问有关史事的人物，补充和纠正《国榷》这部书。

当时在北京有不少藏书家，著名的一个叫曹溶，浙江秀水人，由于同乡关系，谈迁写信给他，见了面，曹溶答应借书并且介绍别的藏书家。由曹溶的介绍，他又认识了太仓吴伟业和武功霍达。这三个人都是现任官员，都是明朝崇祯时的时士，都收藏了很多外边不经见的秘书。其中吴伟业熟识明末掌故，亲身经历过许多事变，是当时的大名士，交游相当广泛，从此谈迁便经常和他们往来，问以先朝遗事，一一笔录。又借到《万历实录》和《崇祯邸报》，和《国榷》原稿核对。

他到北京去的时候是带着《国榷》去的，把原稿送给曹溶、吴伟业、霍达，要求他们指出错误，随时改正。

此外，他到处访问明朝的降官、贵族子孙、太监、官僚贵族、门客、城市和乡村居民，只要有一点线索，就不放过。他还访问历史遗迹，如景泰帝和崇祯帝的坟墓，金山明代皇族丛葬地区，香山和西山的古寺等等。从运河北上和南下时，所过城市也都核对史书，记载有关事迹。到1656年回家时，已经记录了几千张纸的材料，满载而归了。

朱之锡序他的《北游录》，描写谈迁搜访史料的情形说："为了访问遗迹，登山涉水，脚都起了泡，有时迷了路，只好请看牛的小孩和雇工带路，觉得很高兴，不以为倦，人家笑他也不理会。到一个村子里，就坐下笔记，一块块小纸头，写满了字，有时写在用过的纸背上，歪歪扭扭的，很难认出。路上听到的看到的，一堵围墙，一块破碑，也不放过，只要耳目所能接触的都用心记下，真是勤勤恳恳，很感动人。"

这两年多的生活，使他的历史知识更丰富了，《国榷》的史料质量更提高了。除此以外，他还把所作诗文编成《北游录》，内容包括在北京时的日记和见闻记录，北游的旅程，把一部分材料补充了以前所著的《枣林杂俎》。

他在学术上有很大收获，但在精神上则很痛苦。因为他只是一个穷老秀才，一个替人帮忙的幕客，这样的身份求人借书，访人问事都不是很容易的。他在给朋友信中诉苦说："我不善于说话，年纪又大，北京游人多得像蚂蚁，成天去拜访贵人，听候接见，往往早上去等中午，有时得等到晚上才能见着面，简直受不了。北京气候又干燥，到处是尘土，鼻子口腔都脏得很。无处可去，只有离住所两里外的报国寺有两棵松树，有时跑到树下坐一会，算是休息了。"他早就要回南方，只因东家挽留不放，后来朱之锡奉命修书，想来或者可以看到一些难得的秘书，一打听内阁的书也都残缺不全了，没有了指望，便决心回家了。

1657年他又应聘作幕友到山西，一来是为了生活，二来也想趁机会去拜哭平阳的张慎言墓。张慎言是弘光时的吏部尚书，高弘图的朋友，很契重谈迁。这年十月，他还没有到平阳，就病死在路上，年六十五岁。

谈迁的《国榷》，三百年来只有传抄本。二十五年前我因为要查对一些材料，曾在前中央研究院历史语言研究所翻阅了一遍，因为不能外借，没有机会细读。想望了这多年，现在中华书局终于把它出版了，这是学术界的一件大好事。对爱国的历史家谈迁说，隔了三百年出版了他的著作，他应该十分高兴。对学习历史的我来说，也是绝好的今昔对比，从前看不到的书现在却搁在我的书桌上，不但有机会细读《国榷》，而且还能读到他的《北游录》，比较深切地了解谈迁这个人，十分感动，也十分高兴。这篇短文的目的，介绍这部书，也介绍这个人。这书的编写经过，这人对历史的求真精神和顽强的研究精神是值得我们学习的。

二、《国榷》这部书

二十五年前，我在北京图书馆读《明实录》，抄《朝鲜李朝实录》，想从这两部大部头书里，找出一些有关建州的史料，写一本建州史。因为清修《明史》，把它自己祖先这三百年间的历史都隐没了，窜改了，歪曲了，为的是好证明清朝的祖先从来没有臣属于明朝，没有受过明朝的封号，进一步强调建州地区从来不属于明朝的版图等等政治企图。为了达到这个目的，在修《四库全书》的时候，把明人有关建州的真实史料都作了一番安排，办法多种多样，一种是毁板，禁止流通；一种是把书中有关地方抽掉，弄成残废；一种是把有关文字删去或改写。推而广之，连明朝以前有关女真历史的著作也连带遭殃，不是被删节便是被窜改了。这样做的结果，从十四世纪到十七世纪中期这一段期间的建州史实，在整个历史上几乎成为空白点，我们对建州族的社会发展、生产情况、生产工具、社会组织、风俗习惯、文化生活、部落分布等不是一无所知，便是知道的很少。这是个历史问题，应该解决。解决的办法是努力搜集可能得到的史料，加以组织整理，填补这个人为的空白点，从而充实丰富祖国各族大家庭的可爱的历史。

当时，我从《朝鲜李朝实录》中抄出有关建州和中朝关系的史料八十本，这些史料大部分是朝鲜使臣到明朝和建州地区的工作报告，很具体，很可靠，对研究明朝历史，特别是研究建州历史有极大帮助。这部书定名为《朝鲜李朝实录中之中国史料》。隔了二十多年，最近才抽工夫校补，交给中华书局，正在排印中。

另一个主要史料《明实录》，读来读去，读出了许多困难。第一是这书没有印本，只有万历以后的各种传抄本。私人传录，当时抄书的人，怕这书部头大，有时任意偷懒，少抄或漏抄以至错抄的地方很多。错字脱简，到处都是。更糟的是这书原来就不全，因为崇祯这一朝根本没有实录。天启呢，在清初修《明史》的时候，因为《天启实录》里如实记载了当时宰相冯铨的丑事，冯铨降清以后，凭借职权方便，把记有他丑事的这一部分原本偷走毁灭了，以此，《明实录》的传抄本也缺了这部分。补救的办法是多找一些《明实录》的传抄本，用多种本子互相校补，但是，这个办法在二三十年前的私人研究工作得不到任何方面支持的情况下，是办不到的。另一个是找一部明末清初人的有关明史的较好的著作，这部书就是谈迁的《国榷》。

《国榷》这部书，知道的人很少，因为没有印本流通，只有传抄本，有机会看到的人不多。二十五年前的北平，只有前中央研究院历史语言研究所藏有一部晒印本，很珍贵，不能出借。记得在1932或1933年为了查对一条材料，曾经翻阅过一次，以后便再也没有机会见面了。

想望了二三十年，如今头发都白了，在解放了的祖国，在党的整理文化遗产的正确方针下，中华书局排印了这部六大厚册五百万字的大书，怎能叫人不高兴，不感激，不欢欣鼓舞！这部书就我个人的治学经历来说，也是一个鲜明的今昔对比。

《国榷》一百零四卷，卷首四卷，共一百零八卷。据谈迁《国榷》义例，原稿原来分作百卷，现在的本子是海宁张宗祥先生根据蒋氏衍芬草堂抄本和四明卢氏抱经楼藏抄本互相校补后重分的。这书是明朝的编年史，按年按月按日记载著者认为重大的史事，起元天历元年到明弘光元年（1328—1645）。卷首四卷分作大统、天俪、元潢、各藩、舆属、勋封、恤爵、戚畹、直阁、部院、甲科、朝贡等门，是综合性的叙述，便于读者参考的。

原书有崇祯庚午（1630）新建喻应益序，说："三代而后……野史之繁，亦未有多于今日者，然见闻或失之疏，体裁或失之偏，纪载或失之略。……盐官谈孺木，乃集海盐、武进、丰城、太仓、临朐诸家之书凡百余种，苟有足述，靡不兼收，勒为一编，名曰《国榷》。"天启丙寅（1626）谈迁自序批评了在他以前的几个明代编年史的作者以后，说："故予窃感明史而痛之，屡欲振笔，辄自惭怒臂，不敢称述。间窥诸家编年，于讹陋肤冗者妄有所损益，阅数岁，衷然成帙。"序后又有跋："此丙寅旧稿，嗣更增定，触事凄咽，续以崇祯、弘光两朝，而序仍之，终当复瓿，聊识于后。"

由此可见《国榷》初稿完稿于公元1626年，以后陆续改订，过了二十年，1645年以后，又续加了崇祯、弘光两朝。据义例所说《国榷》创稿于公元1621年，1647年被小偷偷走原稿，又发愤重新编写，1653年带稿子到北京又加修订，那么，这部书的编纂时间前后已经超过三十年了。

三、谈迁写《国榷》

《国榷》的主要根据除明列朝实录和崇祯邸抄以外，1630年喻应益《国榷》的序文，说他采诸家著述凡百余种，这话是有事实可查的。试以卷一到三十二的引书为例，谈迁参考过明代人著作有叶子奇、宋濂、王祎、解缙、苏伯衡、方孝孺、金幼孜、杨士奇、吴宽、李贤、李梦阳、丘濬、叶盛、姚福、郑晓、雷礼、王世贞、王世懋、王鏊、王琼、杨守陈、何乔新、薛应旂、陆深、冯时可、袁袠、何乔远、邓元锡、姜南、郭正域、吴朴、周晖、敖英、晏璧、钟士懋、林之盛、陈于陛、马晋允、陶望龄、杨廉、崔铣、罗鹤、袁又新、许重熙、张适、刘凤、顾清、严从简、郭子章、赵汝濂、高岱、廖道南、刘文征、徐学谟、陈仁锡、顾起元、霍韬、黄佐、陈懿典、朱国桢、谢铎、朱鹭、黄瑜、陈建、黄金、李维桢、尹直、杨慎、顾磷、焦竑、田汝成、茅瑞征、杨寅秋、劳堪、郭棐、罗玘、唐枢、王锜、王廷相、张志淳、陈士元、屠隆、黄志清、程敏政、储瓘、于慎行、赵时春、徐日久、陈敬宗、陈涟、冒起宗、包汝楫、周圣楷、陈善、吴中行、罗洪先、李濂、叶向高、胡松、陈廷谔、钱士升、黄省曾、袁懋谦、史继阶、许相卿、叶灿、史桂芳、何景明、陈鎏、张霈、凌翰、朱睦㮮、尹耕、谢彬、姚涞、陈德文、徐必达、陈继儒、张溥、陈子龙、沈德符、屠叔方、姚士粦等一百二十多家。其中引用最多的是海盐郑晓的《吾学编》、《今言》，丰城雷礼的《大政记》、《列卿记》，太仓王世贞的《弇山堂别集》，武进薛应旂《宪章录》，屠叔方的《建文朝野汇编》，朱鹭的《建文书法拟》，焦竑的《献征录》，徐学谟的《世庙识余录》，邓元锡的《明书》，高岱的《鸿猷录》等等。

黄宗羲撰《谈君墓表》，说他："好观古今之治乱。其尤所注心者在明朝之典故，以为史之所凭者实录耳。实录见其表，其在里者已不可见，况革除之事，杨文贞（士奇）未免失实，泰陵之盛，焦泌阳（芳）又多丑正，神熹之载笔者皆宦逆奄之舍人，至于思陵十七年之忧勤惕厉，而太史遁荒，皇疐烈焰，国灭而史亦随灭，普天心痛。于是汰十五朝之实录，正其是非，访崇祯十五年之邸报，补其阙文，成书名曰《国榷》。"朱彝尊《静志居诗话》说他："留心国史，考证皇朝实录宝训，博稽诸家撰述，于万历后尤详，号为《国榷》。"由此可见谈迁原来编撰《国榷》的用意，是因为明列朝实录中有几朝实录有失实、丑正、歪曲的缺点，是因为诸家编年有讹陋肤冗的毛病，才发愤编纂的。到国亡以后，不忍国灭史亦随灭，又访求邸报（政府公报），补述崇祯、弘光两朝史事，寄亡国的悲愤于先朝史书之编修，自署江左遗民，则是以爱国遗民的心情重写国史，和原来的以留心国史、典故的历史家心情编撰国史的时候有所不同了。其次，谈迁编撰《国榷》，主要的根据是列朝实录和邸报，参以诸家编年，但又不偏信实录，也不侧重私家著述；他对史事的记述是十分慎重的，取材很广泛，但选择很谨严，择善而从，不凭个人好恶。第三，建州史料万历以后最关紧要，《国榷》于万历后尤详，特别是崇祯朝没有实录，谈迁根据邸报编述了这十七年间的事迹。由于当时这书并未刊行，因之也没有经过四库馆臣的胡乱删改，我们可以根据《国榷》的记载和清修《明史》核对，就这一点而说，《国榷》这书对研究建州史和明朝后期历史是有积极贡献的。第四，1647年全稿被窃，他并不丧气，为了保存前朝史事，又发愤重新编写，这种忠于学术研究、忠于国家民族的坚贞不拔，不为困难所吓倒的精神气节，是非常值得后人崇敬和学习的。当然，谈迁也有他的时代局限性，如他对农民起义军的仇视，对国内少数民族和邻邦的态度和侈谈灾异迷信，以及文字叙述的过分简约等等，都是显著的缺点，也是封建时代史家的一般缺点，我们要取其精华，去其糟粕，用这部书作研究资料时，是要注意到这些缺点的。

还有一点很有意思的，是关于建文帝的记录。《太祖实录》的第三次修改本根本不承认建文帝这一朝代的存在，把建文年号取消，用洪武纪年。《国榷》不但恢复了建文年号，而且纪事也站在建文的立场上，在永乐起兵以前，称永乐为燕王，到起兵以后，建文帝削除燕王位号，便直称永乐为燕庶人了。我们要注意从明仁宗一直到崇祯帝都是永乐的子孙，谈迁是亡国遗民，晚年还到过北京，跑到十三陵去哭过崇祯的坟，但是在历史叙述上，他却站在为永乐所推翻的建文帝一方面。拿这件事和明代后期许多支持建文帝的野史的出版来看，说明了那时期的士大夫，对现实政治的不满和失望；他们不敢公开指斥现实的统治者，只好把同情寄托在以失败而告终的建文帝身上了。他们逃避现实斗争，同情改革失败的统治者，这也是封建时代，有正义感而又骨头软弱的读书人的悲哀吧。

谈迁对史事的真实性态度很严肃，为了求真，不惜一改再改。例如记明末张春被建州俘虏事就改了多次。第一次记录在他所写的《枣林杂俎》智集：

庚午三月（1630，这是谈迁记错了，应为辛未（1631）八月）。永平道参政同州张春出关陷穹庐中，误闻殉难，赠都察院右副都御史。居无何，春从塞外求款，始追削，春妾□氏，年二十一，自经客舍。春媿其妾多矣，盖洪承畴之前茅也。

到1655年，他在北京，和吴伟业谈旧事，才弄清楚张春并未降敌。他又把这一事实写在所著《北游录》上：

丁未八月丁卯，过吴太史所，语移时。崇祯初蓟州道张春陷于建州，抗节不屈，以羁死，清史甚称之。余因曰，往时谓张春降敌，追削其秩，夺赠荫，流闻之误如此。

最后在《国榷》卷九十一记：

崇祯四年（1631）八月戊辰，是日遇敌于长山，我师败绩，监军太仆寺少卿兼参政张春被执……春被执不屈，愿求一死……因幽之某寺中……后数年，以疾卒。

谈迁加的案语是："夫春实未尝诎膝，流离异域，其志有足悲者。宋王继忠陷契丹，上书言款，即张春之前茅也。继忠见原，春见疑，势有固然，无俟言之毕矣。"便完全改正过来了。张春事迹见《明史》卷二百九十一《忠义传》。

全书叙述是以明列朝实录为基础的，但又不全据实录，如记永乐几次和蒙古的战争，来往行程都用金幼孜的《北征录》、《后北征录》和杨荣的《后北征记》，在永乐八年六月庚子次澄清河条，小注，"实录云青杨成"，可以清楚看出。永乐十年九月记杀大理寺卿耿通。谈迁说此事"实录不载，岂有所讳耶。事具南院故牒，不可不存"。说明这一条实录里原来没有，是他用档案补上的。同样的十四年七月乙巳杀署锦衣卫都指挥佥事纪纲，谈迁也说："读其爰书，未尝不三为之太息也。"可见谈迁是读过处纪纲死刑的判决书的。十九年十二月底有一条"始立东厂，专内臣刺事"，小注："事不见正史。而会典据成化十八年大学士万安奏罢东厂云。文皇帝建立北京，防微杜渐，初行锦衣卫官校，暗行缉访谋逆妖言大奸大恶等事，恐外官徇情，随立东厂，命内臣提督控制之，彼此并行，内外相制云云。不知实录遗此，何也？"可见这一条也是实录原来没有，是谈迁根据会典补上去的。又如《明实录》和《明史》都说明成祖是马皇后生的。谈迁却根据《太常寺志》说明成祖是硕妃所生等等。不止如此，他对实录所记某些史实，还明白指出是说谎，叫人好笑。例如宣德三年（1428）三月癸未，废皇后胡氏，立贵妃孙氏为皇后条，他就说："吾于册储而甚疑当日之事也……（中间指出疑问，从略）乃实录载胡后再请就闲，贵妃再辞坤极，谓其皆诚心，大非人情。后史氏饰美，不为有识者所葫芦乎！"

拿《国榷》和《明实录》对比，《明太祖实录》经过三次修改以后，许多事实都被删改掉了，例如明太祖晚年杀诸将，实录只写某年某月某日某人死，不说是怎样死的。《国榷》却并不隐讳，老老实实把事实如实写上。以《国榷》所记和钱谦益的《太祖实录辨证》对读，完全符合。以《国榷》和清修《明史》对比，《明史》隐去建州史迹，从猛哥帖木儿、阿哈出、释家奴到李满住、凡察、李豆罕一直到努尔哈赤这一段，几乎是空白，《国榷》却从头据实记录，不但建州诸卫和奴儿干都司的设置年月分别记载，连以后各卫首领的承袭也都一一记上了。和《明实录》、朝鲜《李朝实录》对比，也可以互相印证。

四、辛勤的劳动

谈迁一生从事学问，手不释卷，国亡后更一意修史，《北游录·纪咏》下《梦中作》：

往业倾颓尽，艰难涕泪余，残编催白发，犹事数行书。

是他一生的写实。

公元1644年高宏图替他写的《枣林杂俎序》说：

谈子孺木有书癖，其在记室，见载籍相饷，即色然喜。或书至猥诞，亦过目始释，故多所采撷。时于坐眅涂听，稍可涉笔者，无一轻寘也。铢而寸，积而累，故称杂焉。

他喜欢读书，连坏书也要读一遍。喜欢作笔记，人们谈的，路上听的，只要有点意思，就记录下来。到处借书抄书，甚至跑到百里以外去借去抄。《北游录·纪文·上吴骏公太史书》说：

自恨绳枢瓮牖，志浮于量，肠肥脑满，妄博流览，尤于本朝，欲海盐（郑晓）、丰城（雷礼）、武进（薛应旂）之后，尝鼎血指。而家本担石，饥梨渴枣，遂市阅户录，尝重跰百里之外，苦不堪述。条积匦藏，稍次年月，矻矻成编。

从天启辛酉（1621）开始，这一年他母亲死了，在家读陈建所著《通纪》，嫌它不好，便着手搜集整理材料，一条条地积累，分别年月放在匦里，愈积愈多，编次条贯改了六次，编成一百卷。不料到丁亥（1647）八月，一股脑儿被小偷偷光了。黄宗羲《谈君墓表》说：

当是时，人士身经丧乱，多欲追叙缘因，以显来世，而见闻窄狭，无所凭藉。闻君之有是书也，思欲窃之以为己有。君家徒四壁立，不见可欲者。夜有盗入其家，尽发藏稿以去。君嗒然曰，吾手尚在，宁遂已乎！从嘉善钱相国借书，复成之。

他自己也说：

丁亥八月，盗肱其箧。拊膺流涕曰，噫，吾力殚矣。居恒借人书缀缉，又二十余年，虽尽失之，未敢废也。遂走百里之外，遍考群籍，归本于实录。其实录归安唐氏为善本，携李沈氏武塘钱氏稍略焉，冰毫汗玺，又若干岁，始竟前志。田夫守株，愚人刻剑，予病类之矣。

偷光了，再干，重头做起。以实录为本，而且还参考几种不同的本子。从1647年起第二次编撰《国榷》。为了搜访史料，他多年前就想去北京，1644年高宏图的《枣林杂俎序》提到：

惜天限孺木，朝不谋夕，足迹未及燕。而今已矣，三辅黄图之盛，东京梦华之思，孺木即有意乎，亦安所措翰也。悲夫！

北京已经为清人所占领了，怎么能去呢？就是想去，有了材料，也怎么下得笔呢？十年后，公元1653年，义乌朱之锡官弘文院编修，服满进京供职，聘他作书记，在这年闰六月同路从运河坐船到北京。丙申（1656年）二月又从运河回到海宁。在北京住了两年半多，搜集了不少史料。

朱之锡序《北游录》说他辛勤访集资料：

盐官谈孺木，年始杖矣，同诣长安（指北京）。每登涉蹑屐，访遗迹，重趼累茧，时迷径，取道于牧竖村佣，乐此不疲，旁睨者窃哂之不顾也。及坐穷村，日对一编，掌大薄蹄，手尝不辍，或复故纸背，涂鸦縈蚓，至不可辨。或涂听壁窥，轶事绪闻，残堵圮碣，就耳目所及无遗者，其勤至矣。

《北游录·纪闻》自序记访问遗事，随听随记：

自北上，以褐贱，所闻寥寥也。而不敢自废，辄耳属一二。辇上贵人，其说翔蔼尘埒之外，迂朽毋得望。至渊儒魁士，未始多值，间值之，而余颓蒙自怯，嗫嚅久之，冒昧就质，仅在跬顷，惧其厌苦，手别心帐。余则垣壁桯杌之是徇，余之惯惯，不其甚乎。然幸于燕而闻其略也，若锢我荒篱之下，禽籁虫吟，聊足入耳，能倾隃縻之残沉乎！

因为身份地位关系，他只是一个老秀才，帮人作幕友，接触的人不多。就是碰到了，也很难谈得起来，又怕人厌烦，不免很紧张。即使这样，也还是有些收获，如不到北京，这些材料的搜集是不可能的。《北游录·纪邮》是他在京时的日记，从日记可以看出他到北京的目的是为了订正《国榷》，访问、借书、抄书的目的也是为了补充《国榷》。来往最多的几个人是太仓吴伟业骏公、同乡秀水曹溶秋壑、武功霍达鲁斋，这三人都是崇祯进士，都是藏书家，熟识明朝掌故。他到京后就写信给吴伟业请求指出《国榷》缺点和借阅有关史籍：

昨蒙延诲，略示讹谬，深感指南。（中述编撰《国榷》经过）而事之先后不悉，人之本末未详，闻见邸抄，要归断烂；凡在机要，非草野所能窥一二也。如天之幸，门下不竣其龙门，辄垂引拨，谓莳菲可采，株朽亦薪。……史事更贵搜订……门下以金匮石室之领袖，闻见广洽，倘不遗弃，祈于讹谬，椽笔拈出，或少札原委。盖性好涉猎，过目易忘，至于任耳，经宿之间，往往遗舛，故于今日，薄有私恳。非谓足辱大君子之纠正，而曲学暗昧，陨堑赴谷，亦门下所矜闵而手援之者也，密迩坛坫，凡有秘帙，藜隙分青，弥切仰企。记室所抄《春明梦余录》、《宫殿》及《流寇缘起》，乞先假。

《上太仆曹秋壑书》也提出同样要求：

蒙示史例，矜其愚瞽，许为搜示。迁本寒素，不支伏腊，购书则夺于饘粥，贷书则轻于韦布。又下邑褊陋，薄视缃芸，问其邺架，率资帖括。于是问一遗编，卑词仰恳，或更鼎致，靳允不一；尝形梦寐，即携李鼎阈间，亦匍匐以前矣。……幸大君子曲闵其志，托在后乘，假以程限，广赐携阅，旁征侧汇。……先朝召对事述云在朱都谏子美处，及秘录、公卿年表等万乞留意。祠曹或素所厚善者，于宗室蠠赙，大臣责恤，月日可详，特难于萃辑耳。希望万一，企踵跂之。

由曹秋壑介绍，又和霍鲁斋往来，写信说：

凡奥帙微言，悉得颁示。又所呈残稿，筆门圭窦之人，安知掌故，性好采撷，草次就录，浃岁以来，句闻字拾，繁如乱丝，卒未易理，幸逢鸿匠，大加绳削。尊谕云，史非一手一足之力，允佩良规。

从此，谈迁就和这三个学者经常往来，讨论史事了。《纪邮》记：

甲午（1654）正月……庚申，曹太仆见枉，语先胡事二则。

二月……乙丑，晚，共雷常侍语，常侍号飞鸣，尝预司礼监南书房，今贩钱，相邻。访以旧事，不觉泣下，拭袂而别。

甲申，仍访吴太史，语移时，晚招饮，以《国榷》近本就正，多所裁订，各有闻相证也。

丁亥，阴，过曹太仆借书，出刘若愚《酌中志》三帙，孙侍郎北海承泽《崇祯事迹》一帙。《酌中志》旧尝手录，今本加详，盖此阉继编者。……侍郎辑崇祯事若干卷，不轻示人。又著《春明梦余录》若干卷，并秘之。吴太史束及近事，随答之。

三月……辛丑，吴太史示《流寇辑略》。

乙巳，阴，早至宣武门直舍，盖溧阳之杜邮也。失导而返。

戊申，过吴太史，值金坛王有三选部，重迫语江左旧事，不胜遗恨。

四月……丁卯，……过吴太史，剧论二十刻。

丁丑……吴太史借旧邸抄若干，邀阅，悉携以归。

戊寅，展抄邸报，梦如乱丝，略次第之。

乙酉……过吴骏公太史，极论旧事。

戊子，早，过吴太史，多异闻，别有纪。

七月……丙辰，……过吴太史所，语二十刻，别有纪。

九月……乙巳，晡刻，闻霍大理见枉，遂先之，语李自成陷西安事甚悉，别有纪。

丙午……霍大理征余近录。手致之。又语遗事一二则。

丁未，阴，霍大理示黄石斋先生秘录二帙。

丙辰，录黄石斋秘稿竣，以归霍大理，语久之。

十月……戊辰，霍大理招饮，……大理筮仕曹县，语刘泽清事为详。

丙戌，冲寒过（金华）叶山公，未离枕也，亟披衣起。其邻周德润（泽）故嘉定侯之孙，官锦衣，娶驸马都尉王昺孙女，年十七，遭乱，贫甚，僦一室。余欲问遗事，故屡过山公，值之，绨袍不备，有寒色。其人拙讷，语少顷遽去。

十一月……庚戌，前借霍大理《闽书》（晋江何乔远著）阅还。客严氏故游诸彻侯，云：襄城伯李国桢任京营。甲申三月都城陷，刘友□之日，君侯散重兵以归，此元功也，行冠诸臣之右矣。因留其营，尝同食寝。一日纵归，令检橐，因尽录其家。国桢败时，跨马，面如死灰。其舅金华潘某，退曰吾甥事至此，不即死，尚何待乎！此严氏目睹者。今刻本称国桢求葬先帝，刘诚意孔昭上章以明之，其说不知何所始也。

辛亥，……午，过霍大理，示所纂《西事》及王渼波《九思集》。

癸丑，阴，往崇文门访严氏，问以遗事，不值。

十二月……辛未，借曹通政（秋壑）《续文献通考》，不值。

乙未（1655）正月……癸亥，风，过霍大理，借《康对山先生集》。

三月……乙未，……过霍大理，问先朝实录，未至也。

五月……丙午早，过少司马霍鲁斋所，问先朝实录，在南道未至也。

六月……丙子，钱瞻伯借我夏彝仲《幸存录》。

八月……甲寅，过吴太史所，值其乡人马又如（允昌），本世弁，崇祯末任四川副总兵，遭乱，开阃全州。己丑（1649）变出部校，举家遇害，因北降，隶镶红旗下，食四品禄，贫甚。言遗事一二则。

戊午……晡刻，过霍彦华，值咸宁王文宣（弘度），俱目击李自成僭位事。

壬戌……晚，过王文宣、霍彦华，语旧事，知甲申大事记殆啽呓也。

九月壬午，……饭于吴太史所。太史同年侍郎孙北海（承泽）撰《四朝人物传》，其帙繁，秘甚。太史恳年余，始借若干首，戒勿泄。特示余曰，君第录之，愿勿著其姓氏于人也。

甲辰，吴太史又示我孙氏人物传若干。

十一月……癸卯，阴，先是霍鲁斋购《明实录》而缺熹庙，以问余，所录尚未全，无以应也。

十二月……辛未，……借霍鲁斋《万历实录》，向在嘉善钱相国所抄实录，为主书删其半，至是鲁斋以二百金全购。

壬申，朱生生（国寿）来，前兵部郎中，仕清陕西参政。

癸酉，答朱生生，生生留饮。……生生语明季事甚悉。

丙申（1656）正月……癸巳，大风，寒。过周子俶，值山阳成大成（默），弘光初明经，从左萝石北使，言北使事颇异。

戊申，阅《神宗实录》竟，归之。

癸丑，晚，于周子俶所复值咸大咸，语良久（关于弘光元年高杰被害事，及甲申之变太子走外家周氏被出首事）。

此外，《北游录·记闻》上《赵朴》条：

广宁门外……天宁寺，……内侍赵朴连城逃禅于此，尝值之，问以（懿安皇后及太子）遗事云。

记王绍徽、薛国观条，俱霍鲁斋先生说。

从以上所摘录的材料看，谈迁对明季史事的搜集，是尽了极大努力的。除了曹溶、吴伟业、霍达以外，他访问了故公侯的门客、降臣、宦官、皇亲等等，把所听到的都记录下来，和文献一一核对。他还到过十三陵的思陵，明代丛葬妃嫔王子的金山，和景帝陵，西山和香山的寺庙等，也都写了材料。他把这些目击的史料应用到《国榷》这部书上，以此，《国榷》的史料价值是很高的，特别是万历以后，崇祯、弘光间的记录。崇祯朝的史事根据邸报和访问，弘光朝则他自己在当时的宰相高宏图幕府，并和张慎言等大臣往来，许多事情都得于亲身闻见，因此，是比较可信的。

谈迁在北京两年多的收获很大，但是，也有许多困难。借书访人，都不是容易事。北京尘土飞扬，也不习惯：《北游录·纪文·寄李楚柔书》诉苦说：

> 口既拙讷，年又迟暮，都门游人如蚁，日伺贵人门，对其牛马走，屏气候命，辰趋午俟，旦启昏通，作极欲死，非拘人所堪。于是杜门永昼，而借人书重于卞氏璧，不可复得。主人邺架，顾同故纸，目瞀不开，五步之外，飞埃袭人，时塞口鼻。惟报国寺双松，近在二里，佝偻卷曲，逾旬辄坐其下，似吾尘中一密友也。……顷者，益究先朝史，凡片言只行，犁然有当于心，录之无遗。拟南还后作记传表志，三年为期，不敢辄语人，私为足下道也。

他生性耿介，受不了这样生活，想回南了。《北游录·后纪程序》：

> 余欲归屡矣。乙未春三月欲附朱方庵，秋八月欲附徐道力，而居停见挽，遂不自决。虽蜗沫足濡，而心终不怿。盖追访旧事，稍非其人，则不敢置喙。至于贷书则余交寡，市书则余橐耻，日攒眉故纸，非其好也。迨萌归计，而居停适有纂修之命，意效一二，佐其下风，则天禄石渠之藏，残缺失次，既无可资订，遂束身而南。

原来还想趁朱之锡修书之便，抄一点东西的。到了知道内阁图书已经残缺失次，无可资订，便下了决心，离京回家了。

五、谈迁生平

谈迁的生平，见于《海宁县志·隐逸传》、黄宗羲《谈君墓表》，都很简略。现在根据他所著的《北游录》和《枣林杂俎》，综合叙述如下：

谈迁原名以训，字观若，明亡后改名迁，字孺木，海宁县枣林人，明诸生。他自己题《枣林杂俎》：

> 吾上世……德祐末避兵徙盐官之枣林，今未四百祀，又并于德祐！吾旦

暮之人也，安所避哉！求桃源而无从，庶以枣林老耳，书从地，不忘本也。

四百年前宋亡，他的祖先搬到海宁，如今，明朝又亡了，没有地方可搬了。这段话是很哀感的。

据《北游录·纪文·六十自寿序》："癸巳十月癸亥朔，抵长安，明日为揽揆之辰，周一甲子矣。"癸巳为公元1653年，往上推六十年，他生于1593年，明神宗万历二十一年癸巳。公元1621年，二十九岁，开始编撰《国榷》。1644年，他五十二岁，清军入关，北京沦陷。1645年，五十三岁，弘光被俘，南京沦陷。1647年，五十五岁，《国榷》全部手稿被窃，发愤重新撰写。1653年，六十岁了，受聘义乌朱之锡作幕友，到北京搜集明代史事，订正《国榷》，1656年，年六十三岁，离京回海宁老家。

他的卒年，据黄宗羲《谈君墓表》："走昌平，哭思陵，西走阳城，欲哭（张慎言）太宰，未至而卒，丙申岁冬十一月也。"按谈迁自撰《北游录》，丙申（1656）五月辛丑，从北京回家。在五月以前，也没有记到阳城的事实。《海宁县志·隐逸传》则说："丁酉夏，以事至平阳，去平阳城数百里远，处士徒步往哭冡宰之墓。……卒年六十有四。"则谈迁死于丁酉年，年六十四岁。黄宗羲《墓表》所说丙申，应是丁酉之误。

他家很贫困，《县志》说他："处士操行廉，虽游大人先生之门，不妄取一介，至今家徒四壁立。"《北游录·纪邮》记他好几次拒绝人送礼物，拒绝人拿钱买他的文章。1656年南归时也不肯求人写介绍信给以方便，《纪程》下小序说："谈迁曰：余北游倦矣，得返为幸。……在燕时，或修贽广谒，而余不能也。别居停，竟长揖出门，不更求他牍。道中蹶一敝屦，殆于决踵。余岂不忧日后耶，忧日后又不如忍目前。余归计决矣，担簦而往，亦担簦而回，箧中录本殆数千纸，余之北游幸哉！余之北游幸哉！"从这段自述，可以看出他性格的耿介，是一个有骨头的老穷汉。

谈迁五十二岁以前的生活情形，不大清楚。从他后半生的生活看来，大概也是靠替人当幕友，办些文墨事务，代写些应酬文字，赚些月俸过日子的。《北游录》里《纪文》一共有十六篇序，除《六十自寿序》以外，其他各篇题目下面都注有代字，是代他的东家朱之锡写的。六十四岁这一年《县志》说他以事至平阳，大概也是替人作幕友，不然，他这样穷，为了私事是出不了这样远门的。《县志》载他的著作有《西游录》两卷，应该就是这次旅行的纪游文字。

黄宗羲《墓表》说："阳城张太宰、胶州高相国皆以君为奇士，颇折节下之。其在南都，欲以史馆处君，不果。无何，太宰、相国相继野死。"《县志》说："崇祯壬午（1642）间，受知阳城张公慎言、胶州高公宏图，二公者天下之望，相与为布衣交。甲申（1644）高入相，张为冢宰，凡新政得失，皆就谘于处士，多所裨益。相国以处士谙掌故，荐入史馆，泣辞曰，迁老布衣耳，忍以国之不幸，博一官。高乃止。勋寺交扇，时事日非，处士私语二公曰，公等不去，将任误国之咎。二公用其言，先后乞骸骨。乙酉张客死宣城，高致命会稽，处士归于麻泾之庐。"《北游录·纪文·六十自寿序》说："记甲申正月既望，御史大夫阳城张貌山（慎言）初度，遍集齐、梁、吴、晋之士，余首坐，剧饮。先生顾诸客曰，冠进贤而来者，趾高气扬，仆视其中无所有也。虽一穷褐，胸中有书若干卷。深相礼重。"由此可见从公元1642年起，谈迁就入高宏图幕，并和张慎言往来，被两人所契重，参预谋划。他对国事所提的意见，散见《枣林杂俎》仁集《定策本末》、《劝进》、《监国仪注》、《王肇基》、《黄澍》、《高杰》等条。

谈迁对明代史事虽然十分重视，用一辈子功夫钻研搜集，但对小说戏曲，却非常轻视。如《北游录·纪邮》载：

观西河堰书肆，值杭人周清源，云虞德园先生门人也，尝撰西湖小说。噫，施耐庵岂足法哉！

又《纪闻》上《续文献通考》条：

华亭王圻《续文献通考》，其艺文类载《琵琶记》、《乐府》、《水浒传》，谬甚。

他的著作除《国榷》、《枣林杂俎》、《北游录》以外，有《枣林集》十二卷，《枣林诗集》三卷，《史论》二卷，《西游录》二卷，《枣林外索》六卷，《海昌外志》八卷。

1959年7月10日

关于魏忠贤

一、生祠

替活人盖祠堂叫作生祠，大概是从那一个时代父母官"自动"请老百姓替他立长生禄位而扩大之的。单有牌位不过瘾，进一步而有画像，后来连画像也不够格了，进而为塑像。有了画像塑像自然得有宫殿，金碧辉煌，初一十五文武官员一齐来朝拜，文东武西，环珮铿锵，口中念念有词，好不风光，好不威武。

历史上生祠盖得最多的是魏忠贤，盖得最漂亮的是魏忠贤的生祠，盖得最起劲的是魏忠贤的干儿子干孙子干曾孙子重孙子灰孙子。

据《明史·魏忠贤传》说，天启六年（公元1625）魏忠贤大杀反对党，周起元、高攀龙、周宗建、缪昌期、周顺昌、黄尊素、李应昇一些东林党人一网打尽之后，修《三朝要典》（《东林罪状录》），立"东林党人碑"之后，浙江巡抚潘汝桢奏请为忠贤建祠。跟着是一大堆官歌颂功德。于是督抚大吏阎鸣泰、刘诏、李精白、姚宗文等抢先建立生祠。风气一成，连军人，作买卖的流氓棍徒都跟着来了，造成一阵建祠热，而且互相比赛，越富丽越好。地皮有的是，随便圈老百姓的，材料也不愁，砍老百姓的。接着道统论也被提起了，监生陆万龄建议以魏忠贤配享孔子，忠贤的父亲配享启圣公。有谁敢说个不字？

当潘汝桢请建生祠的奏本到达朝廷后，御史刘之待签名迟了一天，立刻革职。苏州道胡士容不识相，没有附和请求，遵化道耿如杞入生祠没有致最敬礼——下拜，都下狱判死刑。

据《明史·阎鸣泰传》，建生祠最多的是少师兼太子太师、兵部尚书阎鸣泰，在蓟辽一带建了七所。在颂文里有"民心归依，即天心向顺"的话。

潘汝桢所建忠贤生祠，在杭州西湖，朝廷赐名普德。

这年十月孝陵卫指挥李士才建忠贤生祠于南京。

次年正月宣大总督张朴、宣府巡抚秦士文、宣大巡按张素养建祠于宣府和大同。应天巡抚毛一鹭、巡按王拱建祠于虎丘。

二月阎鸣泰又和顺天巡抚刘诏、巡按倪文焕建祠于景忠山。宣大总督张朴又和大同巡抚王点、巡按张素养在大同建立第二个生祠。

三月阎鸣泰又和刘诏、倪文焕、巡按御史梁梦环建祠于西密云丫髻山，又建于昌平，于通州。太仆寺卿何宗圣建于房山。

四月阎鸣泰和巡抚袁崇焕建祠于宁前。张朴和山西巡抚曹尔祯、巡按刘弘光又建于五台山。庶吉士李若琳建于蕃育署，工部郎中曾国祯建于卢沟桥。

五月通政司经历孙如洌、顺天府尹李春茂建祠于宣武门外，巡抚朱童蒙建于延绥，巡视五城御史黄宪卿、王大年、汪若极、张枢智，建于顺天，户部主事张化愚建于崇文门外，武清侯李诚铭建于药王庙，保定侯梁世勋建于五军营、大教场，登莱巡抚李嵩、山东巡抚李精白建于蓬莱阁宣海院，督饷尚书黄运泰、保定巡抚张凤翼、提督学政李蕃、顺天巡按倪文焕建于河间、于天津，河南巡抚郭增光、巡按鲍奇谟建于开封，上林监丞张永祚建于良牧嘉蔬林衡三署，博平侯郭振明建于都督府、于锦衣卫。

六月总漕尚书郭尚友建祠于淮安。顺天巡按卢承钦、山东巡按黄宪卿、顺天巡按卓迈，也在六月分别在顺天、山东建祠。

七月长芦巡盐龚萃肃、淮扬巡盐许其孝、应天巡按宋祯汉、陕西巡按庄谦建祠于长芦、淮扬、应天、陕西等地。

八月总河李从心、总漕郭尚友、山东巡抚李精白、巡按黄宪卿、巡漕何可及建祠于济宁。湖广巡抚姚宗文、郧阳抚治梁应泽、湖广巡按温皋谟建祠于武昌，于承天，于均州。三边总督史永安、陕西巡按胡建晏、巡按庄谦、袁鲸建于固原大白山，楚王朱华奎建于高观山，山西巡抚牟志夔、巡按李灿然、刘弘光建于河东。

踊跃修建的官员，从朝官到外官，从文官到武官，从大官到小官，到亲王勋爵、治河官、卖盐官，没有一个不争先恐后，统一建生祠。

建立的地点从都城到省城，到名山，甚至都督府、锦衣卫、五军营等军事衙门，蕃育署、上林监等宫廷衙门，甚至建立到皇城东街。只要替魏忠贤建生祠，没有谁可以拦阻。

每一祠的建立费用，多的要数十万两银子，少的也要几万两，合起今天的纸币要以多少亿计。

开封建祠的时候，地方不够大，毁了民房二千多间，用渗金塑像。

都城几十里的地面，到处是生祠。上林苑一地就有四个。

延绥生祠用琉璃瓦，苏州生祠金像用冕旒。南昌建生祠，毁周程三贤祠，出卖澹台灭明祠作经费。

督饷尚书黄运泰迎像，用五拜三稽首礼，立像后又率文武将吏列阶下五拜三稽首。再到像前祝告，某事幸亏九千岁（这些魏忠贤的党羽子孙称皇帝为万岁，忠贤九千岁）扶持，行一套礼，又某事蒙九千岁提拔，又行一套礼。退还本位以后，再行大礼。又特派游击将军一人守祠，以后凡建祠的都依例派专官看守。

国子监生（大学生）陆万龄以孔子作春秋，忠贤作要典，孔子杀少正卯，忠贤杀东林党人，应在国学西建生祠和先圣并尊。这简直是孔子再世，道统重光了。国子司业（大学校长）朱之俊接受了这意见，正预备动工。不凑巧天启皇帝驾崩，政局一变，魏忠贤一下子从云端跌下来了。

崇祯帝即位，魏忠贤自杀。崇祯二年（公元1629）三月定逆案，全国魏忠贤生祠都拆毁，建生祠的官员也列名逆案，依法处刑。

《三朝要典》的原刻本在北平很容易见到，印得非常考究，大有翻印影印流传的必要。

魏忠贤的办公处东厂，原来叫东厂胡同，从沙滩一转弯便是。中央研究院北平办事处在焉，近来改为东昌胡同了，不知是敌伪改的，还是最近改的。其实何必呢？魏忠贤之臭，六君子的血，留着这个名词让北平市民多想想也是好的。

二、义子干孙

魏忠贤不大识字，智力也极平常。他之所以能弄权，第一私通熹宗的奶妈客氏，宫中有内线。熹宗听客氏的话，忠贤就可以为所欲为。第二是熹宗庸骏，十足的阿斗，凡事听凭忠贤作主张。

光是这两点，也不过和前朝的刘瑾、冯保一样，还不至于起党狱，开黑名单，建生祠，称九千岁，闹得民穷财尽，天翻地覆。原因是第一，政府在他手上，首相次相不但和他合作，魏广微运和这位太监攀通家，送情报，居然题为内阁家报。其二是，他有政权，就能养活一批官，反正官爵都出于朝廷，俸禄都出于国库。凡要官者入我门来，于是政权军权合一，内廷处廷合一。魏忠贤的威权不但超过过去任何一个宦官，也超过任何一个权相，甚至皇帝。

《明史》说，内外大权，一归忠贤。内监（宦官）自王体乾等外，又有李朝钦、王朝辅、孙进、王国泰、梁栋等三十余人为"左右拥护"。外廷文臣则崔呈秀、田吉、吴淳夫、李夔龙、倪文焕主谋议，号"五虎"。武臣则田尔耕、许显纯、孙云鹤、杨寰、崔应元主杀戮，号"五彪"。又吏部尚书周应秋、太仆卿曹钦程等号"十狗"。又有"十孩儿"、"四十孙"之号。而为呈秀辈门下者又不可数计。

"虎"、"彪"、"狗"都是魏忠贤的义子。举例说，崔呈秀在天启初年巡按淮扬，贪污狡狯，不修士行，看见东林正红得发紫，想尽方法要挤进去，被拒不纳。四年还朝，都察院都御史高攀龙尽列他在淮扬的贪污条款，提出弹劾。吏部尚书赵南星批定充军处分。朝命革职查办。呈秀急了，半夜里到魏忠贤家叩头乞哀，求为养子。结果呈秀不但复职，而且升官，不但升官，而且成为忠贤的谋主，残杀东林的刽子手了。两年后作到兵部尚书兼都察院左都御史。儿子不会作文也中了举，兄弟作浙江总兵官，女婿呢，吏部主事，连姨太太的兄弟、唱小旦的也作了密云参将。

其他四"虎"，吴淳夫是工部尚书，田吉兵部尚书，倪文焕太常卿，李夔龙副都御史。都是呈秀拉纤拜在忠贤门下当义子的。

"十狗"中如曹钦程，《明史》本传说："由座主冯铨父事魏忠贤为十狗之一。于群小中尤无耻，日夜走忠贤门，卑谄无所不至，同类颇羞称之。"到后来，连魏忠贤也不喜欢他了，责以败群革职，可是此狗在被赶出门时，还向忠贤叩头说："君臣之义已绝，父子之恩难忘。"大哭一场而去。忠贤死后，被处死刑，关在牢里等行刑。日子久了，家人也厌烦，不给送饭。他居然有本领抢别人的牢饭，成天醉饱。李自成陷北京，破狱出降。自成失败西走，此狗也跟着，不知所终。

"十孩儿"中有个石三畏，闹了个不大不小的笑话。有一天某贵戚请吃饭，在座的有魏忠贤的侄儿魏良卿。三畏喝醉，点戏点了《刘瑾醉酒》，犯了忌讳。忠贤大怒，立刻革职回籍。忠贤死后，他还借此复官，到头还是被弹劾免职。

这一群虎狗彪儿孙细按本传，有一个共通的特征，几乎没有一个不是贪官污吏。

例外的也有：如造《点将录》的王绍徽，早年"居官强执，颇以清操闻"。还有作《春灯谜》、《燕子笺》、文采风流、和左光斗诸人交游的阮大铖，和叶向高同年友好的刘志选，以及《玉芝堂谈荟》作者的周应秋，都肩着当时"社会贤达"的招牌，颇有名气的，只是利欲熏心，想作官，想作大官，要作官迷得发了疯，一百八十度一个大转弯，拜在魏忠贤膝下，终至身败名裂，在《明史》里列名阉党传。阮大铖在崇祯朝寂寞了十几年，还在南京冒充东林，附庸风雅，千方百计要证明他是东林，千方百计要洗去他当魏珰干儿的污渍，结果被一批年青气盛的东林子弟出了留都防乱揭，"鸣鼓而攻之"，落得一场没趣。孔云亭的《桃花扇》真是妙笔奇文，到今天读了，还觉得这付嘴脸很熟，"如"闻其声，"如"见其人。

三、黑名单

黑名单也是古已有之的，著例还是魏忠贤时代。

《明史·魏忠贤传》说："天启四年（公元1624）忠贤用崔呈秀为御史。呈秀造天监同志诸录，王绍徽亦造点将录，皆以邹元标、顾宪成、叶向高、刘一燝等为魁，尽罗入不附忠贤者，号曰东林党人，献于忠贤。忠贤喜。于是群小益求媚忠贤，攘臂攻东林矣。"

替魏忠贤造名单的，有魏广微、顾秉谦，都是大学士（宰相）。名单有黑红两种，《明史·顾秉谦传》说："广微和秉谦谋，尽逐诸正人，点缙绅便览一册，如叶向高、韩爌、何如宠、成基命、缪昌期、姚希孟、陈子壮、侯恪、赵南星、高攀龙、乔允昇、李邦华、郑三俊、杨涟、左光斗、魏大中、黄尊素、周宗廷、李应昇等百余人目为邪党，而以黄克缵、王永光、徐大化、贾继春、霍维华等六十余人为正人。由阉人王朝用进之，俾据是为黜陟。忠贤得内阁为羽翼，势益张。秉谦、广微亦曲奉忠贤，若奴役然。"

《缙绅便览》是当时坊间出版的朝官人名录。魏广微、顾秉谦根据这名单来点出正人邪人，必定是用两种颜色，以今例古，必定是红黑两种颜色，是可以断言的。

崔呈秀比这两位宰相更进一步，抄了两份。一份是《同志录》，专记东林党人，是该杀该关该革职该充军的。另一份是《天鉴录》，是东林的仇人，也就是反东林的健将，是自己人。据《明史·崔呈秀传》说："忠贤凭以黜陟，善类为一空。"

《明史·曹钦程传附卢承钦传》："承钦又向政府提出，东林自顾宪成、李三才、赵南星而外，如王图、高攀龙等谓之副帅，曹於汴、汤兆京、史记事、魏大中、袁化中谓之先锋，丁元荐、沈正宗、李朴、贺烺谓之敢死军人，孙丕扬、邹元标谓之土木魔神，请以党人姓名榜示海内。忠贤大喜，敕所司刊籍，凡党人已罪未罪者悉编名其中。"这又更进一步了，不但把东林人列在黑名单上，而且还每人都给一个绰号、匪号，其意义正如现在一些刊物上的闻一多夫、罗隆斯基同。

王绍徽，魏忠贤用为吏部尚书，仿民间《水浒传》，编东林一百零八人为《点将录》献上，令按名黜汰，以是越发为忠贤所喜。绍徽也名列《明史·阉党传》。

这几种黑名单十五六年前都曾读过，记得最后一种《点将录》，李三才是托塔天王，黄尊素是智多星，每人都配上《水浒传》里的绰号，而且还分中军左军右军，天罡地煞，很整齐。似乎还是影印本。可惜记忆力差了，再也记不起在什么丛书中见到。可惜！可惜！

"社会贤达" 钱牧斋

就钱牧斋对明初史料的贡献说，我是很推崇这个学者的。二十年前读他的《初学集》、《有学集》、《国初群雄事略》、《太祖实录辨证》诸书，觉得他的学力见解，实在比王弇州（世贞）、朱国桢高。同时也搜集了有关他个人的许多史料，如张汉儒控告他和瞿式耜的呈文、《牧斋遗事》、《虞山妖异志》、《阁讼记略》、《钱氏家变录》、《牧斋年谱》、《河东君殉家难事实》（以上均见《虞阳说苑甲编》）、《纪钱牧斋遗事》（《痛史》本）、《钱氏家变录》（《荆驼逸史》本）、瞿式耜《瞿忠宣公集》、文秉《烈皇小识》、计六奇《明季北略》，以及《明史·周延儒传》、《温体仁传》、《马士英传》、《瞿式耜传》有关他的记载，和张汉儒呈文的另一印本（刊《文艺杂志》八期）。因为《明史》里不收这个做清朝官的两朝领袖，《清史稿》列他在《文苑传》，极简略。当时就想替此人写点什么。记不得那时候因为什么耽误了，一晃荡便是二十年。

最近又把从前所看过的史料重读一遍，深感过去看法之错误。因为第一他的史学方面成就实在有限，他有机会在内阁读到《昭示奸党录》、《清教录》一类秘本，他有钱能花一千二百两银子买一部宋本《汉书》，以及收藏类似俞本《皇明纪事录》之类的秘笈，有绛云楼那样收藏精博的私人图书馆，从而做点考据工作，实在没有什么了不起；第二这个人的人品实在差得很，年轻时是浪子，中年是热中的政客，晚年是投满的汉奸，居乡时是土豪劣绅，在朝是贪官污吏，一生翻翻覆覆，没有立场，没有民族气节，除了想做官以外，从没有想到别的。他的一点儿成就、虚名、享受，全盘建立在对人民剥削的基础上，是一个道地的完全的小人、坏人。

可是，三百年前，他的名气真大，东林巨子，文坛领袖，斯文宗主，而且还是幕后政治的牵线人物。只是做官的日子短，在野的年代长，以他当时的声名而论，倒是个"社会贤达"也。

我正在研究历史上的士大夫官僚绅士地主这类人，钱牧斋恰好具备这些资格，而且还是"社会贤达"，因此把旧材料利用一下，写出这个人，并非毫无意义，而且也了却多年来的心愿，是为记。

一、定论

牧斋是有自知之明的，他明白自己的大节有亏，时常嘴里说的是一套，纸上写的是一套，做的是完全不同的另一套。师友们轰轰烈烈成为一代完人，只有他醉心于功名利禄，出卖了人格灵魂，出卖了民族国家，到头来变成"药渣"，"秋风起，团扇捐"，被新主人一脚踢开，活着对不起人民，死去也羞见当年师友，老年的情怀实实在在是凄楚的、寂寞的、幽怨的，百无聊赖，只好皈依空门，靠念经礼佛来排遣、忏悔。排遣往年的过错，忏悔一生的罪恶。有时候也不免自怨自艾一番，例如《有学集》卷一《次韵茂之戊子秋重晤有感之作》：

残生犹在讶经过，执手只应唤奈何！近日理头梳齿少，频年洗面泪痕多。神争六博其如我，天醉投壶且任他。叹息题诗垂句后，重将老眼向关河。

《再次茂之他字韵》：

覆杯池畔忍重过，谷哭其如泪尽何？故鬼视今真恨晚，余生较死不争多！陶轮世界宁关我？针孔光阴莫羡他！迟暮将离无别语，好将白发喻观河。

戊子是明永历二年，清顺治五年（1648），这年他六十七岁了，为了被控和明朝故老闹"反清"，被羁押在南京，案情严重。想想一辈子居高官，享大名，四年前已经六十四岁了，还不顾名节，首倡投降之议，花了一笔大本钱，满以为新朝一定大用，不料还是做礼部侍郎，二十年前早已做过的官。官小倒也罢了，还被奚落，被哂笑，实在受不了，只好告病回籍。如今又吃这官司，说是为明朝呢，说不上，为清朝呢，更说不上，于是见了人只好唤奈何了，要哭也没有眼泪了，活着比死也好不了多少了。顺治十八年（1661）八十岁大寿，族弟钱君鸿要发起替他征集庆寿诗文，他苦口辞谢说：

> 少窃虚誉，长尘华贯，荣进败名，艰危苟免，无一事可及生人，无一言可书册府，濒死不死，偷生得生。绛县之吏，不记其年，杏坛之杖，久悬其胫。此天地间之不祥人，雄虺之所憝遗，鸺鹠之所接席者也。人亦有言，臣犹知之，而况于君乎？（《有学集》卷三九《与族弟君鸿论求免庆寿诗文书》）

这一段话每一个字都是真实的、确当的。他的一生定论"荣进败名，艰危苟免"，他一生的言行是"无一事可及生人，无一言可书册府"，明亡而"濒死不死"，降清而"偷生得生"，真是一个为人民所共弃的不祥人，该以杖扣其胫的老怪物。所谓人亦有言，如顺治三年（1646）在北京碰钉子谢病南归，有无名氏题诗虎丘石上《赠钱牧斋宗伯南归》：

> 入洛纷纷兴太浓，莼鲈此日又相逢，黑头已是羞江总，青史何曾用蔡邕？昔去幸宽沈白马，今归应悔卖卢龙。最怜攀折章台柳，撩乱秋风问阿侬。（此据《痛史》本。《虞阳说苑》本《牧斋遗事》首句作"入洛纷纭意太浓"，"黑头已是"作"黑头早已"，"用蔡邕"作"惜蔡邕"，末二句作"可怜折尽章台柳，日暮东风怨阿侬"。）

如《虞山行》：

> 一朝铁骑横江来，荧惑入斗天门开。群公蒲伏迎狼纛，元臣拜舞下鸾台。挂寇带笠薰风里，耳后生风色先喜。牛渚方蒙青盖尘，更向龙井钓龙子。名王前席拂朱缨，左拍宗伯右忻城。平吴利得逢双催，投汉何曾有少卿。靡靡北道岁云暮，朔风吹出蚩尤雾。趋朝且脱尚书履，洛中那得司空座。回首先朝一梦中，黄扉久闭沙堤空。终朝襥带嗟何及，挂骕归去及秋风。……吁嗟盛名古难成，子鱼佐命褚渊生。生前莫饮乌程酒，死来休见石头城！死生恩怨同蕉鹿，空向兴亡恨失足。诗卷终当覆酒杯，山邱何用嗟华屋。（节引自《痛史》本《纪钱牧斋遗事》）

"牛渚方蒙青盖尘"指福王被虏，"更向龙井钓龙子"指牧斋作书诱降在杭州的潞王。"左拍宗伯右忻城"指文班以牧斋为首，武班以忻城伯赵之龙为首迎降清军。"黄扉久闭沙堤空"，指北上后不得大用，失意而反。和这句相发明的，还有一首《虞山竹枝词》：

> 十载黄扉事渺茫，重瞻天阙望恩光。凤凰池上无人问，依旧当年老侍郎。

《牧斋遗事》记一故事，说一天牧斋去游虎丘，穿一件小领大袖的衣服，有人揖问："这衣服是什么式样？"牧斋窘了，只好说："小领遵时王之制，大袖乃不忘先朝。"这人连忙改容说："哦，您真是两朝领袖咧！失敬失敬。"

死后，他所迎降的清朝皇家对他的看法，乾隆三十四年（1769）六月上谕："钱谦益本一有才无行之人，在前明时身跻贱仕。及本朝定鼎之初，率先投顺，洊陟列卿，大节有亏，实不足齿于人类。朕从前序沈德潜所选《国朝诗别裁集》，曾明斥钱谦益等之非，黜其诗不录，实为千古纲常名教之大关。彼时未经见其全集，尚以为其诗自在，听之可也。今阅其所著《初学集》、《有学集》，荒诞悖谬，其中诋毁本朝之处，不一而足。夫钱谦益果终为明朝守死不变，即以笔墨腾谤，尚在情理之中。而伊既然本朝臣仆，岂得复以从前狂吠之语，列入集中，其意不过欲借此以掩其失节之羞，尤为可鄙可耻！钱谦益业已身死骨朽，姑免追究，但此等书籍悖理犯义，岂可听其流传，必当早为销毁。"于是二集成为禁书。第二年弘历又题《初学集》："平生谈节义，两姓事君王。进退都无据，文章那有光？真堪覆瓿酒，屡见咏香囊。末路逃禅去，原为孟八郎。"四十一年又诏："钱谦益反侧卑鄙，应入《国史贰臣传》，尤宜据事直书，以示传信。"四十三年二月又谕："钱谦益素行不端，及明祚既移，率先归命。乃敢于诗文阴行诋毁，是为进退无据，非复人类。若与洪承畴等同列《贰臣传》，不示差等，又何以昭彰瘅？钱谦益应列入乙编，俾斧钺凛然，合于春秋之义焉。"（《清史列传·贰臣传》乙编）其实这些话是有些冤枉的。《初学集》是牧斋在前明的作品，刊行于崇祯十六年（癸未，1643），确是有好些骂清高宗先人的话。《有学集》》是降清以后的结集，对清朝祖先便不敢"奴"长"奴"短了。以牧斋在明朝的作品来责备做清朝卿贰的钱谦益，当然不公道。不过，说他"进退失据，非复人类"，倒是定论。

牧斋对明朝失节，出卖祖国，出卖人民，"更一钱不值何须说！"在清朝呢，名列《贰臣传》，而且还是乙编，比洪承畴之类更下一等。活着含羞，死后受辱，这是投机分子应有的结局。

二、荣进败名

牧斋名谦益，字受之，晚年号蒙叟，亦自称东涧老人，江苏常熟人。生于明神宗万历十年，死于清圣祖康熙三年（1582—1664），年八十三岁。

牧斋一生的经历，十七岁（明神宗万历二十六年，1598）进学，二十五岁中举，二十九岁中探花，授翰林院编修，以父丧丁忧。三十九岁还朝。四十岁（熹宗天启元年，1621）做浙江主考，升右春坊中允。四十一岁以浙闽关节案告病回籍。四十三岁以谕德充经筵日讲官。四十四岁升詹事府少詹事，以东林党案削籍家居。四十七岁（思宗崇祯元年）补詹事府詹事，转礼部右侍郎兼翰林侍读学士，廷推枚卜，是候补宰相名单上的第二名，被温体仁攻讦革职，四十八岁后开始闲居。五十六岁被邑人张汉儒告讦为土豪恶绅，被逮北上下狱。五十七岁狱解南归。六十岁纳妾柳如是。六十四岁明福王立于南京，改元弘光，谦益官礼部尚书兼宫保，清兵进军江南，牧斋以文班首臣迎降，随例北行。六十五岁做清朝的内秘书院学士兼礼部侍郎，充《明史》副总裁。六月告病南归。六十七岁以黄毓祺案被逮到南京下狱。六十八岁狱解归里。八十三岁死。

牧斋二十岁左右在东南一带便有文名，和东林领袖顾宪成、允成兄弟交游。点探花以后，叶向高是前辈，孙承宗、王图是座主，高攀龙、左光斗、杨涟、周顺昌、姚希孟、黄道周、文震孟、鹿善继诸名流是僚友，瞿式耜是门生，程嘉燧、李流芳诸人是文酒之友，声气震动一世。到东林诸领袖先后被杀之后，"流俗相尊作党魁"，俨然是乡国重望了。张汉儒告讦案解后，"洛中之冠带，汝南之车骑，蜀郡之好事，鄠杜之诸生，闻声造门，希风枉驾，履舄交错，舟船填咽，邑屋阒其无人，空山为之成市"。成为斯文宗主，一代大师，青年人的泰山北斗，社会上第一号的贤达。六十四岁作了两朝领袖之后，声名骤落，做官不得意，做人不像人，"人亦有言"，成天过被哂笑辱骂的日子，再也不谈气节骨格，缩在文人的圈子里，写墓铭寿序弄钱，觍觍觋觋一直到死。

这个人的一生，用他自己的话来说最确当，"荣进败名"，一句话，不顾国家民族的利益，光想做大官，利禄熏心，坏了名节，毁了自己。

天巧星浪子钱谦益

牧斋前半生是东林中佼佼的人物，反东林的阉党阮大铖造《点将录》，献给魏忠贤，黑名单上的重要人物有天罡星托塔天王李三才，及时雨叶向高，天巧星浪子钱谦益，圣手书生文震孟，霹雳火惠世扬，鼓上蚤汪文言，大刀杨涟，智多星缪昌期等三十六人。地煞星神机军师顾大章，青面兽左光斗，金眼彪魏大中，旱地忽律游士任等共七十二人。崔呈秀开的另一黑名单《天鉴录》上也赫然有钱谦益的名字（计六奇《明季北略》卷二）。天启五年杨涟、左光斗诸人被魏忠贤杀害，牧斋也牵连被削籍回里。官虽作不成，名气反而更大，朝野都把他当作东林党魁，他也以此自许，如《初学集卷六《十一月初六日召对文华殿旋奉严旨革职待罪感恩述事》二十首之一：

破帽青衫又一回，当筵舞袖任他猜，平生自分为人役，流俗相尊作党魁。

如《有学集》卷一六《范勋卿文集序》：

余庚戌通籍，出吾师耀州王文肃公（名图，阉党卢承钦所作《点将录》，和高攀龙并列的东林副帅，此外曹于汴、汤兆京、史记事、魏大中等谓之先锋，丁元荐、沈正宗、李朴等谓之敢死军人，孙丕扬、邹元标谓之土木魔神）之门……余则继耀州之后，目为党魁，饮章录牒，逾冬逮系，受钩党之祸……入甘陵之部，刊元祐之碑，除名削迹，终老而不相贷赀。

可是他一生的行径，却是道地的"浪子"，阉党虽然比他更灭绝人性，寡廉鲜耻，给他的这个绰号倒还中肯，恰如其人的品格身份。

浙闱关节

牧斋虽是东林党人，可是还没有进身就和宦官勾搭。万历三十八年殿试后自以为文名满天下，兼之又有内线，状元是拿稳了。发榜的前一晚，已经得到宫中小太监的密报，说是状元已成定局，司礼监太监和其他宫廷权要都派人送帖子来道喜，京中亲朋故旧络绎户外，牧斋喜极乐极。不料到天亮榜发，牧斋竟是第三名探花，状元是归安人韩敬，这一跟斗摔得真惨，两人从此结下仇。原来韩敬也有内线，早攀上宫中最有势力的大太监，发榜时拿韩敬换了牧斋。牧斋还以为他的老板只此一家，以致上了一回大当。（《虞阳说苑》本《牧斋遗事》）

韩敬做了官，牧斋不服气，使一点手段，在三年京察时，把韩敬革职。

韩敬是浙江人，是反对东林的浙党党人。丢官后恨极，也处心积虑图谋报复。党争和私人怨恨从此纠缠不清。

熹宗天启元年（1621），牧斋奉命做浙江主考官。韩敬和秀水沈德符计议，冒用牧斋的名义，出卖关节，很多人都上了当。名士钱千秋也被说动了，用两千两银子买"一朝平步上青天"的暗号，在每篇文章的结尾嵌入一字。榜发千秋果然考取了。韩敬、沈德符使的人分赃不均，把卖关节的事情嚷开了，韩敬也派人上北京大宣传一气，又联络礼科给事中顾其仁磨勘原卷，找出证据，具疏弹劾。事情闹大，刚好钱千秋已到北京准备会试，牧斋一问果然有真凭实据，急得无法，只好自己上疏检举。经刑部审讯的结果，假冒名义出卖关节的两人枷号发烟瘴充军，钱千秋革去举人充军，牧斋和房官确不知情，以失察罚俸三月，奉旨依拟。这个科场大案，因为牧斋脚力大，就此结束。（文秉《烈皇小识》卷二，《虞阳说苑》本《阁讼记略》，冯舒《虞山妖乱志》卷中）

枚卜之争

明代后期大学士（宰辅）的任用，由吏部尚书领衔，会合廷臣公推，开一张名单，由皇帝点用，叫作枚卜。

崇祯元年十一月，大学士刘鸿训罢，思宗诏廷臣举行会推枚卜大典。

牧斋是庚戌进士，在东林有重名，会推列名是没有问题的。唯一的劲敌是同官宜兴周延儒，延儒是万历四十一年的会元状元，名辈虽然较后，可是不久前曾和思宗谈过话，很投机，如也在会推单上列名，周的被点可能要比钱大。乌程温体仁官礼部尚书，虽然是万历二十六年进士，但是名低望轻，根本挨不上，倒不必顾虑。

周延儒事先布置，勾结外戚郑养性和东厂唐之征，势在必得。

牧斋方面，有门生户科给事中瞿式耜、吏科都给事中章允儒在奔走，瞿式耜尤其出力，联络好廷臣，会推单上十一名，第一名成基命，第二名钱谦益，釜底抽薪，周延儒连提名的资格都被取消了，根本说不上圈定。

明思宗性格多疑，正在奇怪怎么会不列周延儒的时候，周延儒的反攻也正在展开，使人散布流言，街巷纷纷传说，这次会推全由钱谦益的党羽操纵，思宗也听见了。温体仁摸清楚情势，上《盖世神奸疏》，弹劾谦益浙闱旧案，说他是盖世神奸，不宜滥入枚卜。思宗召集双方在文华殿面讯，温体仁是有准备的，盛气质询，说话流利，牧斋正在打点做宰相的兴头上，斜刺里挨这一棍，摸不清情况，说不出话，官司便输定了。第二天有旨："钱谦益关节有据，受贿是实。今又滥入枚卜之列，有党可知。祖法凛在，朕不能私，着革了职，九卿科道从公依律会议具奏，不得徇私党比，以自取罪责。"后来钱千秋案虽然由原审人员一致坚持原来的判决，牧斋止于失察，不再深问。可是大学士是被搞掉了，不但做不了大学士，连原官也丢了。革职回籍听勘。

崇祯二年十二月周延儒入阁，三年六月温体仁入阁。两个死对头接连当权，牧斋一直闲了十六年，再也不得登朝，只好在乡间做"社会贤达"，干土豪劣绅武断乡曲的勾当。

这一次牧斋吃亏的原因：一内线未走好，二被温体仁一口咬定是结党把持，做皇帝的最怕最恨臣下结党，而牧斋恰是结党有据，硬挤周延儒。又吃亏在钱千秋的案子确是有关节。一跤摔倒，再也起不来了。（《明史》卷三〇八《周延儒传》、《温体仁传》，卷二八〇《瞿式耜传》，《烈皇小识》卷二，《阁讼记略》，《虞山妖乱志》中）

贪恶巨宦

明代乡绅作恶于民间，是人民最感痛苦的一害。

崇祯十年（1637）常熟人张汉儒到北京告御状，告乡绅钱谦益、瞿式耙："不畏明论，不惧清议，吸人膏血，啖国正供，把持朝政，浊乱官评，生杀之权不操之朝廷而操之两奸，赋税之柄不操之朝廷而操之两奸，致令蹙额穷困之民欲控之府县，而府县之贤否，两奸且操之，何也？抚按皆其门生故旧也。欲控之司道，而司道之黜陟，两奸且操之，何也？满朝皆其私党羽翼也。以至被害者无门控诉，衔冤者无地伸冤。"又告发他们："倚恃东林，把持党局，喜怒操人才进退之权，贿赂控江南生死之柄，伦常扫地，虐焰熏天。"开列罪款，一共是五十八款，如侵占地方钱粮，勒索地方大户，强占官地营造市房，霸占湖利强要渔船网户纳常例，私和人命，逼奸良人妻女，出卖生员，霸占盐利，通番走私，占夺故家宝玩财货，毒杀和殴杀平民，占夺田宅等，计赃三四百万。例如：

一、恶钱谦益、瞿式耜每遇抚按提学司道知府推官知县要紧衙门结交，必先托心腹，推用其门生故旧，宣言考选可以力包，以致关说事情，动以千万，灵应如神，诈有不遂者无不立致之死，小民之冤无处申诉，富家之祸无地可容。

二、恶钱谦益、瞿式耜见本县有东西两湖华荡、华汇（《文艺杂志》本作昆城湖、华荡滩），关系民间水利，霸截立桩，上书"礼部右堂钱府"、"户科瞿衙"字样，渔船网户俱纳常例，佃田小民投献常规，每岁诈银七百余两，二十年来计共诈银一万四千余两，地方切齿，通县公愤。

三、恶钱谦益自卖举人钱千秋之后，手段愈辣，凡文宗处说进学者，每名必要银五百两，帮廪者每名银三百两，科举遗才者要银二百两，自家夸口三党之前曰，我的分上，如苏州阊门贝家的药，货真物精，比别人的明明贵些，只落得发去必有应验。

四、恶钱谦益乘媚阉党崔呈秀心爱顾大章家羊脂白玉汉杯，著名一棒雪，价值千金，谦益谋取到手，又造金壶二把，一齐馈送，求免追赃提问，通邑诽笑证。

五、恶钱谦益见刑部郎中赵元度两世科甲，好积古书文画，价值二万余金，后乘身故，罄抢四十八橱古书归家。

这个告发人张汉儒，牧斋自撰的《丁丑狱志》称为奸人，《明史》上也称为常熟奸民。在封建时代，以平民告发大官，其"奸"可知。不过根据冯舒的《海虞妖乱志》，所记牧斋的秽史确有几件是可以和"奸"民的控词互证的。冯舒是牧斋同县人，被这场官司卷入，闹得几乎不可开交，而且是牧斋这方面的人，牧斋和瞿式耜还为他分辩过。他的话应该有史料价值。他说：

> 钱尚书令（杀人犯）翁源德出三千金造塔（赎罪），源德事既败，塔亦终不就。已而钱尚书必欲成之。凡邑中有公事拟罪者，必罚其赀助塔事，黠士敝民请乞不餍，亦具辞请修塔，不肖缙绅有所攘夺者，公以塔为名，而私实自利。即寿考令终者，亦或借端兴词，以造塔为诈局，邑中谓塔为大尸亲，颇称怨苦。钱尚书亦因是藉藉不理人口，谤亦由是起。

他详细记出牧斋曾由族人钱斗之手，敲乍族人钱裔肃：

> 裔肃诸弟又以宪副（钱岱）故妓人纳之尚书，裔肃不得已，亦献焉。凡什器之贵重者，钱斗辈指名索取，以为尚书欢。

张汉儒告发于下，大学士温体仁主持于上，地方大官如巡抚张国维是牧斋的门生，巡按御史路振飞是后辈，也掩饰不了，牧斋和瞿式耜被逮到京拘讯。

官司又眼见得要输了，牧斋自辩二疏，只辩得钱千秋一案，其他各款只咬定是温体仁主使，说他和张汉儒一个鼻孔出气。背地里乞援于司礼监太监曹化淳，因为牧斋往年曾替曹化淳的上司司礼太监王安作过碑文，这门路就走通了。又用贿赂使抚宁侯朱国弼参奏温体仁欺君误国，内外夹攻，转退为进，要翻转这案子。

这时候锦衣卫指挥使是温体仁的人，照理温体仁这着棋是赢定了。不料他走错了一步，在思宗前告发钱谦益和曹化淳的勾结情形，得罪了曹化淳，情势立刻倒过来了，锦衣卫指挥使换了牧斋的朋友，东厂专找温体仁的错，张汉儒枷死，温体仁也接着罢相。第二年秋天牧斋和瞿式耜才出狱。

张汉儒控诉乡绅作恶，一到北京变了质，温体仁用作报复政敌的手段。温体仁得罪了曹化淳，官司又变了质，乡绅作恶的事一字不提，告发人成为"奸"民被处死。牧斋靠内监的庇佑，不但官司没有事，连劣绅恶绅的身份也连带去掉了。（《明史卷》二八〇《瞿式耜传》、冯舒《虞山妖乱志》、《虞阳说苑》本张汉儒《疏稿》，《文艺杂志》本《常熟县民张汉儒控钱谦益、瞿式耜呈词》，《初学集》卷二五《丁丑狱志》，卷八七《微臣束身就系辅臣蜚语横加谨平心剖质仰祈圣明洞鉴疏》）

三、艰危苟免

崇祯十七年三月明思宗自杀的消息传到南方，南京的文武臣僚乱成一团。吵的不是如何出兵，如何复仇，而是如何找一个皇帝，重建封建统治政权。

当时避难到南京附近的有两个亲王，一是潞王，一是福王。论族属亲疏行辈福王当立，论人品潞王有潞佛子的名气，好说话，容易驾驭。可是福王有问题，万历年间为了老福王闹的妖书、梃击、移宫三案，东林是反对老福王的，福王如立，很可能追怨三案，又引起新的党争，不得安稳。立潞王，不但政治上不会出岔子，还可立大功。牧斋先和潞王接了头，首倡立潞王之议，南京大臣兵部侍郎吕大器、右都御史张慎言、詹事姜曰广都赞成，雷缜祚、周镳也为潞王大作宣传。这些人有的是东林，有的是准东林，一句话，东林系的士大夫全支持潞王做皇帝。

反东林的阉党着了慌，尤其是阮大铖，出尽全力，和实力派庐凤督师马士英，操江诚意伯刘孔昭，总兵高杰、刘泽清、黄得功、刘良佐结合，高级军人全拥护福王，南京的议论还没有决定，马士英已经统军拥福王到南京了。文官们没办法，只好向福王劝进，在南京建立了小朝廷，维护这一小部分人的利益。

潞王和福王皇帝地位的争夺，也就是幕后人钱牧斋和阮大铖的斗争。钱牧斋输了，马士英入阁，东林领袖史可法外出督师，阮大铖起用，从兵部右侍郎进尚书兼右副都御史，巡阅江防，红得发紫。

大铖用事后，第一件事是起用阉党，第二件事是对东林报复。他好容易熬了十几年，受尽了"清流"的笑骂，今天才能出这口气，造出十八罗汉五十三参的名目，要把东林一网打尽。雷缜祚、周镳首先被杀，南京城中充满了恐怖空气，逃的逃，躲的躲，弄得人心惶惶。

牧斋一见福王登位，知道情形不妙，立刻转舵，一百八十度大转弯，上疏称颂马士英功德，士英乐了，援引牧斋作礼部尚书。一不作二不休，牧斋索性举荐阉党，还上疏替阮大铖呼冤，大铖由之起用。可是阮大铖还是不肯解憾，黑名单上仍旧有牧斋名字。牧斋无法，只好再求马士英保护，战战兢兢，幸免无事。（《明史》卷三〇八《马士英传》）

弘光元年五月，清军进军江南，牧斋率文班诸臣迎降。南京其他大员送清豫王的礼物动不动就值万两银子，牧斋要表示自己的廉洁，送的礼最薄，这份礼单照抄如下：

太子太保礼部尚书兼翰林院学士臣钱谦益百叩首谨启上贡：计

开鎏金壶一具　法琅银壶一具　蟠龙玉盃一进　宋制玉杯一进

天鹿犀杯一进　夔龙犀杯一进　葵花犀杯一进　芙蓉犀杯一进

法琅鼎杯一进　文玉鼎杯一进　珐琅鹤盃一对　银镶鹤杯一对

宣德宫扇十柄　真金川扇十柄　弋阳金扇十柄　戈奇金扇十柄

百子宫扇十柄　真金杭扇十柄　真金苏扇四十柄　银镶象箸十双

顺治二年五月二十六日太子太保礼部尚书兼翰林院学士臣钱谦益。

据目见的人说，牧斋亲自捧帖入府，叩首阶下，向豫王陈说，豫王很高兴，接待得不错。（《说苑》本《牧斋遗事》）

不但第一个迎降，牧斋还派人到苏州大贴告示说："大兵东下，百万生灵，尽为齑粉，招谕之举，未知阖郡士民，以为是乎非乎？便乎不便乎？有智者能辨之矣。如果能尽忠殉节，不听招谕，亦非我之所能强也。聊以一片苦心与士民共白之而已。"又写信给常熟知县曹元芳劝降："主公蒙尘五日后，大兵始至，秋毫无犯，市不易肆。却恐有舟师入越，则吴中未免先受其锋。保境安民之举，不可以不早也。牺牲玉帛待于境上，以待强者而庇民焉，古之人行之矣。幸门下早决之。想督台自有主持。亡国之臣，求死不得，邑中怨家必攘臂而鱼肉之矣，恐亦非便计也，如何？"（《赵水部杂志》）在主俘国破的时候，他不但为敌作伥，招降父母之邦，还念念不忘他家乡那份产业，这封信活画出卖国贼那副嘴脸。

所说"求死不得"是鬼话，他自己曾告诉人，当时宠妾柳如是劝他殉国，他迟疑不肯，柳如是发急，以身作则，奋身自沉，被侍儿抱住。他何曾求过死？连小老婆劝他死也不肯，怎么会"不得"！（顾苓《河东君传》，案顾云美也是牧斋的友人，牧斋曾为撰《云阳草堂记》，见《有学集》卷二六）

牧斋降清后，一意要为清朝立功，时潞王寄居杭州，牧斋又寄书诱降，骗说只要归顺，就可保住爵土。浙江巡抚张秉贞得信，要挟潞王出降，潞王阖家被俘北上（《说苑》本《牧斋遗事》）。牧斋自以为大功既就，而且声名满天下，这次入阁该不成问题了，兴冲冲扬鞭北上，左等右等，等到顺治三年正月，才发表做礼部侍郎管秘书院事，充修《明史》副总裁，不禁大失所望。苦苦挨了半年，又被劾夺职回籍闲住，荣进了一辈子，状元巴不到，阁老爬不上，落得身败名裂，"昔去幸宽沈白马，今归应悔卖卢龙"！（《说苑》和《痛史》本《牧斋遗事》）

牧斋到底悔了没有呢？这头不着巴那头，清朝不要，再投明朝，顺治《东华录记》：

> 五年四月辛卯，凤阳巡抚陈之龙奏：自金逆（声桓）之叛，沿海一带与舟山之寇，止隔一水。故密差中军各将稽察奸细，擒到伪总督黄毓祺，搜获铜铸伪关防一颗，反诗一本，供出江北富党薛继周等，江南王觉生、钱谦益、许念元等，见在密咨拿缉。得旨：黄毓祺着正法，其……钱谦益等马国柱严饬该管官访拿。

据《贰臣传乙编》，牧斋这次吃官司也是被人告密的，告密人叫盛名儒：

> 以钱谦益曾留黄毓祺宿其家，且许助资招兵。诏总督马国柱逮讯。谦益至江宁，诉辩："此前供职内院，邀沐恩荣，图报不遑。况年已七十，奄奄余息，动履借人扶掖，岂有他念。"哀吁问官乞开脱。会首告谦益从逆之盛名儒逃匿不赴质，毓祺病死狱中。乃以毓祺与谦益素不相识定谳。马国柱因疏言："谦益以内院大臣归老山林，子侄三人新列科目，荣幸已极，必不丧心负恩。"于是得释归。

这次狱事，一直到顺治六年春才告结束。同年七月十五日，同县瞿式耜的家人派家童到桂林去看永历帝的桂林留守牧斋的门生瞿式耜。牧斋脚踏两头船，带一封密信给他，九月十六日到达，这封密信被节引在式耜的《报中兴机会事疏中》中（《瞿忠宣公集》卷五），牧斋指陈当前军事形势，列出全着要着急着。还报告清军将领动态和可能反正的武装部队。式耜的案语说：

> 臣同邑旧礼臣钱谦益寄臣手书一通，累数百言，绝不道及寒温家常字句，惟有忠驱义感，溢于楮墨之间。盖谦益身在虏中，未尝须臾不念本朝，而规划形势，了如指掌，绰有成算。

有了这件文字，加上瞿留守的证明，万一明朝恢复天下，看在地下工作的分儿上，大学士的座位，这一回总该坐得上去了吧？

一年后，清军攻下桂林，瞿式耜不屈，慷慨赴义。清人修《明史》，大传的最后一位，便是牧斋早年的门生瞿式耜。这师生二人，在民族兴亡，国家存灭的严重关头，一个经不住考验，做了两朝领袖，名教罪人。一个通过考验，成了明朝的孤臣孽子，忠臣烈士。牧斋地下有知，怕也没面目见到这位高足吧！

1948年5月13日于清华园

（原载1948年《中国建设》六卷五期）

阮 圆 海

提起了明末的词人，风流文采、照耀一时的阮圆海，立刻会联想到他的名著《春灯谜》、《燕子笺》。云亭山人的《桃花扇》，逼真活现，三百年后，此公形象如在目前。

阮圆海的一生，可以分为若干时期。第一时期声华未著，依附同乡清流东林重望左光斗，以为自重之计。第二时期急于作官，为东林所挤。立刻投奔魏忠贤，拜在门下为干儿，成为东林死敌。第三时期东林党人为魏阉所一网打尽，圆海的官也大了，和干爹相处得很好，可是他绝顶聪明，看出场面要散，就预留地步，每次见干爹，总花钱给门房买回名片。第四时期，忠贤被杀，阉党失势，他立刻反咬一口，清算总账，东林阉党混同攻击，可是结果还是挂名逆案，削官为民。崇祯一朝十七年，再也爬不起来。第五时期，南方诸名士缔盟结社，正在热闹，圆海也不甘寂寞，自托东林人物，谈兵说剑，想借此翻身，不料惹了复社名士的公愤。出了留都防乱揭，指出他是魏珰干儿，一棍打下去。第六时期，北都倾覆，马士英拥立弘光帝，圆海又勾上马士英，重翻旧案，排斥东林，屠死端士，重新引起党案，招引逆案人物，组织特务，准备把正人君子一网打尽。朝政浊乱，贿赂公行，闹到"职方贱如狗，都督满街走"。（职方有点像现在的军政部军政司长，都督相当于总司令。）把南京政权断送了。第七时期清兵南下，圆海叩马乞降，终为清军所杀。

总算圆海一生，前后七变，变来变去，都是从左到右，从右到左，明末三十年是东林党和阉党对立，一起一伏，互相倾轧排陷，变幻莫测，陆离光怪的时代，圆海算是经过所有的风波，用左制右，附右排左，有时不左不右，自命中立，有时不管左右，一味乱咬，有时以东林孽子的道貌求哀于正人，有时又以魏珰干儿的色相求援于阉寺，"有奶便是娘，无官不可做。"于是扶之摇之，魏珰时代他做到太常少卿，马士英时代他做到兵部尚书兼右副都御史。最后是作了降敌的国贼，原形毕露。

明末三十年党争黑暗面的代表是阮圆海，和阮圆海形迹相类的还有几千百人。这一类人可名之曰阮圆海型。

三百年后的历史和三百年前当然不同。最大的不同是如今是人民的世纪，黑白不但分明，而且有人民在裁判。然而，阮圆海型的正人君子们还是车载斗量，朝秦暮楚，南辕北辙，以清流之面目，作市侩之营生：一变两变三变都已记在历史上了，最后的一变将由人民来判决。

阮圆海名大铖，安徽怀宁人，《明史》卷三百八《奸臣传》有传。

爱国学者顾炎武

今年是伟大的爱国学者顾炎武逝世二百八十周年。

关于顾炎武的历史评价，全祖望写的《顾先生炎武神道表》最后一段话很中肯。他说：离开顾炎武的时代逐渐远了，读他的书的人虽然很多，但是能够说出他的大节的人却很少。只有王高士不庵曾说：炎武抱着沉痛的心，想表白他母亲的志向，一生奔走流离，心里的话，几十年来也没有机会说出来。可是后起的年轻人，不懂得他的志趣，却只称赞他多闻博学，这对他来说，简直是耻辱，只好一辈子不回家，客死外地了。这段话很好，可以表他的墓。我读了也认为很好，可以使人们对顾炎武这个人有更好的了解。

顾炎武首先是有气节的有骨头的坚强的爱国主义者，其次才是有伟大成就的学者。

顾炎武（1613—1682），字宁人，原来名绛，明亡后改名，有时自称为蒋山佣，学者称为亭林先生，江苏昆山人。他家世代有人做官，藏书很多。祖父和母亲对他的教育十分关心，六岁时母亲亲自教他《大学》，七岁跟老师读《四书》，九岁读《周易》，接着祖父就教他读古代军事家孙子、吴子的著作和《左传》、《国语》、《战国策》、《史记》等书，十一岁读《资治通鉴》，到十三四岁才读完。十四岁进了县学以后，又读《尚书》、《诗经》、《春秋》等书，打下了很扎实的学术基础。母亲更时常以刘基、方孝孺、于谦等人的事迹教育他，要他做一个忠于国家、忠于民族的人。

炎武受教育的时代，也正是明王朝政治日益腐化，统治阶级内部分崩离析，互相倾轧，人民负担日益加重，民不聊生，东北建州（后称满族）崛起，明王朝接连打败仗，丧师失地，满汉民族上层统治集团矛盾最尖锐，汉族人民和统治集团矛盾最尖锐的时代。炎武的祖父教炎武读军事学书籍和史书，是有很深的用意的。

当时东南地区的知识分子组织了一个团体叫复社，吟诗作文，议论时事，名气很大，炎武和他的好友归庄也参加了。两人脾气都有些怪，就得了"归奇顾怪"的外号。

炎武的祖父很留心时事，那时候还没有报纸，有一种政府公报叫《邸报》是靠抄写流传的，到崇祯十一年（1638）才有活版印刷。炎武跟祖父读了泰昌元年（1620）以来的《邸报》，对国家大事有了丰富的知识。二十七岁时考乡试没有录取，他"感四国之多虞，耻经生之寡术"，发愤读书，遍览二十一史和全国州县志书、当代名人文集、章奏文册等等，单是志书就读了一千多部，抄录有关材料，以后还随时增补，著成两部书，一部叫《天下郡国利病书》，一部叫《肇域志》。《天下郡国利病书》着重记录各地疆域、形胜、水利、兵防、物产、赋税等资料。《肇域志》则记述地理形势和山川要塞。他晚年游历北方时，用两匹马、两匹骡装着书，到了关、河、塞、障，就访问老兵退卒，记录情况。说的有和过去知道不符合的，就立刻检书查对，力求记载的真实。他这种从实际出发，研究当前现实的学风，一反那个时代空谈性命，不务实际的学风。他这种治学精神、方法，为后来的学术界开辟了道路，指出了方向。

炎武从三十岁以后，读的经书、史书，都写有笔记，反复研究，经过长期的思索、改订，写成了著名的《日知录》。

顺治二年（1645）五月，清兵渡长江，炎武到苏州参加了抗清斗争。清军围昆山，昆山人民合力拒守，城破，军民死了四万多人，炎武的好友吴其沆也牺牲了。炎武的母亲绝食自杀，临死时嘱咐炎武不要做异国臣子，不要忘了祖父的教训。炎武在军败、国亡、母死的惨痛、悲愤心情中，昂起头来，进行深入的隐蔽的反清斗争。这时期他写的诗如《秋山》："北去三百舸，舸舸好红颜。"记录了清军掳掠妇女的惨状。"勾践栖山中，国人能致死。叹息思古人，存亡自今始。"以勾践复国自勉，表明了他爱国抗清的坚决意志。在以后的许多诗篇中，也经常流露出这种壮烈情感，如《又酬傅处士（山）次韵》："时当汉腊遗臣祭，义激韩仇旧相家。""三户已亡熊绎国，一成犹启少康家。"如《五十初度时在昌平》："远路不须愁日暮，老年终自望河清。"又如："苍龙日暮还行雨，老树春深更着花。"都表明了他至老不衰的英雄气概。

明宗室福王由崧在南京称帝，改元弘光，任命炎武为兵部司务，炎武到过南京。福王被俘，唐王聿键在福建称监国，改元隆武。鲁王以海也在绍兴称监国。唐王遥授炎武为兵部职方司主事，炎武因母丧未葬不能去，不久，唐王也兵败被杀。鲁王流亡沿海一带。1647年秋天，炎武曾到沿海地方，和抗清力量联系。地方上有汉奸地主要陷害他，炎武不得已伪装成商人，奔走江、浙各地，前后五年。《流转》诗中说："稍稍去鬓毛，改容作商贾，却念五年来，守此良辛苦，畏途穷水陆，仇雠在门户，故乡不可宿，飘然去其宇。"便是这几年间的事。

1655年发生了陆恩之狱。

陆恩是炎武家的世仆。在炎武出游时，投奔到官僚地主叶方恒家。炎武家庭经历丧乱，缺钱使用，把田产八百亩卖给叶家，叶方恒存心想吞并顾家产业，揩勒只给半价，这半价还不给钱，炎武讨了几年才给了一点。恰好陆恩得罪了主人，叶方恒便叫他出面告炎武通海（通海指的是和沿海抗清军事力量勾结，在当时是最大的罪名）。炎武急了，便和家人设法擒住陆恩，扔进水里淹死了。陆恩的女婿又求叶方恒出面告状，用钱买通地方官，把炎武关在叶方恒家奴家里，情况十分危急。炎武的好友归庄只好求救于当时赫赫有名的汉奸官僚钱谦益，谦益说，这也不难，不过要他送一门生帖子才行。归庄知道炎武决不肯这样做，便代写了一个送去。炎武知道了，立刻叫人去要回来，要不回来，便在大街上贴通告，说并无此事。谦益听了苦笑说，顾宁人真是倔犟啊！后来炎武的另一朋友路泽溥认识兵备道，说明了情由，才把案子转到松江府，判处为主杀家奴，炎武才得脱祸。

叶方恒中过清朝进士，做过官，有钱有势，炎武和他结了仇，家乡再也住不下去了。1657年炎武四十五岁，决定到北方游历，一来避仇，二来也为了更广泛地结纳抗清志士，继续进行斗争。

从这一年起，炎武便仆仆风尘，奔走于山东、河北、山西、陕西等地。他的生活情况，在与潘次耕（耒）信中说："频年足迹所至，无三月之淹，友人赠以二马二骡，装驮书卷，一年之中，半宿旅店。"旅途的艰苦，《旅中》一诗说："久客仍流转，悉人独远征。釜遭行路夺，席与舍儿争。混迹同佣贩，甘心变姓名。寒依车下草，饥糁釜中羹……买臣将五十，何处谒承明？"他的心境，在《寄弟纾及友人江南》诗中说："自昔遭难初，城邑遭屠割。几同赵卒坑，独此一人活。既偷须臾生，讵敢辞播越。十年四五迁，今复客天末。田园已侵并，书卷亦剽夺。尚虞陷微文，雉罗不自脱。"是十分沉重、紧张的。

在游历中，结识了孙奇逢、徐夜、王宏撰、傅山、李中孚等爱国学者和李因笃、朱彝尊、毛奇龄等文人，观察了中原地区和塞外的地理形势，并且在山东章丘买了田产，在雁门之北，五台之东，和李因笃等二十多人集资垦荒，建立庐舍，作为进行隐蔽活动的基地。

1663年，南浔庄氏史案发，炎武的好友吴炎、潘柽章牵连被杀，炎武所藏史录、奏状一两千本借给吴、潘两人的，也随同散失。庄廷鑨修史时，也曾托人邀请炎武参加，炎武看了情况，知道庄廷鑨没有学问，不肯留下。书刻版时没有列上炎武姓名，这才幸免于死。

五年后，莱州黄培诗狱案发，炎武又被牵连，从北京赶到山东投案。案情是莱州人姜元衡告发他的主人黄培写逆诗（反对清朝的诗），又揭发吴人陈济生所编《忠节录》，说这书是顾宁人编的，书上有名的牵连到三百多人。李因笃听到消息，立刻赶到北京告急营救，炎武的许多朋友也到济南帮忙，这时朱彝尊正在山东巡抚处做幕僚，几方面想法子，炎武打了半年官司，居然免祸，可也够危险了。

炎武虽然饱经忧患，跋涉半生，却勤勉好学，没有一天不读书，没有一天不抄书，蝇头行楷，万字如一。朋友们有时终日宴饮，他总是皱眉头，客人走了，叹口气说：可惜又是一天白白度过了。读的书越多，游历的地方越多，写的书也越多，名气也就越大。1671年熊赐履要举荐炎武助修《明史》，他当面拒绝说："果有此举，不为介推之逃，则为屈原之死矣。"1678年叶方蔼、韩菼又打算举荐炎武应博学宏儒科，炎武坚决辞谢，一连给叶方蔼写了三封信，表明态度，叶方蔼知道不能勉强，方才作罢。为了避免这类麻烦，炎武从此再也不到北京来了。

1677年，炎武已经六十五岁了。从山东到陕西华阴，住王宏撰家。王宏撰替他盖了几间房子，决定在此定居。两年后写信告诉他的侄子说：陕西人喜欢经学，看重处士，主持清议，和他省人不同。在此买水田四五十亩，可以维持生活。华阴这地方是交通枢纽，就是不出门，也可以看到各方面来的人，知道各地方的事情。一旦局势有变化，跑进山里去守险，也不过十来里路。要是志在四方呢，一出关门，就可以掌握形势。从这封信可以看出，炎武之定居华阴，是和他的一生志愿抗清斗争密切相关的。

这时候，炎武的三个外甥都已做了大官，徐元文是顺治十六年（1659）状元，康熙十八年（1679）任《明史》监修总裁官，第二年任都察院左都御史。徐乾学是康熙九年（1670）探花，徐秉义是康熙十二年的探花。三兄弟在青年时都曾得到过炎武的资助和教育。他们看到舅父年老，流离外方，几次写信迎接炎武南归，答应给准备房子和田产，炎武回信坚决拒绝。他不但自己不肯受这几个清朝新贵的供养，连他的外甥要请他的得意门生潘耒去做门客，也去信劝止。义正词严地指出这些人官越大，门客越多，好巴结的人留下，刚正方直的人走开，他们不过要找一两个有学问的人在身边来遮丑而已。应该知道香的和臭的东西是不可以放在一个盒子里的，要记住白沙在泥，与之俱黑的话，不要和狎客豪奴混在一起才是。从这两件事，可以看出炎武的生性刚介和气节。

和他的为人一样，炎武做学问也是丝毫不苟的，总是拿最严格的要求来要求自己，从不自满。所著《音学五书》，前后历时三十多年，所过山川亭障，没有一天不带在身边。稿子改了五次，亲自抄写了三次，到刻版的时候，还改了许多地方。著名的《日知录》，1670年刻了八卷，过了六七年，他的学问进步了，检查旧作，深悔过去学问不博，见解不深，有很多缺点，又渐次增改，写成二十多卷。他很虚心，朋友中有指出书中错误的地方，便立刻改正。又十分郑重，有人问他近来《日知录》又写成几卷了，他说，别来一年，反复研究，只写得十几条。他认为知识是无穷无尽的，过去的成绩不可以骄傲，未来的成就更不可以限制自己。做学问不是一天天进步，便会一天天退步。个人独学，没有朋友帮助，就很难有成就，老是住在一个地方，见闻寡陋，也会习染而不自觉。对于自己在学术上的错误，从不宽恕，在给潘耒信上说：读书不多的人，轻易写书，一定会害了读者，像我《跋广韵》那篇文章便是例子。现在把它作废，重写一篇，送给你看，也记住我的过失。我生平所写的书，类此的也还很多，凡是存在徐家的旧作，可以一字不存。自己思量精力还不很衰，不一定就会死，再过些年，总可以搞出一个定本来。

对搜辑资料，也付出极大的努力。例如他在《金石文字记序》所说：我从年轻时就喜欢访求古人金石文字，那时还不很懂。后来读了欧阳修的《集古录》，才知道可以和史书相证明，阐幽表微，补阙正误，不止是文字之好而已。这二十年来，周游各地，所到名山、大镇、祠庙、伽蓝，无不寻求，登危峰，探窈壑，扪落石，履荒榛，伐颓垣，畚朽壤，只要发现可读的碑文，就亲手抄录，要是得到一篇为前人所没有看到的，往往喜欢得睡不着觉。对写作文字，态度也极为谨严，他立定宗旨，凡是文章不关联到学术的，和当代实际没有关系的，一概不写。并且慨叹像韩愈那样的人，假如只写《原道》、《原毁》、《争臣论》、《平淮西碑》、《张中丞传后叙》这几篇，其他捧死人骨头的铭状一概不写，那就真是近代的泰山北斗了！可惜他没有这样做。

他主张为人要"行己有耻"。有耻就是有气节，有骨头，做学问要"好古敏求"，要继承过去的遗产，努力钻研。对明代末期和当时的学风，他是很不以为然的。在《与友人论学书》里说："呜呼！士而不先言耻，则为无本之人，非好古而多闻，则为空虚之学。以无本之人而讲空虚之学，吾见其日从事于圣人而去之弥远也。"也正因为他这样主张，这样做，所以有些人叫他为怪，和他合不来。

炎武于康熙二十一年（1682）正月，因上马失足坠地，病死于山西曲沃，年七十岁。

（原载1962年2月7日《人民日报》）

史学家万斯同

万斯同（公元1638—1702），字季野，学者称为石园先生，浙江鄞县人，是清初著名的历史学家。

现在二十四史里的《明史》，是从清顺治二年到乾隆四年（公元1645—1739），经历了九十多年的长时间，由政府设局纂修，组织了各个时期各方面的学者修成的。从表面看，这是一部经过长时期用集体力量编成的史书，但在实际上，《明史》的底稿是王鸿绪的《明史稿》，而王鸿绪的《明史稿》则是根据万斯同所写的明史底本（包括本纪列传四百六十卷）改头换面而成的。

《明史》的主要编纂人是万斯同。

斯同少时就很聪明，读书过目不忘，八岁时就能够对人背诵扬子《法言》，终篇不失一字。十四五岁时读完了家藏的明朝史料。师事当时著名学者余姚黄宗羲，博通诸史，对明朝掌故特别熟悉。

黄宗羲的儿子，斯同的同学黄百家，记载斯同努力学习的情形说：丙午丁未间（康熙五至六年，公元1666—1667），他们在一起读书，斯同向人借读二十一史，连眼睛都读肿了。己酉（康熙八年，公元1669）以后几年，斯同又在越城姜定庵家，尽读姜家所藏明列朝实录，有时读得高兴，连睡眠也忘记了。因为学习专心，明朝的十五朝实录几乎可以背诵。此外，还博览《邸报》、野史、家乘，知识积累得十分丰富，随便举一人一事问他，都能详述始终，分别是非，使听者忘倦。他没有别的嗜好，从清早到黑夜，全部时间都用在读书上，而又记性好，过目不忘，真是博闻强识的人。

斯同也曾告诉过方苞，自己搜集和辨别史料的经验。他说，我少年时在姜家，读所藏明朝实录，默识暗诵，不敢漏掉一句话、一件事。年纪大了，游历各地，也是想尽法子，到有藏书的人家访求遗书，找有年纪的人考问往事，遍读地方志书、杂家、志传之文，搜罗所有材料，而以实录为依据。因为实录根据体例是直载言、事，比较可靠的。根据时代弄清楚事件情况，说的话的可靠性，这样做，历史人物的真相也就十得八九了。实录不详细的我用别的书来补充，别的书记得不正确的我用实录来校正，总之是要弄清是非，成为信史。

斯同用一辈子的时间读书，研究明朝历史，其中一些基本书籍，还读到能够背诵的地步，经过长期的努力，他成为当时著名的历史学家。

他不止是主张史实的正确性，还要求历史记载的文艺性，他说："史之难为久矣。非事信而言文，其传不显。"事信就是正确性，言文就是文艺性，写史书而不具备这两个条件，这种书是没有人读的。

康熙十八年（公元1679）他应徐元文之聘到北京，以平民身份参加《明史》的编纂工作，不列名，也不拿薪俸。当时学者以修史集中在北京的很多，凡是某一古典、故事，不知道出处的，去问斯同，他立刻用纸条写明此事在某书某卷某页，据以查对，连一页也不差。

从这一年起，一直到康熙四十一年，前后二十四年，斯同以全部力量编修《明史》，一直到死。

他的明史底稿，前些年传说已经在浙江发现了，我希望能够影印出来，丰富我国的历史记载。

（原载《北京晚报》，1961年11月22日）

义 和 团

今年是义和团运动的六十周年,很高兴读了《义和团故事》这本好书。

义和团运动是中国人民,主要是华北人民反对帝国主义侵略的正义的武装斗争,是五十年后中国人民伟大胜利的奠基石之一。

这个运动从山东开始,进入直隶、天津、北京,声势愈来愈大。开头反对教民,反对教士,反对地方官府,到后来,直接和帝国主义的侵略军队展开面对面的英勇无比的斗争。虽然由于武器的悬殊,用大刀长枪对快枪机关枪作战,更重要的是遭到腐朽到顶的清朝政府的出卖,帝国主义和封建军队的夹击而遭到失败,但是,他们没有屈服,更没有投降,以宁死勿屈的精神抵抗到底,留下来的一部分仍然不屈不挠地进行斗争,高举反帝的火把,照耀着北方的大地。

正是这种英雄气概,使侵略者深刻地认识到"中国人民含有无限蓬勃的生气"。中国人民是欺侮不得的。

也正是这种英雄气概,阻止了当时帝国主义瓜分中国的阴谋,中国是中国人民的国家,中国人民是永远不会、永远不可能被屈服的。

也正是这种英雄的传统,被继承、发扬,中国人民有了共产党的领导,经过长期的武装斗争,消灭了封建主义、官僚资本主义,赶走了帝国主义,取得伟大的胜利,建立了中华人民共和国。

义和团运动是一部可歌可泣的英勇的悲壮的史诗。

但是,义和团运动一向被人们歪曲、诬蔑、辱骂。说他们是拳匪,是乱民,杀人放火,抢劫,残暴,诸如此类的坏话。

道理很简单,记载义和团事迹的人是哪一些人呢?是清朝的官僚、地主、知识分子。这些人都曾经是义和团反对的对象，武装斗争的对象，从他们的笔下，怎么会有好话呢？设想他们会把敌人描写得真实恰当，那是过于天真了。

但是，也不尽然。义和团的敌人中间也存在着矛盾。尽管他们是从头到尾都反对义和团的，在骂义和团的一百句话中，有时候也会露出一两句真话。那是因为拿义和团和他们的官军比较，那是因为他们想钻空子利用义和团的力量。从这些话中，使我们认识了义和团的真实面貌。

例如关于义和团运动爆发的起因，光绪二十六年（公元1900）五月二十四日给事中李擢英折就说：

外洋欺侮中国，据我土地，夺我权利，干预我政事。且或借传教为名，纵教民以欺压平民。民间积怒既深，日思报复而无术，于是山东起有义和团，畿辅一带应之。

五月二十七日御史刘家模折也说：

方今天下强邻虎伺，中土已成积弱之形，人心愤激久矣。每言及中东一役（甲午战争），愚父老莫不怆然泣下。是以拳民倡义，先得人和，争为投钱输粟，倡始山东，盛于直隶，现传及各省，所至之处，人多赢粮景从，父兄莫可拴束，妻子不能阻挠，独悻悻以杀乱致果为心。

清楚说出是因为第一帝国主义欺侮中国，侵占我土地，干预我内政。第二清朝政府腐败，甲午海战大败，不能抵抗外侮。第三帝国主义的特务传教士和他们的奴仆教民，倚仗帝国主义势力，欺侮中国人民。中国人民忍无可忍，才自己组织起来，进行规模广大的反帝武装斗争。

为什么不起于别的地方，而是起于山东呢？这是因为德国占了胶州湾，强修铁路，直接和山东人民为敌。德国教士更倚仗德国军队的势力，加重压迫，剥削中国人民。迫使中国人民非起来用自己的力量保护自己不可，非起来反对帝国主义的走狗汉奸，非反抗帝国主义的侵略不可。光绪二十五年十一月二十四日翰林院侍讲学士朱祖谋折说：

自德人占有胶澳，直以山东为其所有。入其教者以护符密迩，日益鸱张，鱼肉乡邻，无所不至。地方官又皆奉命唯谨，一味庇教而抑民，以至良懦者赴诉无门，狡黠者蓄谋潜煽，如大刀会、义和拳、神拳等名目，所在多有。始止私相传习，徒侣无多，近因教堂肆虐，官不为理，乃借仇教为名，广为纠结，小民以自卫无术，往往入拳会以求保护，闻自山东之西境，南连豫皖，北接畿疆，蔓延四布，声息连属，大都与教为难。

为什么中国人民反对教堂、教士、教民呢？光绪二十二年（公元1896）六月二十四日山东巡抚李秉衡片说：

民教之所以积不相能者，则以平日教民欺压平民，袒护教民，积怨太深，遂至一发而不可制，其酿乱之由，有不可不亟图挽救者。

自西教传入中国，习其教者率皆无业莠民，借洋教为护符，包揽词讼，凌铄乡里；又或犯案惧罪，借为逋逃之薮，而教士则倚为心腹，结作爪牙。凡遇民教控案到官，教士必为间说，甚已多方恫吓，地方恐以开衅取戾，每多迁就了结，曲直未能胥得其平，平民饮恨吞声，教民愈志得意满，久之民气遏抑太甚，积不能忍，以为官府不足恃，惟私斗尚可泄愤，于是有聚众寻衅，焚杀教堂之事，虽至身罹法网，罪应骈诛而不暇恤，是愚民敢于为乱，不啻教民有以驱之也。

虽然他把善良的人民诬蔑为愚民，反帝斗争诬蔑为"为乱"，立场很清楚。但是说的事实都是真实的情况。两年后，光绪二十四年闰三月二十八日山东巡抚张汝梅折又继续阐明这一点：

入教之始，不加选择，入教之后，遇事多所偏袒，于是抢劫之犯入教者有之，命案之犯入教者有之，负欠避债因而入教者有之，自揣理屈恐人控告，因而入教者有之。甚至有父送忤逆，子投入教，遂不服传讯者有之。一经入教，遂以教士为护符，凌铄乡党，欺侮平民，睚眦之仇辄寻报复，往往造言倾陷，或谓某人毁谤洋教，或指某人系大刀会匪，教士不察虚实，遽欲怵以兵威，不知教士之势愈张，则贫民之愤愈甚。

蒋楷《平原拳匪纪事》说：

其恶教民也有同心，其仇外洋也亦公愤。

教民多无赖，其所谓会长又无赖之尤，平日倚势欺凌平民，以为莫敢我校，而不知积怨众且久，一遇激煽，如水之奔壑，火之燎原也。

柳堂的《东平教案记》和《宰惠纪略》也说：

盖教民犯法，州县官不敢过问。

中国受外国凌侮，平民受教民欺压，人人衔恨，无以制之。

吴永《庚子西狩丛谈》说：

自耶教传入中国，地方莠民辄挂名教籍，倚外势横乡里，教士借口保护，以袒庇为招徕，动辄挺身干预，官吏但求省事，遇有民教讼案，往往屈民而右教，教民骄纵益甚，乡间良懦十九受鱼肉，因之衔恨刺骨，则相率投入八卦教，以与之相抗，因该教中稍有团体组织，冀以众为势，缓急可资援助也。

民间感于历来国耻，以及各处教士蛮横，排外之心甚热，亟愿得相当机会，合心并力，以一雪其夙愤，以故邑中有识士绅，亦津津乐道其事。

说这些话的人是清朝政府的巡抚、知州、知县，也都是偏袒教士欺压平民的官吏，但是，他们也毕竟不能不承认义和团的反帝斗争是正义的，是感于历来国耻，是公愤，是为了自卫，是为了保卫国家主权和人民利益，是爱国主义的武装斗争。

义和团的纪律严明，也由清朝统治者证实了。如光绪二十五年十一月二十一日翰林院侍讲学士朱祖谋折说：

该拳会等为徒虽伙，未闻扰害平民，劫掠官府。

二十六年五月十五日守护西陵大臣奕谟等折：

拳民仇教，胆敢戕官毁道，其罪诚无可逭。然查其积衅之由，实系地方官偏袒教民，不能持平，衔恨已久。故虽日聚日众，从无扰累平民。

五月十七日御史郑炳麟片：

臣闻义和团风声日恶，专以仇杀教民洋人为事，每至一处，焚毁教堂，秋毫无犯，故民心易于翕服。

五月十八日协办大学士刚毅等折：

臣抵良乡县城，传集绅董，详加询访，据称各乡镇均设有拳厂，声言灭洋。虽烧符降神，迹近邪术，然市面买卖照常，尚无骚扰。据闻拳民所食，仅小米粗粮，不茹荤酒，持戒甚严。

连光绪帝也不能不承认由于义和团的纪律好，广大百姓是畏兵爱"匪"的。他在罪己诏里招供：

涞水拳匪既焚堂毁路，急派直隶军弹压，乃练军所至，漫无纪律，戕虐良民。而拳匪专恃仇教之法，不扰乡里，以至百姓皆畏兵爱匪，匪势由此大炽，匪党亦愈聚愈多。

封建统治者口中的"匪"，却得到广大人民的爱，相反，他们的兵，却被人民所畏，两个阶级的对立，不是很清楚吗？义和团的性质也不是很清楚吗？

从这些清朝政府各级统治者所提供的史料，完全可以肯定义和团的斗争是正义的爱国的反帝武装斗争，完全可以用以驳斥一切对义和团的恶意歪曲、诬蔑、辱骂。但是，这些史料并不是突出的、正面的，而是被淹没在数量大几千百倍的反对义和团的文献中，比之反面材料来，只是汪洋大海的一粟，虽然具有极可靠的历史真实性，但很不容易为广大人民所掌握、理解。

以此，从正面来理解义和团运动的意义，从正面来叙述义和团的活动，使广大人民从中受到教育，认识帝国主义是中国人民的死敌，世界人民的死敌，帝国主义的本质是不会也不可能改变的，揭露帝国主义贪婪丑恶残忍蛮横的面貌，发扬义和团英勇反帝宁死勿屈的伟大精神，激发广大人民坚决反对帝国主义的意志，认清只有用正义的战争才能反对非正义的战争，认清只有人民有了武装，才能保家卫国，保卫世界和平的巨大意义，是非常必要的。

《义和团故事》这本书的出版，正是为了这样一个目的。

这本书搜集了四十三个故事，都是人民当中的口头传说，其中有些讲述者还是当年曾经参加过这一伟大斗争的老战士。他们根据自己的目见耳闻提供了生动鲜明的史料，这是第一手的史料，没有经过歪曲窜改的真实的史料，是来自人民中间的最可靠的史料。当然，其中有些神话，并不是现实生活中可能的现象，但是，从这些神话中，也透露出当时人民的爱和恨，所赞成的和反对的，和善良的真诚的愿望，因此，也就确当地反映了历史的真实性。

《老大造反》记录二毛子平白要占老大的地，县官问二毛子："你是'教民'呀？还是'平民'呀？""是教民。"县官就说："行啦。你先在衙门里歇着吧：准保把地断给你。"

《铁打的旧城》："旧城南边，五里远，有个赵家庄。这村有个洋教堂。教堂的二毛子可恨人啦！他们仗着洋毛子的势力，横行霸道，无恶不作，看谁不顺眼，张口就骂，扬手就打，在大街上晃着膀子走道，谁要碰一下，就得吃苦受罚，可恶透啦！除了洋毛子、二毛子祸害人以外，当地的绅士们组织的那个局子，也是捐多税重，扣得家家锅底朝天。人们被逼得没活路啦！"

《劫洋马队》讲东安县的人民想办法打水鸭子：

你说怎么着，也不知怎么叫县官知道了。他说："地涝了不叫他们封粮，打鸭子得叫他们拿税——按枪杆拿：一杆大抬杆每月拿一百两银子，一杆火枪每月拿五十两银子。"

这下子人们打得可淡性了，怎么说呢，打了半天，自己吃不着，卖了刚够纳税的。

净官家要税还不离儿，末了东安县城里来了洋人。他们敢情爱吃这玩艺儿——水鸭子。他们来到河边上，见船上有鸭子就拿，拿了就走，谁也不敢管。

这湾子的人们倒了血霉了：打了鸭子就叫洋人给拿去。到月头官家要税没有还不行，自己打的成船的鸭子连一个也吃不着。这真应了那句话了——"卖席的睡土炕，开肉铺的吃猪尾巴。"你说谁不恨洋人哪！谁不恨官家哪！

《沾天主的光》描写：

有个姓刘的小子，仗着是奉教的，净在集上胡来。到了小摊儿上，一把抓起牛肉就往嘴里塞，吃了人家绿豆丸子，碗一扔，叫一声：

"沾天主的光哦！"

他不给钱还不算，还把人家铜钱抓一大把拿走，做小生意的孩子胆小，不敢惹他。怕他说"见神甫去！"你瞧，外国大胡子，就是大老爷也怕他三分哩，谁惹得起啊。奶奶的！"沾天主的光"就这么横！

够了，举这么几个例子，多生动，多具体，你叫中国人民怎么不恨！也就是这些被欺侮被凌辱的勤劳朴素的人们，拿起了武器，虽然都是原始的武器，大刀、长枪、斧头、锄头，却以大无畏的精神，惊天动地的气派，吆喝一声，一齐动手，杀教士——帝国主义派遣的特务，杀教民——中国人民的败类、汉奸，帝国主义的走狗，官府要镇压，就杀官府，帝国主义的军队来打，就跟他们打，这样，就高举了反帝的大旗，惊动了整个中国，整个世界。

也就是这些善良的人们，发出豪言壮语："洋兵多，官兵多，中国人吐口唾沫就成河！"

也就是这些善良的人们，大喝一声："不许洋毛子占中国，不许官兵祸害人！不在乎他们的洋枪和炮——打！"

其中，有几个故事是揭露一些恶霸地主混入义和团为非作恶的，如《大盐水和二盐水》这一篇，这两个啃人骨头嚼人腿的恶霸：

打听着这一带的义和团都上阵杀洋毛子去了，心中暗喜，想趁这时机抢一家伙。他俩就出了个主意：让两个打手的头目当大师兄和二师兄，让这些打手也都扎起红包头、腰系红带子，也使红缨大刀和红缨扎枪，也设坛上法——他们变成"义和团"了。那时候，义和团是杀洋人，除贼官，斩恶霸，老百姓都说他们是"救世的神仙"，巴不得自己村里来住义和团，有什么事也不瞒义和团。可是这伙子"义和团"到哪村以后，先上法，上法以后就连杀带抢。这么一来不要紧，义和团的名声可就一败涂地了。人们又是恨"义和团"又是怕"义和团"。

义和团的名誉就是被这样的假团闹坏的。这样的假团很多，清朝政府招抚了他们，叫做义民。真的义和团不服招抚的就被称为野团。《大师兄闹衙门》这一故事的注里说得很清楚：

据讲述者董万成——武清县农民，七十多岁，和当地老人张燕谋介绍，董福祥是清朝一个最大的武官，带兵守北京，当时清朝一个庄王爷很信服他。义和团一闹起来的时候，董福祥就派人到大兴县、安次县、武清县来招抚义和团——服他招抚的就到北京去"挂号"，庄王爷亲封亲赏，就留下来保护北京城；不服招抚的就是造反，就拿住下狱。当时，有的就受招抚，保北京去了；有的就不受招抚，官家来拿就打。招抚的义和团就被封做"义民"，不服招抚的叫"野团"，可是"义民"不如"野团"多——八国联军的时候，从天津至廊坊以西，据介绍，说跟洋人和官兵打仗的都是"野团"。

顺便指出，按语里说："所称庄王爷即荣禄"是错误的，庄王名载勋，是清朝的宗室，荣禄则是西太后那拉氏的宠臣，是两个人，不是一个人。

由此可见，义和团中确有一些由地主伪装的假团，尽做坏事，连杀带抢，大部分不受招抚的"野团"，则一直维持原来的组织和纪律，对帝国主义的侵略军和清朝官兵打到底，这两者是应该严格区别开来的。官僚地主们写的义和团历史，把假团或"义民"的罪状，一股脑儿都算在"野团"账上，把义和团运动脸上抹黑，是不公道的，不符合历史的真实性的，是必须纠正的。

《义和团故事》一书是对那些封建统治阶级所写的歪书的最好的反驳，从人民的立场，严肃地记录了义和团运动这一段英勇斗争的历史。

从此也可以得出结论，只有从人民口中所传述的历史才是真实的，百年以前的记录的历史，由于记录者的阶级立场，是不能轻易相信的，要去粗存精，去芜存真，得费很大的努力。但是，近百年的历史，却还有人证在，有不少老年人是曾经经历过当年的斗争的，还有口头传说在，这些口头传说，是一辈辈传下来的，虽然比较朴素质直，但是反映了历史的真实性，是历史的最可贵的素材。

以此，我们必须用一切力量，搜集这些时代证人和传说的资料，不止是义和团，义和团以前的，和义和团以后六十年间的历史资料都应该努力搜集，来写好我们时代的人民的历史。

《义和团故事》是一个极可喜悦的开始，让我们共同努力吧！

1960年10月15日，于北京

（原载《民间文学》第11期，1960年）

捻与捻军笔记

《民间文学》指定要我写有关捻军的文章，我对这个问题没有作过深入的研究，只好从头学起。几个月来，先后读了新出的《安徽民间故事》、《安徽捻军传说故事》和《捻军史初探》、《关于捻军史的几个问题》、《民间文学》所刊载的捻军的故事。这些书和文章，主要是根据广泛深入的调查研究得来的民间口头资料，其中绝大部分是捻军领导人的后人和捻军地区的老年人所提供的，都是正面材料，是活的史料，不但史实正确，而且爱憎分明，生动活泼，非常之好。同时也读了大量的反面材料，如《中国近代史资料丛刊》的《捻军》和《捻军资料别集》、《捻军史料丛刊》等等，这些资料和前者相反，都出于捻军所反对的清朝的官僚和地主阶级之手，其中有些资料是镇压捻军的刽子手如曾国藩、李鸿章、左宗棠等人的书札。尽管他们对捻军的斗争尽歪曲诬蔑的能事，但是纸毕竟包不住火，在研究敌情，决定对策，在比较捻军和清军的纪律，各地人民对捻军和清军的态度的时候，真话就出来了，因为不说真话就不行，全说假话，这个仗便没法打。从这些大量的反面史料中，不但可以清楚地看出这些刽子手们对捻军的恐惧，和镇压捻军的战略、战术，也可以从他们偶尔流露出的真话，和民间传说相印证，证明这部分已经搜集到的口头资料的可靠性，真实性。

以下就根据这些反面资料，谈捻与捻军的一些问题。

捻　子

　　十八世纪后期，至迟在十九世纪初期，安徽、河南、江苏三省交界一带兴起了一种农民武装力量，称为捻或捻子。1851年（清咸丰元年）张洛行在安徽雉河集（今安徽涡阳）举起抗清义旗。1853年（清咸丰三年）5月以后，太平军北伐部队路过江北各地，捻子受了太平军的积极影响，爆发了全面的起义，成为捻军。从1851年到1868年十八年中，在安徽、河南、山东、江苏、湖北、山西、河北、陕西、四川、甘肃等十省地区，进行了英勇的壮烈的波澜壮阔的反清斗争，在中国农民革命史上写上了光辉的一页。

　　从捻子到捻军的覆灭，时间大约有七八十年左右。

　　捻或捻子这一名词的来源，有各种不同的解释，如《湖北通志》以捻为捏，把许多人捏在一起，仓卒捏成，撒手立散，是临时组织的意思。《湖北通志》七十三：

　　咸丰元年辛亥（公元1851年）秋闰八月……初安徽颖、亳、寿诸州及河南汝宁、光州、南阳各郡，风气犷悍，往往聚徒党劫掠为生，俗谓之捻子。捻者捏也。亡赖招呼成队，若手之抟物，仓卒捏成，撒手立散。蔓延江南之淮、徐、海，山东之兖、沂、曹、济，湖北之襄、枣、钟、随。以诸省论，皆属边界；以大势论，则居天下之中。自粤匪倡乱，群捻揭竿而起，受其嗾指，或分扰以掣我军，或前驱以助贼势，亡虑千数百股。

　　如《牟平县志》说是"以捻香聚众起，故曰捻"。《莱阳县志》和《寿光县志》则以为"捻匪者起于皖北。当嘉庆时，苏、皖、鲁之交，乡民迎神赛会，有燃油纸捻为龙戏之俗。洪秀全占据金陵，皖北苦于兵祸，捻党结聚，初立名号，曰堂主，曰先锋，或数百人为一捻，数千人为一捻，遂成流寇，故曰捻匪"。《掖县志》则以为"以其贩私盐、捻小车，故名"。《涡阳县志》和王闿运《湘军志》则以为"其党明火劫人，捻纸燃脂，因谓之捻"。另一种说法则以为一股谓之一捻，如陶澍在1814年（清嘉庆十九年）条陈缉捕豫皖等省红胡匪徒折子里所说：

每一股谓之一捻子，小捻子数人，数十人，大捻子一二百人不等。

黄钧宰《金壶七墨》，佚名《山东军兴纪略》，方玉澜《星烈日记汇要》的说法大体相同。

以上各种说法，绝大多数是望文生义，不可置信的。只有最后一种说法，每一股谓之一捻子才是捻的真正语源，因为根据调查，现在皖北的涡、蒙、亳一带一直到河南南部，湖北北部一带的方言，叫一股子，一伙人还叫作捻。"捻儿上的"这句口头话到现在也还流传在人民中间。

关于捻的性质、作用，河南固始人蒋湘南有很具体的描写，《蒋子潇先生遗集·读汉书游侠传》：

江淮间有所谓捻子者，数百人为一群，抬炮、鸟铳、刀、矛各杀人器皆具，蚁拥蜂转，地方官莫敢谁何。予尝视其魁，下中人耳。而所在阎门，呼曰响老。响老者，人有不平事辄为之平。久之，赴愬者众，赞口洋溢轰远近，如风鼓雷鸣，则成响捻子也。因问其主人曰："国家为民设官，百里一县，若等有事，胡不之官而必之捻子为？"士人顿蹙曰："难言也。官衙如神庙然，神不可得而见，司阍之威，狞于鬼卒，无钱者不能投一辞也。投矣而官或不准，准矣而胥或不传，传矣而质或无期，质矣，而曲直或不能尽明；然已胥有费，吏有费，传卷有费，铺堂有费，守候之费又不可以数计，故中人之产，一讼破家者有之。何如愬诸响老，不费一钱而曲直立判，弱者伸，强者抑，即在一日之间乎？"余于是喟然曰：捻子其汉代之游侠耶！当其闻难则排，见纷则解，不顾其身，以殉人之急，合于太史公所谓救危振赡，有仁义行者。然而重诺市义之后，无业者投之，亡命者投之，贩盐、掘冢、博掩者投之，兄事弟畜，盗贼以薮，背公死党，无不可为，自古侠魁未有不为罪魁者。班孟坚曰："杀身亡宗，非不幸也。盖其人亦自知末流之无可归矣。"孟坚与子长违，而各成其是，皆足以观世变云。

这是一篇极有史料价值的文字。作者是举人，道光时代曾经主持过陕西关陇书院的讲席，是地主阶级知识分子。他这篇文章写作于捻军起义之前，生动地指出：第一，捻子是农民的武装力量，农民自己有了组织，有了武器，地方官便奈何他们不得。第二，捻子的首领叫响老，是专为老百姓打不平的，替老百姓申冤雪枉，做的好事多了，得到人民支持，成为响捻子。第三，对比清朝地方官和响捻子的作用，老百姓有冤枉，假如经过官府，官府就像个神庙，神是见不着的，衙门门房的威风，比神庙的鬼卒还可怕，不送门包是投不进状子的。送了钱，告了状了，官可能不准。官即使准了，衙门的胥役或者不传。即使传了而审案的日子又没个准。即使审了，是非曲直也不一定弄得清楚。就是这样，要送钱给门房，给胥役，给吏；传卷得给钱，开庭审案得给钱，至于等候开庭的那些日子的费用就更没法计算了。要告官府，中等家庭的生活，一告就得破产，还不一定申得了冤，又何如去告响老，不花一个钱，曲直立刻分明，弱的申了冤，强的栽了跟头，一半天就解决问题呢！蒋湘南从老百姓那里了解了捻子的情况以后，便以赞叹的口吻，比类捻子为汉代的游侠，文章表面上赞美的是捻子，而实质上却对清朝地方官僚的统治流露出不满的情绪。他的阶级立场是很鲜明的，在惋惜自己的阶级统治机构无能的情况下，说出了人民对捻子的真实估价。

蒋湘南还写了一首《捻子》的长诗：

淮西叛唐代，教民尚勇斗，习染一千载，至今沿其陋。儿童矜带刀，长大诩弓毂，架炮肩机枪，蜂蚁纷相就，伙涉数百人，亡命皆辐辏，响者为头目（能排难解纷者，众奉为首，呼曰响者），见难必拯救，睚眦无不报，杀人当白昼，其名曰捻子，红胡乃诅咒（良民詈之曰红胡子）。捻子有强弱，众寡皆盗冠，两捻或不合，一战祸已构。其先下战书，来使必丰侑，期前各亮兵，门前勿驰骤（凡捻子相斗，必先下战书定期。期前三日，此捻子向彼捻子门前耀武，次日，彼捻子亦向此捻子门前耀武，各不相见，谓之亮兵）。至期择广场，对垒排猎围，戚邻作调人，长跪口为授（说和者具衣冠至场中长跪，二捻子头目亦长跪），和则两相揖，不和两相嗾。但听枪鸣鸟（捻子以鸣鸟枪为相骂），遂如圈逸兽。伤锚者折股，中刃者绝脰，黠者抢枪炮，飞跳捷于狖（无赖少年有专习抢枪炮者，各捻子皆出重资赏之。）战胜奏凯归，战败仍守候，匿尸不报官，养锐仇必复。汝、光邻凤、颍，习惯真逐臭，新例罪纵加（新例：南、汝、光有十人结伙者，即发烟瘴），顽梗终如旧……我生于此邦，颇知其所狃，地本瘠而贫，人亦蠢不秀，博进为生涯，私盐转贩售，官亦姑容之，民穷且宽宥。固始与息县，疆界相错缔，固境有水利，安静袭仁寿，息境沟渠堙，饥寒遑恤后，恒产自来无，恒心何处逗？……

这首长诗说明了这一带地区，长时期以来民间有尚武斗争的传统；捻子的产生，主要是地瘠民贫，饥寒交迫，以固始和息县相比，固始水利好，人民生活好些，息县水利不修，就有捻子的组织；除了强调捻子响老排难解纷的行为以外，也说明了捻子是自发的农民武装组织，特点是分散独立，不相统属，没有统一的领导，并且这捻与那捻之间，有时还发生私斗。诗中的良民指的是地主，说人民蠢而不秀，也正是说明了这一地区人民的反抗地主阶级压迫的优良传统。从这一篇文章和长诗来看，捻子时期的主要行动是农民为了保卫自己而组织起来，有了武装力量，有了领袖，便能够团结在一起，免于或少受地主阶级的迫害，在有冤屈需要申雪的时候，捻子的头目响老便代行了地方官府的职权，由于他们是生活在人民当中的，熟悉了解情况，因之，也就可以立刻判别曲直，为人民申冤作主，因而也越发得到人民的支持，成为地方官府奈何不得的力量。

另一面，由于这一地区地瘠民贫，捻子经常在春秋二季，援旗麾众，外出打粮，夺取地主的粮食浮财，由近及远，粮尽再出。年成好活动得少些，一遇之灾荒，便到处出动。居则为民，出则为捻。各地的地主为了保卫自己的利益，也纷纷组织武装力量，成立寨、堡，抵抗捻子的袭击。捻子和地主阶级的武装斗争相持了几十年，清朝的地方官顾得这头，顾不得那一头，这一股打退了，那一股又起来，弄得精疲力竭，只好闭着眼睛不管，图个暂时安便。就这样，捻子的声势便越来越大，人数越来越多，活动地区越来越广。1851年雉河集结盟以后，有了统一的组织和领导，到了和太平天国结合以后，有了明确的政治目标，高举反清义旗，军事组织和战略战术也有了进一步的提高，捻军便成为太平天国后期和太平天国灭亡以后，打击清朝封建统治的重要力量了。

军民关系

研究捻军、清军和当时人民的不同关系，是了解捻军性质的主要标志之一。

当然，捻军本身没有留下任何文献资料，但是，反面资料谈到当时两军和人民关系却着实不少。例如陈昌《霆军纪略》说：

同治五年（公元1866）八月，是时捻踪所近，百姓迁徙一空，闭寨自守，贼得因地为粮，而官军无从买食；及得一饱，而贼已远飏。其兵民相仇之地，奸民得借口纠众以与官军为难，夺其衣物器械，戕其身命，至有活埋零队兵勇，或举数十百人而同付一坑者，其咎不尽在兵，亦不尽在民也。

捻军可以因地为粮，而清军则无从买食，有些地区的人民则更进一步，专和清军为难，不但夺取清军的衣物器械，还杀害零散的清军，甚至活埋数十百个清军，在这种对比下，人民对于捻军和清军的爱憎不是很分明吗？

杜松年的《知非斋琐记》具体记述了河北东部人民仇视清军的行动：

直东从贼各村妇女亦刁悍异常。每遇官兵列队而来，妇女悉持竹帚铁锹，从上风扬土；杀之不惧。

马贼既起，从逆者达数万人。官兵所至各村，仅有老弱妇女供应炊汲，毫无畏惧者，其壮丁均在贼中也。贼来其对，不特不掳掠，反以财物与之，所以人乐从贼。

兵勇掳掠奸淫，村民恨怨，各筑堡寨，官军至，列队登埤以拒。骄兵悍将必欲入村，往往互相格斗，兵民从此成仇。

军中文武委员往来，若仅四五人，村中即杀之，行李马匹并掘一坎，与尸同埋，无迹可寻，被害甚众。

恒提军（恒龄）马队入直，有四十余骑入一村求食，村众醉以酒，掘大坑，人马全埋杀之。

村人埋杀弁兵，人少者逼令本人自掘坑坎，毒虐备至。

卓胜营（金运昌所部）入直隶，分队追贼，至吴桥境，一哨百余入住宿一村，悉被埋杀。

作者是河北静海人，道光二十九年举人，做过山西大宁知县，记的是本乡本土的事情，当然是可信的史料。

《瑛兰坡藏名人尺牍·周尔墉》二十三：

昨日闻宋郡逃难妇女及捻败后贼营妇女被掠自行逃出者，均望汴垣而来，为数约数百名，入城时，均经在官人扣住，以布蒙头，不分老少妍媸，每人八百大文，听人略卖，妓馆倡楼，视为奇货，两日来闻卖去者已不少。

二十四又说：

收养被难妇女一事，前日闻之极确。

对于逃难的妇女和从捻军出来的妇女，清朝官府和军队所采的手段就是略卖，以布蒙头，八百大文卖作妓女，这种行径，人民怎么能够不恨！不起来反对？

又如葛士达《远志斋稿·尉氏军中呈贾云阶师书》：

东豫民俗顽悍，各立圩寨，贼至献粮纳款，兵至反闭关绝市，甚有乱放枪炮，击伤弁勇，守令莫能主张，似此为乱乐祸，上下离心，兵民隔绝，即寇氛少已，时势岂可问哉！

明白指出河南东部人民，捻军来则献粮纳款，清军来则闭关绝市，甚至用武器抗拒。李棠阶也说：

今日大患在官与民如寇仇……官不能卫民，民思自卫，犹属良善之徒。若民并不得自卫，则焚杀淫掠，既被惨祸，不能自存，必皆从贼。民日少，贼日多，何由得平！十余年来，日计平贼，而贼益滋蔓，可不反思其故乎？颍、亳、陈、汝之前车可不鉴乎？今闻山东、直隶之交，如曹、单、东明一带，又皆为贼矣。民岂甘于为贼？上为官驱，下为贼扰，不能安居，势所必至耳。

指出这一带人民之所以欢迎捻军，是由于清军的焚杀淫掠，人民不能自卫，只有归顺捻军一条道路。孟传铸写了一篇《禁兵掠食论》，他说：

比来兵勇劫掠村墟，主帅佯曰不闻；有踵门泣告者，大声恐喝，逐去之，不使尽所欲言。意谓轻骑逐寇，势难重赉；贼过之地，市肆皆虚，非掠食则饿殍矣。初不令其掠资财也，掠妇女也，掠牛马也。抑知食既可掠，则嗔目叱咤，张威横行，室内之物，乘机恣取，何独贪于饮食，廉于资财、妇女、牛马乎？

指出清军抢粮食，抢资财，抢妇女，抢牛马，不折不扣地是强盗。这种行径，领兵将帅是知道的，却一意包庇，被害百姓来告状，反而大声恐喝，赶出去完事。结果闹得清军所到地方，不但老百姓闭门不纳，连有些城市的地方官也闭门不纳了。刽子手曾国藩有一个批牍，标题是《全军营务处李副将昭庆呈，军抵嘉祥，城门不开，请饬东省州县，遇有官兵到境勿得闭门由》，批语是：

该军初五日驰抵城外，黄令何得闭门不纳？……坚闭城门，禁绝出入，则大不可！……东豫两省民间圩寨，本已恨兵如仇，若各州县再为之倡，则以后行军，处处皆成荆棘，实属有碍大局。

可见他是知道东豫两省人民恨兵如仇的。可是一到连地方官也闭门不纳清军的时候，便认为有碍大局了。他的学生李鸿章在给他的信里也说：

直境柴草维艰，兵与贼皆取资于民，千里无寨，所过已如梳篦，故民仇兵甚于仇贼，久必不堪设想。鸿章谓从军十六年，此为下下策。

另一刽子手左宗棠在给他儿子的信里说：

直隶之大、顺、广一带与山东、河南各处接壤，各处民团凶悍异常，专与兵勇为仇，见则必杀，杀则必毒。

同时的大官僚翁同龢在日记里记着：

同治七年二月初六日，仆人曹喜归省，行至涿州南，见难民遍野，露处号呼，而官兵抢掠之酷，又倍于贼，万口同声，似非无据。

以上这些资料都出于封建官僚之手，而且还都出于直接屠杀捻军的刽子手之手，他们共同供认，各地的人民仇恨清军，欢迎捻军，捻军和人民的关系，不是很清楚了吗？

相反，说捻军正面好话的，当然不会有。但是，也有偶尔流露出来的个别真话，例如林纾在《六合十龄童子贼中寻弟记》一文中便说：

捻既窟宅于滁，亦伪立官府，不复遮杀行旅。

可见捻军在取得城池，建立政权以后的军纪情况。这种情况恰和清军的焚杀淫掠，形成鲜明的对比。

曾国藩、李鸿章论捻军

曾国藩、李鸿章都是镇压太平天国的刽子手，在长期战争中积累了一些反革命的军事经验。尽管如此，两个老奸巨猾，对捻军的战略战术，却都感到难以应付，外表镇定，内心恐慌，曾国藩在和捻军接触以后，仔细研究分析捻军情况，他向皇帝报告：

　　臣查群贼之中，以任柱之骑为最悍，以赖文光之谋为最诡。

又说：

　　该逆狡诈多端，飘忽异常，从不肯与堂堂之阵，约期鏖战，必伺官军势孤力弱之时，出不意以困我。

对捻军和太平军的比较，以为：

　　捻匪奔突六省，久成流寇之形，虽人众不及发逆，而马队则数倍过之。

在致吴南屏的信里也说：

　　（捻军）飘忽无常，伺隙则逞，稍一失势，则电掣飚去，终不得痛击而大创之。故捻匪之人多志大远不如粤匪，而其狡黠多马则反过之；中原之民穷财尽，难于行军，则又倍于江南也。

指出捻军和太平军的不同，人多志大，不如太平军，飘忽多马，则超过太平军。捻军的战术，见有利形势，就狠狠地打，稍一失利，便电掣飚去，保全有生力量，这个估计是完全正确的。

在吃了捻军多次苦头以后，在写给李元度的信里说出了自己恐惧的心情：

　　捻匪势极猖獗，善战而不肯轻用其锋，非官军与之相逐相迫，从不寻我开仗。战则凶悍异常，必将马步层层包裹，困官军于核心，微有不利，则电掣而去，顷刻百里，故我有大挫之时，而贼无吃亏之日，其难办有数倍于长毛者。不谓衰惫之年，遇此棘手之事，恐湘、淮各勇，俱不能了此贼，身名不足惜，大局殊可忧。

他总结了捻军的长处和短处，写信告诉他的兄弟曾国荃说：

　　此贼故智，有时疾驰狂奔，日行百余里，连数日不少停歇。有时盘于百余里之内，如蚁旋磨，忽左忽右。贼中相传秘诀曰："多打几个圈，官兵之追者自疲矣。"僧王曹县之败，系贼以打圈之法疲之也。吾观捻之长技约有四端：一曰步贼长竿，于枪子如雨之中冒烟冲进；二曰马贼周围包裹，速而且匀；三曰善战而不轻试其锋，必待官兵找他，他不先找官兵，得粤匪初起之诀；四曰行走剽疾，时而数日千里，时而旋磨打圈。捻之短处亦有三端：一曰全无火器，不善攻坚，只要官吏能守城池，乡民能守堡寨，贼即无粮可掳；二曰夜不扎营，散住村庄，若得善偷营者乘夜劫之，胁从者最易逃溃；三曰辎重妇女骡驴极多，若善战者与之相持，而别出奇兵袭其辎重，必大受创。此吾所阅历而得之者。

在另一信中，又说：

捻匪长处在专好避兵而不肯轻战，偶尔接战，亦复凶悍异常，好用马队四面包围，而正兵则马步夹进。马队冲突时多用大刀长枪，步队冒烟冲突时，专用长锚猛刺，我军若能搪此数者，则枪炮伤人较多，究非捻匪所可及。劈山炮尤为捻所畏。

经过反复研究，曾国藩制定了消灭捻军的恶毒方案，为了对付捻军的飘忽战术，避免老是跟踪追击，陷于被动，他在临淮、徐州、济宁、周家口四个据点各置重兵，防遏捻军冲突；又穷凶极恶地颁布清圩法令，断绝人民对捻军的接济；另练大批马步队，作为游击之师，往来策应。同治四年（公元1865）六月，在复莫子偲（友芝）信中说：

外间小视此捻，谓可蹙于老巢，而平之于旦夕，诚能如此，宁非快事。捻酋万马奔突，剽悍异常，赖逆（文光）发股，百战之余，诡诈百出，二贼相合，已成流寇，断无坐待官军合围之理。此次雄河之役，援师略集，重围遽解，贼势未衰，分遁归、陈，计趋巩、洛，若官兵与之俱流，殆将着着落后，疲于奔命。鄙意于临淮、徐州、济宁、周家口四路，安置重兵，以遏其冲；又搜查颖、凤、归、陈四属匪圩，以清其源，另练马步大枝劲旅，以为游击之师，庶几以堤之止，制水之流，或者渐有归宿。

这个恶毒的战略没有如他所想望的"以堤之止，制水之流"，被捻军突破而彻底失败。但是这个方针却被他的学生李鸿章继承下来，扑灭了捻军革命的火把。

李鸿章是淮军领袖，和湘军领袖的曾国藩是有矛盾的。但在镇压捻军这一血腥行动上，却又完全继承曾国藩的衣钵，同治七年三月二十五日在复曾国藩的信里说：

细察贼情，以走自活，即以走疲我；遇单弱兵将及马队孤行，则又纵骑一扑，其僄猾过于任柱，任好战犹项，张则似刘……贼中云："不怕打而怕围。"但谁肯弃一块净土与之？

任柱是捻军骑兵统帅，张指梁王张宗禹。李鸿章是很怕任柱的，称为今日第一等骑将好汉，他在同治六年十一月十八日复应敏斋观察信中说：

捻逆与粤匪差异。踞城之贼，殪其魁则余众立溃。捻以走为业，蒙、亳、曹、郓之为首者，大率亲族男女偕行，穷年奔窜，练成猾劲。父兄死而子弟代，若世守家法然。任柱称雄十年，拥骑万匹，东三省及蒙古马兵俱为战尽，实今日第一等骑将好汉。刘省。

三、鲍春霆皆畏其锋。

1868年8月，捻军最后被包围，全军覆没于山东徒骇河边，梁王张宗禹投水自杀。正如历史上著名的农民革命领袖黄巢、李自成一样，他们虽然牺牲了，但人民总是传说他们还活着，张宗禹也是一样。有这样一个故事：

清同治七年西捻张总愚（宗禹）之乱，官书谓捻窜至茌平境之广平镇，被围于徒骇、黄、运之间，大股歼灭，张总愚携八骑，至徒骇河滨投水死。然故老或谓此督师者之饰词也。张酋败后，逃至邑治东北之孔家庄，变姓名为童子师，后二十余年病死，即葬于其庄，至今抔土尚存焉。其临没时告人曰，吾张总愚也。先是庄人恒见其醉饮时持杯微呼曰："杀呀！"因怀疑莫释，至是始恍然。

（原载《民间文学》第8期，1961年）

论民族英雄

我们的国家是英雄的国家，我们的民族是具有英雄气概的民族。今天是这样，在过去的漫长历史时期中，也是这样。我们这一代人继承了并发扬了先人所留下的最光辉的优秀传统。

历史上的民族英雄，在国家、民族遭遇到外来侵略的严重关头，就挺身而出，不计个人的利害、得失，甚至牺牲自己的生命，也不向敌人低头屈膝；他们全心全意，用尽一切力量，为保卫国家、民族的利益、安全，进行坚韧的斗争，不达目的，决不罢休，尽管他们出身于贵族、官僚、地主阶级，和人民是有矛盾的，但在保家卫国这一点上，却和广大人民利益一致，他们的光辉业绩，无数世代以来，都为人民所讴歌、颂戴。

我们有数不清的民族英雄，流传下说不完的可歌可泣的英雄事迹。其中有些人是在斗争中取得胜利的，也有一些人是在极为强大的敌人面前，尽了最大可能的努力，还是不能扭转失败局势。英勇不屈的。前者例如汉朝的霍去病，明朝的于谦和戚继光，后者例如宋朝的文天祥。

霍去病（公元前140—前117）是汉武帝时的大将。

从秦朝起，我国北方的匈奴族就日益强大，以风驰电掣的骑兵部队向南方袭击，掳掠人口财物。秦始皇为了防止匈奴的侵略，把过去燕、赵等国的长城连接并扩展，作为抗拒匈奴侵袭的国防要塞。汉朝兴起后，匈奴也更强大了，袭击边地的战争，不时发生。汉高祖在一次防御战里曾被匈奴包围，形势非常危急。从汉初到汉武帝元光年间（公元前206—前129），七十多年中，北边的居民经常遭受到匈奴杀掠的威胁。

经过七十多年的休养生息，汉朝的农业生产恢复了，商业繁荣了，国家富足了。在这个基础上，汉武帝一反过去对匈奴屈辱求和的局面，进行了多次的大规模的反击战争，最后终于把匈奴战败，确保了北方边境和人民生活的安定。

在对匈奴的多次战争中，霍去病是大将中最出色的一个。

霍去病是青年将军，十八岁时就以剽姚校尉带领八百轻骑兵和匈奴作战，他勇敢剽疾，打仗时总是在最前线。在对匈奴的六次战役中，有四次是以将军身份出击的，独当一面。战绩是消灭敌人十一万多人；接受匈奴浑邪王的投降，开河西、酒泉之地，祖国西方从此就不像过去那样经常遭受匈奴袭击了。

表现他英雄气概的是这样一件事：他立了功，封了侯。汉武帝给他盖了一所府第，叫他去看看。霍去病说："匈奴未灭，无以家为也。"敌人还没有消灭，怎么能想到安家呢？这志气多豪迈！多英勇！先国家，后私人，听了的人谁不感动？

于谦（公元1398—1457）是明朝景泰帝时保卫北京城，扭转严重民族危机的军事统帅。

公元1449年7月，北方的瓦剌（蒙古部族之一）进军包围山西大同，明英宗听了太监王振的话，亲自统帅军队迎敌，这两人都不懂军事，在土木堡（今北京官厅水库附近）被敌军包围，五十万大军全军覆没，明英宗也被敌人俘虏走了，这次不光彩的战役，历史上叫"土木之变"。

失败消息传到北京，明朝的大官们吓坏了。有的人打发家眷逃难，有的人主张放弃北京，逃到南边去。在这严重关头，只要走错一步，政治中心离开北京，瓦剌就可能长驱而下，席卷黄河以北，形势是非常危急的。

朝廷官员中只有于谦力主抗战，反对逃跑。他的主张得到另外几个有见识的官员和明英宗弟弟郕王（明景泰帝）的支持，便被任命为兵部尚书（国防部长），领导北京的保卫战。

于谦立刻着手城防工作，他招募、调遣、训练部队；修理防御工事；制造武器；迁移城外居民入城；运入大量粮食；分派诸将守城任务，并通令边地各军事据点守将，敌人要是带着老皇帝来，要坚守迎敌，不可开门接纳。

瓦剌带着明英宗向北京前进，满以为可以不战而取得各个城市，谁知道各地守将都说，我们已经有了皇帝了，拒绝接纳。到了北京城外，一看军事守备坚强，更是丧气。包围了五天，被于谦率军奋击，打了几个败仗。他们占不到便宜，又怕各地援军来到后，归路被截断，只好解围退兵。北京城保全了，黄河以北的广大地区也因之而保全了。

于谦不止是勇敢，有见识，有担当，他还很谦虚，虽然保全了北京城，打退了敌人，却口不言功。生性朴素俭约。在土木变后，军务紧急，就索性住在办公室里，日夜工作，连家也不回去了。他的这种努力工作的精神，使接近他的人都为之感动。

戚继光（公元1528—1587）是明朝后期的名将。

在明朝的两百几十年历史中，外边，日本海盗寇掠沿海各地，当时叫作倭寇；内部，北方蒙古族的不断南侵，当时叫作"北虏"，是两件最大的威胁。戚继光在消灭入侵倭寇和镇守北边的防御工作中，都表现了卓越的军事才能和英雄气概。

日本海盗从元朝末年就不断侵掠中国沿海一带，到明朝嘉靖年间，便越发猖獗了，浙江、福建、广东沿海地区被抢劫、屠杀、焚烧，壮丁被俘虏，妇女被奸淫，有的城市甚至被攻陷、占据，情况十分严重。明朝的卫所军队已经腐化，没有战斗力，经常打败仗。

戚继光认为要使军队能够保卫国家，首先要练好兵。

从嘉靖三十六年（公元1557）起，戚继光招募了以勇敢著名的浙江金华、义乌兵三千人，教以武艺，长武器和短武器逐用；申明军纪，号令严明；提高了作战武器的质量，又根据南方水田多的特点，创制了鸳鸯阵法；各兵种互相配合，经过认真的训练，这一支军队成为最有战斗力的强大力量，称为戚家军。

公元1561年戚继光用这支军队在浙江抗击入侵的倭寇，九战九胜。接着又破倭寇于江西、福建，收复了倭寇据点横屿，解兴化之围。凯旋后，兴化又被倭寇占据，继光又再度出兵收复，消灭窜犯浙、闽的倭寇余部，保障了东南沿海广大地区人民的生命安全和生活安定，他为人民立下不朽的功勋。

十年以后，公元1567年，戚继光被赋予了新的任务，调到北边，镇守蓟州，防止蒙古族的侵犯。

在戚继光到蓟镇以前，十七年中间换了十个镇守大将，都是因为执行任务不好被撤换的。继光守边十六年，整顿了防御工事，重新训练了军队；又因不同地形创制了新的步、骑、辎重的综合阵法；采用了新式武器，边境驻防部队精神面貌为之一新，敌人不敢入侵，虽然没有立下赫赫战功，却做到边境安定，人民乐业，后继的大将按照他的成法，也还保持了边境几十年的安宁。

像霍去病、于谦、戚继光这样的民族英雄，以自己的勇敢、机智、毅力、决心，胜利完成保家卫国的任务的，历史上多得很。同样，也有相反的情况，没有完成任务的民族英雄，尽管他们失败了，但是他们表现了中国人民的骨气，同样为当代和后代人民所崇敬。

文天祥（公元1236—1282）就是这样一个人物。

他二十岁时中了状元，到元兵渡江南下，包围宋朝首都临安的时候，他受命于国家、民族危机最严重的时刻，以右丞相到元军中讲和，和元将伯颜反复争论，被拘送往大都（今北京）。途经镇江时，设计逃脱。经历了许多艰险，回到浙江，立刻号召组织义兵，保卫乡土，反抗元兵的南下。

元兵实力强大，天祥率众苦战，南宋景炎二年（公元1277年）七月，被元兵追击，兵溃于江西永丰空坑，天祥的妻女都被俘虏，天祥幸而逃脱。

虽然打了败仗，但是文天祥决不屈服，再接再厉，又组织军队，起兵抗元。祥兴元年（公元1278年）十二月，元兵追到广东潮阳，天祥被执，服毒药不死，被送到大都囚禁。

在囚禁期间，元朝的宰相、宋朝的投降大官，甚至宋朝被俘的皇帝都来劝文天祥投降。他坚决拒绝，不为所动。一直囚禁到元至元十九年（1282年）十二月，最后连元朝皇帝忽必烈也亲自出马劝降了，许以只要肯投降，便让他做宰相，文天祥还是不理，只求一死，第二天被杀于柴市。死后发现他衣带中写有一赞，文曰："孔曰成仁，孟曰取义，惟其义尽，所以仁至，读圣贤书，所学何事？而今而后，庶几无愧！"

他在被囚期间写了一首有名的《正气歌》，中间有两句话："时穷节乃见，一一垂丹青"，以下列举许多历史上这类人物。时穷指的是环境十分困难、艰险的时刻，只有在这种场合，才能考验人们的骨气，节就是节操，就是骨气。我们中国人是有骨气的，文天祥是有骨气的代表人物，他表现了我们民族的英雄气概。

这样一些历史人物的英雄气概，是值得我们引为自豪，值得我们学习、继承、发扬光大的。

但是，也还必须指出，我们一方面要向古代的民族英雄学习、继承，另一面却又必须和我们今天所说的革命英雄三义区别开来，把两者混同起来，是不正确的，错误的。

上面说过，古代的民族英雄在他们英勇地进行保家卫国的斗争方面，是和广大人民的利益一致的。但他们毕竟是贵族，是官僚，是地主，是骑在人民头上的统治者，和人民有着不可调和的阶级矛盾。至于革命英雄主义则只是无产阶级才能具有的，无产阶级的革命英雄出自广大人民，为广大人民的切身的长远的利益而斗争，和古代的民族英雄，有着阶级本质的差别，此其一。古代的民族英雄，尽管在保家卫国的斗争中，起着保卫国家、人民的客观效果，但是在主观认识上，他们只能局限于忠君，忠于一个家族、一个王朝的事业，不可能有为人民服务的思想，这和无产阶级的革命英雄主义，忠于人民，为了人民的事业，有着立场、思想的根本差别，·此其二。古代的民族英雄对于国家民族的前途，不可能有明确的认识，他们的世界观是狭隘的、褊窄的，归结到底还是个人的名誉和家族的利益。至于革命的无产阶级，有了马克思列宁主义学说的指导，认清了解放自己和解放全人类的任务，个人服从全体，局部利益服从整体利益，目前利益服从长远利益，不但为解放自己民族而奋斗，并且为解放全人类被压迫民族而奋斗，最终的目的和任务和古代的民族英雄也有着根本的差别，此其三。

虽然如此，对于我国历史上的民族英雄，我们还是要怀着崇敬的心情，研究、学习他们，把他们作为榜样，批判地继承他们的某些优良品质，这是历史工作者的任务，也是我们中华人民共和国全体人民特别是解放军官兵的光荣任务。

1962年9月13日

（原载《解放军报》，1962年9月30日）

古代的斗将

一、斗将

两军对垒，将和将斗，叫作斗将。我国的武打戏有悠久的传统，武打戏中的斗将，突出地集中地表现了勇士们的英勇气概，更是受人欢迎。其实，不止是今天的人们喜欢看斗将的戏，古代人也是喜欢的。例如司马光编《资治通鉴》，态度很严肃，取材极谨慎，但写晋将陈安的战斗牺牲，却十分寄与同情。

太宁元年（公元323年）七月，晋将陈安被赵主刘曜打败，帅精骑突围，出奔陕中。

刘曜遣将军平先等追击陈安。

陈安左手挥七尺大刀，右手运丈八蛇矛，近则刀矛俱发，一杀就是五六个人，远则左右驰射，边打边逃。平先也勇捷如飞，和陈安搏斗，打了三个回合，夺掉陈安的蛇矛。

到天黑了，下着大雨，陈安和几个亲兵只好丢掉马，躲在山里。第二天天晴了，赵军追踪搜索，陈安被擒牺牲。

陈安待将士极好，和将士共甘苦。死后，陇上人民很想念他，为他作壮士之歌，歌词道：

陇上壮士有陈安，躯干虽小腹中宽，爱养将士同心肝，骢骢交马铁瑕鞍。七尺大刀奋如湍，丈八蛇矛左右盘，十荡十决无当前。战始三交失蛇矛，弃我骢骢窜岩幽，为我外援而悬头；西流之水东流河，一去不还奈子何！

为我外援而悬头，这是陈安被陇上人民长久思念的道理。司马光在北宋对辽和西夏的战争中，怀念古代孤军抗敌的民族英雄，闻鼙鼓而思将帅，怕也是有所寄托吧。

宋曾公亮《武经总要》也记了几件斗将的故事。一是史万岁。隋将窦荣定将兵击突厥，史万岁到辕门要求参军，窦荣定早听说史万岁勇敢的声名，一见大喜。派人告诉突厥，各选一壮士决胜负。突厥同意，派一骑将挑战，荣定就派史万岁应战。万岁驰出，斩敌骑而回。突厥大惊，立刻退军。

一件是白孝德的故事。史思明攻河阳，使骁将刘龙仙率铁骑五千临城挑战。龙仙健勇，骄傲轻敌，把右脚放在马鬃上，破口谩骂。

唐军元帅李光弼登城，看敌人情况，对诸将说："谁能去干掉他？"大将仆固怀恩报了名，光弼说："这不是大将干的事，看还有谁去？"大家都推白孝德。

光弼问白孝德要多少兵，孝德说，我一个人就行了。光弼很称赞他的勇气，还问需要什么，孝德只要五十个骑兵，大军鼓噪助威。

孝德手挟两个蛇矛，骑马过水，刘龙仙见他只一个人，不以为意，还是把脚放在马鬃上。稍近，龙仙刚要动弹，孝德摇摇手，好像叫他别动，龙仙不知其意，也就不动了。孝德对他说："侍中（光弼官称）叫我来讲话，没有别的。"龙仙退却几步，还是破口大骂。孝德勒住马，瞪着眼说："狗贼，你认得我吗？"龙仙说："谁啊？"孝德说："我是大将白孝德。"龙仙骂："是什么猪狗！"孝德大叫一声，持矛跃马便刺，城上一齐鼓噪，五十骑也跟着冲锋，龙仙来不及射箭，只好沿堤乱转，孝德追上，斩首而回。

一是王敬荛，说他多力善战，所用的枪、箭都用纯铁制成。枪重三十多斤，摧锋破敌，都以此取胜。

二、斗将的武艺

战将和战将面对面的搏斗中，武艺起决定作用。

小说戏文里记着许多回马枪、夺槊、缿索的故事。

唐玄宗时名将哥舒翰善用回马枪。他有家奴名左车，十五六岁，很有力气。哥舒翰每追敌人靠近了，用枪搭敌人的背，大喝一声，敌人失惊回头，趁势刺中喉头，挑起三五尺摔下，没有不死的。这时左车便下马割取首级，每次如此。

　　唐太宗的大将尉迟敬德善于避稍，每战，单骑冲入敌阵，敌人的稍四面攒刺，终不能伤。又会夺敌稍，反刺敌人，出入重围，往还无碍。

　　太宗的兄弟齐王元吉也会使稍，看不起敬德，要和他比赛。太宗叫两人把稍的刃去掉了，光用稍竿相刺。敬德说："带刃也不能伤我，不必去。但我的可以去掉。"比的结果，元吉竟不能中。

　　太宗问他："夺稍避稍，哪个难些？"敬德说："夺稍难。"太宗就叫夺元吉的稍。元吉执稍跃马，一心打算刺杀敬德，不料一会儿功夫，他的稍三次被敬德所夺。元吉以骁勇著名，虽然口头上十分称赞，心里却非常恼恨，以为丢人。

　　王世充领步骑数万来战，骁将单雄信领骑直追太宗，敬德跃马大呼，横刺雄信坠马，敌军稍退，敬德护卫着太宗突出敌围。

　　长武器毕竟只能在近距离面对面厮杀，远一些就不济事了。这时，弓箭就起了作用。另外，有一种抛掷式的武器叫缥索。武则天时契丹将李楷固善使缥索和骑射、舞槊，每次冲锋，都如"鹊入鸟群，所向披靡。黄麞（地名）之战，（唐将）张玄遇、麻仁节皆为所缥"。

　　长武器也讲究重量，《新唐书》卷一九三《张兴传》："为饶阳裨将，安禄山反，攻饶阳，兴擐甲持陌刀，重十五斤，敌人登城，兴一举刀就杀几个人，敌人很害怕。"《宋史·兵志》十一记公元1000年时神骑副兵马使焦偓献盘铁槊，重十五斤，在马上挥舞如飞。还有相国寺和尚法山，还俗参军，用铁轮拨，浑重三十三斤，头尾有刃，是马上格战的武器。

　　唐代中期流行用陌刀作战，最著名的陌刀将是李嗣业，每为队头，所向必陷。公元748年高仙芝攻勃律（国名，在今新疆边外苏联境内。本为东西布鲁特人所居。布鲁特即勃律。），嗣业和郎将田珍为左右陌刀将，吐蕃十万众据守娑勒城，据山因水，嗣业领步军持长刀上山头，大破敌军。756年和安禄山香积寺之战，嗣业脱衣徒搏，执长刀立于阵前大呼，当嗣业刀的人马都碎。阚棱善用两刃刀，长一丈，名曰陌刀，一挥杀数人，前无坚对。《裴行俭传》和《崔光远传》也都记有用陌刀作战的故事。《通鉴》卷二〇二注：陌刀，是大刀，一举刀可杀数人。《唐六典》说，陌刀是长刀，步兵所用，就是古代的斩马剑。

南人与北人

在新式的交通工具没有输入中国以前，高山和大川把中国分成若干自然区域，每一区域因地理上的限制和历史上的关系，自然地形成它的特殊色彩，保有它的方言和习惯。除开少数的商旅和仕宦以外，大部分人都窒处乡里，和外界不相往来。经过长期的历史上的年代，各地的地方色彩愈加浓厚，排他性因之愈强，不肯轻易接受新的事物。《汉书·地理志》记秦民有先王遗风，好稼穑，务本业；巴、蜀民食稻鱼，无凶年忧，俗不愁苦，而轻易淫佚，柔弱褊陁；周人巧伪趋利，贵财贱义，高富下贫，意为商贾，不好仕宦；燕俗愚悍少虑，轻薄无威，亦有所长，敢于急人；吴民好用剑，轻死易发；郑土陋而险，山居谷汲，男女亟聚会，其俗淫；……是说明地方性的好例。

到统一以后，各地政治上的界限虽已废除，但其特性仍因其特殊的地理环境而被保留。虽然中间曾经过若干次的流徙和婚姻的结合，使不同地域的人有混合同化的机会，但这也只限于邻近的区域，对较远的和极远的仍是处于截然不同的社会生活。例如吴越相邻，这两地的方言、习惯，及日常生活、文化水准便相去不远，比较地能互相了解。但如秦、越则处于"风马牛不相及"的地位，虽然是同文同族，却各有不同的方言，不同的习惯，不同的日常生活，差别极远。以此，在地理上比较接近的区域便自然地发生联系，自成一组，在发生战事或其他问题时，同区域的人和同组的人便一致起而和他区他组对抗。在和平时，也常常因权利的争夺发挥排他性，排斥他区他组的人物。这种情形从政治史上去观察，可以得到许多极好的例证。

依着自然的河流，区分中国为南北二部，南人北人的名词因此也常被政治家所提出。过去历史上的执政者大抵多起自北方，因之政权就常在北人手中，南人常被排斥。例如《南史·张绪传》：

齐高帝欲用张绪为仆射，以问王俭。俭曰：绪少有佳誉，诚美选矣。南士由来少居此职。褚彦回曰：俭少年或未谙耳。江左用陆玩、顾和，皆南人也。俭曰：晋氏衰政，未可为则。同书《沈文季传》：宋武帝谓文季曰：南士无仆射，多历年所。文季曰：南风不竞，非复一日。

可见即使是在南朝，"南士"也少居要路，东晋用南人执政，至被讥为衰政。

北宋初期至约定不用南人为相，释文莹《道山清话》：

太祖常有言不用南人为相，国史皆载，陶谷《开基万年录》、《开宝史谱》皆言之甚详，云太祖亲写南人不得坐吾此堂，刻石政事堂上。

《通鉴》亦记：

宋真宗久欲相王钦若。王旦曰：臣见祖宗朝未尝有南人当国者。虽古称立贤无方，然须贤士乃可。臣为宰相，不敢阻抑人，此亦公议也。乃止钦若入相。钦若语人曰：为子明迟我十年作宰相。

当国大臣亦故意排斥南人，不令得志，《江邻几杂志》记：

寇莱公性自矜，恶南人轻巧。萧贯当作状元，莱公进曰：南方下国，不宜冠多士，遂用蔡齐。出院顾同列曰：又与中原夺得一状元。

《宋史·晏殊传》：

晏殊字同叔，抚州临川人，七岁能属文。景德初张知白安抚江南，以神童荐之。帝召殊与进士千余人并试廷中，殊神气不慑，援笔立成。帝嘉赏，赐同进士出身。宰相寇准曰：殊江外人。帝顾曰：张九龄非江外人耶？

蒙古人人主中原后，南人仍因历史的关系而被摈斥。《元史·程钜夫传》：

至元二十四年（1287）立尚书省，诏以为参知政事，钜夫固辞。又命为御史中丞，台臣言钜夫南人，且年少。帝大怒曰：汝未用南人，何以知南人不可用。自今省部台院必参用南人。

虽经世祖特令进用南人，可是仍不能打破这根深蒂固的南北之见，南人仍被轻视，为北人所嫉忌。同书《陈孚传》：

至元三十年（1293）陈孚使安南还，帝方欲寘之要地，而廷臣以孚南人，且尚气，颇嫉忌之。遂除建德路总管府治中。

《元明善传》说得更是明白：

明善与虞集初相得甚欢。后至京师，乃复不能相下。董士选属明善曰：复初（明善）与伯生（集）他日必皆光显，然恐不免为人构间。复初中原人也，仕必当道。伯生南人也，将为复初摧折。今为我饮此酒，慎勿如是。

南人至被称为"腊鸡"，叶子奇《草木子》说：

南人在都求仕者，北人目为腊鸡，至以相詈诟，盖腊鸡为南方馈北人之物也，故云。

到明起于江南，将相均江淮子弟，南人得势。几个有见识的君主却又矫枉过正，深恐南人怀私摈斥北士，特别建立一种南北均等的考试制度。在此制度未创设以前，且曾发生因南北之见而引起的科场大案。《明史·选举志》记：

初制礼闱取士不分南北。自洪武，丁丑考官刘三吾、白信蹈所取宋琮等五十二人皆南士。三月廷试擢陈䢿为第一，帝怒所取之偏，命侍读张信十二人复按，䢿亦与焉。帝怒犹不已，悉诛信蹈及陈䢿等，戍三吾于边。亲自阅卷，取任伯安等六十一人。六月复廷试，以韩克忠为第一，皆北士也。

洪熙元年，仁宗命杨士奇等定取士之额，南人十六，北人十四。宣德正统间分为南北中卷，以百人为率，则南取五十五名，北取三十五名，中取十名。南卷为应天及苏松诸府、浙江、江西、福建、湖广、广东。北卷顺天、山东、山西、河南、陕西。中卷四川、广西、云南、贵州，及凤阳、庐州二府，滁、徐、和三州。成化二十二年，四川人万安周弘谟当国，曾减南北各二名以益于中。至弘治二年仍复旧制。到正德初年，刘瑾（陕西人）、焦芳（河南人）用事，增乡试额，陕西为百人，河南为九十五，山东西均九十。又以会试分南北中卷为不均，增四川额十名并入南卷，其余并入北卷，南北均取百五十名。瑾、芳败，又复旧制。天顺四年又令不用南人为庶吉士，《可斋杂记》说：

天顺庚辰春廷试进士第一甲，得王𤩽等三人。后数日上召李贤谕曰：永荣宣德中咸教养待用，今科进士中可选人物正当者二十余人为庶吉士，止选北方人，不用南人。南方若有似彭时者方选取。贤出以语时，时疑贤欲抑南人进北人，故为此语，因应之曰：立贤无方，何分南北。贤曰：果上意也，奈何！已而内官牛玉复传上命如前，令内阁会吏部同选。时对玉曰：南方士人岂独时比，优于时者亦甚多也。玉笑曰：且选来看。是日贤与三人同诣吏部，选得十五人，南方止三人，而江南惟张元祯得与云。

但在实际上，仍不能免除南北之见，例如《朝野记略》所记一事：

正德戊辰，康对山海（陕西人）同考会试，场中拟高陵吕仲木柟为第一，而主者置之第六。海忿，言于朝曰：仲木天下士也，场中文卷无可与并者；今乃以南北之私，忘天下之公，蔽贤之罪，谁则当之。会试若能屈矣，能屈其廷试乎？时内阁王济之（鏊，震泽人）为主考，甚怨海焉。及廷试，吕果第一人，又甚服之。

到末年吴、楚、浙、宣、昆诸党更因地立党，互相攻击排斥，此伏彼起，一直闹到亡国。

在异族割据下或统治下，征服者和被征服者的关系愈形尖锐化。如南北朝时代"索虏"、"岛夷"之互相蔑视，元代蒙古、色目、汉人、南人之社会阶级差异，清代前期之满汉关系及汉人之被虐待、残杀、压迫。在这情形下，汉族又被看作一个整体——南人。在这整体之下的北人和南人却并不因整个民族之受压迫而停止带有历史性的歧视和互相排斥，结果是徒然分化了自己的力量，延长和扩大征服者的统治权力。这在上举元代的几个例证中已经说明了这个具体的事实了。

也许在近百年史中最值得纪念的大事，是新式的交通工具及方法之输入。它使高山大川失却其神秘性，缩短了距离和时间，无形中使几千年来的南北之见自然消除，建设了一个新的统一的民族。

（原载《禹贡》第五卷第一期，1936年）

"社会贤达"考

　　"社会贤达"这一名词是颇为有趣的，仔细想想，会使人好笑。因为，第一，似乎只有在社会上才有贤达，那么，在政府里的诸公算是什么呢？第二，社会"贤达"如王云五先生之流者居然做了官了，人不在社会而在政府，上面两字安不上，下面"贤达"两字是不是也跟着勾销呢？如虽人政府而仍为"贤达"，何以并没有创立"政府贤达"这一名词呢？第三，"社会"这一词的定义，到底算是和政府的对称呢？还是民间和政府的桥梁呢？如是前者，有几位"贤达"身在江湖，心悬魏阙，和政府本是一家，强冠以"社会"之谥，未免牛头不对马嘴。如是后者，干脆叫半官或次官好了，用不着扭捏作态，害得有几位贤达在若干场合"犹抱琵琶半遮面"，好不难为情也。

　　不管怎样，这一名词是已经成为历史的了。有历史癖的我，很想作一番历史上"社会贤达"的考据，替许多未来的新贵找一历史的渊源。

　　想了又想，历史上实在没有"社会贤达"这东西。勉强附会，以"贤达"而得官，或虽为"贤达"而毕生志业仍在做官，甚至闹到喜极而涕，"庙堂初入泪交流"的境界，或则"头在外面"，时蒙召宴垂询之荣，生前可以登报，死后可以刻入墓志铭者，比之于古，其惟"隐士"、"山人"之流乎？

　　首先想起的是终南捷径的故事。

　　《旧唐书》卷九十四《卢藏用传》："卢藏用字子潜，度支尚书承庆之侄孙也。父璥有名于时，官至魏州司马。藏用少以辞学著称，初举进士选不调，乃著《芳草赋》以见意。寻隐居终南山（新书作与兄微明偕隐终南少室二山），学辟谷练气之术。长安中（西元701至705）征拜左拾遗……景龙中（707至709）为吏部侍郎。藏用性无挺特，多为权要所逼，颇堕公道。又迁黄门侍郎，兼昭文馆学士，转工部侍郎尚书右丞。先天中（712）坐托附太平公主，配流岭表。（新书作附太平公主，主诛，玄宗欲捕斩藏用，顾未执政，意解，乃流新州。）开元初起为黔州都督府长史兼判都督事，未行而卒。（新书作卒于始兴。）藏用工篆隶，好琴棋，当时称为多能之士。（新书作藏用善蓍龟九宫术，工草隶大小篆八分，善琴，弈思精远，士贵其多能。）然初隐居之时，有贞俭之操，往来于少室终南二山，时人称为随驾隐士。及登朝，趑趄诡佞，专事权贵，奢靡淫纵，以此获讥于世。"（新书作："始隐山中时，有意当世，人目为随驾隐士。晚乃拘权利，务为骄纵，素节尽矣。司马承祯尝召至阙下，将还山，藏用指终南曰，此中大有嘉处，承祯徐曰，以仆视之，仕宦之捷径耳！藏用惭。"）

这故事是非常现实的。叔祖作过大官，父亲也作地方小官，学会了诗词歌赋，又会卜卦算命写字，加上琴呀，棋呀，样样都会，够得上是名士了。偏偏官星不耀，作不了官，于是写一篇赋，自比为芳草，哀哀怨怨，搔首弄姿，怪没有识货的来抬举。不料还是白操心，于是只好当隐士了。隐得太远太深，怕又和朝堂脱了节，拣一个靠近长安的，"独上高山望帝京"。再拣一个靠洛阳的，以便皇帝东幸时跟着走。"随驾隐士"一词实在妙不可言，其妙相当于现在的上海和庐山，两头总有一个着落。隐了几年，跟了几年，名气有了，盛朝圣世是应该征举遗逸的，于是得了"社会贤达"之名而驰马奔命，赶进京师"初入朝堂"了。

苦了几年，望了几年，不料还是小官，于是只好奔走权贵，使出满身解数，巴上了太平公主，从此步步高升，要不是闹政变，眼见指日拜相执政了。

临了，被司马承祯这老头开了一个玩笑，说终南山是仕宦捷径。其实卢藏用也真不会在乎，他不为仕宦，又上终南山去则甚？编《旧唐书》的史官，也太过糊涂了，似乎他以为卢藏用在作"随驾隐士"时颇有贞俭之操，到作了官才变坏，其实并不然。反之，"趑趄诡佞，专事权贵，奢靡淫纵"，才是他的本性。在山中的"贞俭"是无可奈何的，试问在山中他不贞俭，能囤积松木、泉水不成？而且，如不贞俭，又如何能得社会贤达之名，钻得进朝堂去？

从这一历史故事看，"社会贤达"一词和"终南捷径"正是半斤八两，铢两悉称。

卢藏用这一着灵了，到宋朝种放也照样来一套。

《宋史》卷四五七《种放传》："种放名逸，河南洛阳人也。每往来嵩华间，慨然有山林意。与母俱隐终南豹林谷之东明峰，结草为庐，仅庇风雨。以讲习为业，从学者众，得束脩以养母。母亦乐道，薄滋味……粮糗乏绝，止食芋粟……自豹林抵州郭七十里，徒步与樵人往返。"可见他原来是穷苦人家。可是到了隐居成名，又作大官，又兼隐士的差的时候，便完全不同了。"太宗嘉其节，诏京兆赐以缗钱，使养母不夺其志，有司岁时存问。咸平元年（西元998）母卒，诏赐钱三万，帛三十匹，米三十斛以助其丧。四年……赍装钱（旅费）五万……赐帛百匹，钱十万。又赐昭庆坊第一区，加帷帐什物，银器五百两，钱三十万。还山后仍特给月奉。"钱多了，立刻成大地主，《宋史》说他："……晚节颇饰舆服，于长安广置良田，岁利甚博。亦有强市者，遂至争讼。门人族属，依倚恣横。徙居嵩山，犹往来终南，按视田亩，每行必给驿乘，在道或亲诟驿吏，规算粮具之直。"简直是个土豪劣绅了。

种放之移居嵩山，是被当地地方官王嗣宗赶走的。《宋史》卷二百八十七《王嗣宗传》："嗣宗知永兴军府（长安）。时种放得告归山，嗣宗逆于传舍，礼之甚厚。放既醉，稍倨。嗣宗怒，以语讥放。放曰，君以手博得状元耳，何足道也！初嗣宗就试讲武殿，搏赵昌言帽擢首科，故放及之。嗣宗愧恨，因上疏言，所部兼并之家，侵渔众民，凌暴孤寡，凡十余族，而放为之首。放弟侄无赖，据林麓樵采，周回二百余里，夺编氓厚利。愿以臣疏下放。赐放终南田百亩，徙放嵩山。疏辞极于诟辱，至目放为魑魅。真宗方厚待放，令徙居嵩阳避之。"嗣宗极为高兴，把他生平所作的事——掘邠州狐穴，发镇州边肃奸贼，和徙种放为除三害。

种放比卢藏用高明的地方，是又作大官，又保留隐士的身份。他的老朋友陈尧叟在朝执政，陈家是大族，脚力硬，想作官时求陈尧叟向皇帝说一声，来一套征召大典，风风光光去作官。过一阵子又说不愿作官了，还是回山当隐士。于是皇帝又大摆送行宴，送盘缠服装。到山后，地方官还奉命按时请安，威风之至。再过一阵子，官瘾又发了，又回朝，隔一晌又还山。反正照样拿薪水，并不折本。而且，还山一次再回朝，官就高一次，又何乐而不为！凑上宋真宗也是喜欢这一套，弄个把隐士来点缀盛世。一唱一和，大家都当戏作，这中间只害了老实人王嗣宗，白发一顿脾气。

从这一历史故实看，作官和作隐士并不冲突，而且相得益彰。当今的社会贤达，已经上了戏台的和正在打算上戏台彩排的，何妨熟读此传，隔天下台了，还可以死抱住"社会贤达"的本钱不放，哇拉拉大喊，一为社会贤达，生死以之，海可枯，石可烂，此名不可改。

（原载北京地下刊物《社会贤达考》专号，1947年6月12日）